数字经济与高质量发展丛书

数字经济赋能双循环有效联动：
机制识别与影响效应

王春枝　米国芳　李子娇　著

中国商务出版社

·北京·

图书在版编目（CIP）数据

数字经济赋能双循环有效联动：机制识别与影响效应 / 王春枝，米国芳，李子娇著.-- 北京：中国商务出版社，2024.5

（数字经济与高质量发展丛书）

ISBN 978-7-5103-5170-9

Ⅰ．①数… Ⅱ．①王… ②米… ③李… Ⅲ．①信息经济－经济发展－研究－中国 Ⅳ．①F492

中国国家版本馆CIP数据核字(2024)第106770号

数字经济与高质量发展丛书

数字经济赋能双循环有效联动：机制识别与影响效应

SHUZI JINGJI FUNENG SHUANGXUNHUAN YOUXIAO LIANDONG：JIZHI SHIBIE YU YINGXIANG XIAOYING

王春枝　米国芳　李子娇　著

出版发行：中国商务出版社有限公司
地　　址：北京市东城区安定门外大街东后巷28号　　邮编：100710
网　　址：http://www.cctpress.com
联系电话：010-64515150（发行部）　010-64212247（总编室）
　　　　　010-64243016（事业部）　010-64248236（印制部）
策划编辑：刘文捷
责任编辑：刘　豪
排　　版：德州华朔广告有限公司
印　　刷：北京建宏印刷有限公司
开　　本：787 毫米×1092 毫米　1/16
印　　张：14.25
字　　数：255 千字
版　　次：2024 年 5 月第 1 版
印　　次：2024 年 5 月第 1 次印刷
书　　号：ISBN 978-7-5103-5170-9
定　　价：58.00 元

丛书编委会

主　　编　王春枝

副 主 编　米国芳　郭亚帆

编　　委（按姓氏笔画排序）

王志刚　王春枝　刘　阳　刘　佳　米国芳　许　岩

孙春花　陈志芳　赵晓阳　郭亚帆　海小辉

序

自人类社会进入信息时代以来，数字技术的快速发展和广泛应用衍生出数字经济。与农耕时代的农业经济，以及工业时代的工业经济大有不同，数字经济是一种新的经济、新的动能、新的业态，其发展引发了社会和经济的整体性深刻变革。

数字经济的根本特征在于信息通信技术应用所产生的连接、共享与融合。数字经济是互联经济，伴随着互联网技术的发展，人网互联、物网互联、物物互联将最终实现价值互联。数字经济是共享经济，信息通信技术的运用实现了价值链条的重构，使价值更加合理、公平、高效地得到分配。数字经济也是融合经济，通过线上线下、软件硬件、虚拟现实等多种方式实现价值的融合。

现阶段，数字化的技术、商品与服务不仅在向传统产业进行多方向、多层面与多链条的加速渗透，即产业数字化；同时也在推动诸如互联网数据中心建设与服务等数字产业链和产业集群的不断发展壮大，即数字产业化。

近年来，我国深入实施数字经济发展战略，不断完善数字基础设施，加快培育新业态新模式，数字经济发展取得了显著成效。当前，面对我国经济有效需求不足、部分行业产能过剩、国内大循环存在堵点、外部环境复杂严峻等不利局面，发展数字经济是引领经济转型升级的重要着力点，数字经济已成为驱动中国经济实现高质量发展的重要引擎，数字经济所催生出的各种新业态，也将成为中国经济新的重要增长点。

为深入揭示数字经济对国民经济各行各业的数量影响关系，内蒙古财经大学统计与数学学院组织撰写了"数字经济与高质量发展丛书"。本系列丛书共11部，研究内容涉及数字经济对双循环联动、经济高质量发展、碳减排、工业经济绿色转型、产业结构优化升级、消费结构升级、公共转移支付缓解相对贫困等领域的赋能效应。

丛书的鲜明特点是运用统计学和计量经济学等量化分析方法。统计学作为一门方法论科学，通过对社会各领域涌现的海量数据和信息的挖掘与处理，于不确定性的万事万物中发现确定性，为人类提供洞见世界的窗口以及认识社会生活独特的视角与智慧，任何与数据相关的科学都有统计学的应用。计量经济学是运用数理统计学方法研究经济变量之间因果关系的经济学科，在社会科学领域中有着越来越广泛的应用。本套丛书运用多种统计学及计量经济学模型与方法，视野独特，观点新颖，方法科学，结论可靠，可作为财经类院校统计学专业教师、本科生与研究生科学研究与教学案例使用，同时也可为青年学者学习统计方法及研究经济社会等问题提供参考。

本套丛书在编写过程中参考与引用了大量国内外同行专家的研究成果，在此深表谢意。丛书的出版得到内蒙古财经大学的资助和中国商务出版社的鼎力支持，在此一并感谢。受作者自身学识与视野所限，文中观点与方法难免存在不足，敬请广大读者批评指正。

丛书编委会

2023 年 9 月 30 日

前 言 ➡

　　加快构建以国内大循环为主体、国内国际双循环相互促进的新发展格局有助于保障经济安全，促进人类探索新的经济增长空间。而近些年来，作为国民经济发展新引擎的数字经济蓬勃发展，对于促进经济发展同样意义重大，因此数字经济如何赋能双循环联动值得深度探究。本研究以中国31个省域（不含港澳台）为研究对象，在对双循环联动水平及数字经济发展水平测度的基础上，利用面板回归模型分析数字经济对双循环联动的影响机制以及传导路径。

　　首先，分别对数字经济与"双循环"发展现状展开研究。研究发现：我国近二十年来经济发展始终以内循环为主，外循环为辅；我国东北、华北地区的内循环占比始终较高，其余地区的内循环占比有轻微波动；外循环占比情况相对稳定，随时间波动变化不明显且省域间差异较小；内、外循环经济的发展对于国内市场资源与国外市场资源的依赖程度有一定的波动，但总体来说相对稳定；我国数字经济整体在飞速发展，充分发挥着其作为国民经济发展新引擎、新动能的作用。

　　其次，本研究采用逐层纵横向拉开档次法对内、外循环指数进行测度，并运用耦合协调度方法测度双循环联动水平。结果表明：2003年以来我国内循环指数呈显著递增趋势，外循环指数整体较平稳，仅有上海市与山东省外循环指数呈递增趋势；我国省域双循环联动水平均呈现递增趋势，并且这种趋势在近五年内尤其明显，其中广东省、上海市、江苏省、浙江省以及北京市近二十年来的双循环联动水平始终远高于其他省域，并且递增趋势也较其他省域而言更为显著。

再次，同样采用逐层纵横向拉开档次法对数字经济发展水平进行测度与分析。分析发现：我国各省域的数字经济发展水平均呈现显著递增趋势；数字经济发展水平省域间差异较小，即省域数字经济发展较为均衡；但是，近些年省域间的数字经济发展水平存在逐渐拉开差距的趋势。

最后，通过构建面板回归模型深入探究数字经济赋能双循环联动的影响机制与实现路径。通过引入中介变量识别并分析数字经济赋能双循环联动的动力机制与传导路径。进一步对区域异质性、网络覆盖异质性及人口老龄化异质性进行了检验。研究发现：数字经济对国内循环及双循环联动发展均展现出显著推动力，涉及经济增长、就业、产业结构优化及创新能力提升等多个层面。然而，当聚焦于国际循环时，数字经济仍面临挑战。机制传导路径分析揭示了产业升级、技术创新和数字金融三大路径在双循环联动发展中的关键作用。地理区域、互联网覆盖和人口老龄化等异质性因素影响了数字经济的赋能作用，东部地区和互联网覆盖率高的地区表现得更为突出。空间溢出效应分析显示数字经济目前主要呈现本地化效应，需强化区域协同与合作。门槛效应分析强调数字基础设施和居民消费结构升级在赋能双循环联动发展中的重要性。

本书根据以上研究结论分别提出针对性政策建议，为有效提升双循环联动水平提供理论支撑，进而为加速构建"双循环"新发展格局提供创新思路，为具体实践提供切实可行的理论支撑。

本书分工如下：

第1章，安若雨；第2章，桑娣；第3章，王瑞；第4章，李子娇、吴敖日格乐；第5章，魏宇志；第6章，吴敖日格乐；第7章，桑娣、安若雨。最后由王春枝、米国芳对全书进行统稿。

本研究受到内蒙古经济数据分析与挖掘重点实验室资助。

由于作者学识、水平有限，书中难免存有疏漏，恳请各位读者批评指正。同时，感谢中国商务出版社编辑为本书出版做出的努力！

作者

2023 年 10 月于呼和浩特

目　录

1 绪论

1.1 研究背景

1.1.1 探索双循环联动意义重大

改革开放40多年来，特别是加入世界贸易组织后，中国快速融入全球经济体系中。中国经济的发展取得了巨大的成就，这既得益于中国特色社会主义发展道路的成功实践，也受益于国际发展环境的变化[1]。然而，近年来发生的一系列事件给世界经济和国际关系带来了不小的冲击。世界经济领域产生较大幅度的波动，国际政治格局也随之发生变化。在这样动荡的背景下，经济安全成为世界经济领域备受关注的热议话题[2]。为此，中国于2020年正式提出了"双循环"发展战略[3]，并在2022年进一步提出加快构建以国内大循环为主体、国内国际双循环相互促进的新发展格局[4]。这一新发展格局的提出为中国保障国家经济安全和探索新的经济增长空间指明了方向。构建"双循环"新发展格局重点在于以国内大循环为主体，同时有效地联动国内和国际循环。在实践中，高度重视国内循环与国际循环的结合，共同构建完整的经济体系[5]3-5。通过提高国内市场需求，优化产业结构，加强科技创新，促进数字化转型，发展绿色经济，中国可以实现经济的内生增长，并与全球经济形成良性互动。"双循环"新发展格局既符合经济发展的基本规律，也是适应经济发展变化的必然选择。在这一新发展格局下，中国将进一步推进深化改革，扩大开放，加强国际合作，形成更加强大、更具韧性的经济发展动力。通过构建更加包容、可持续和创新的经济模式，中国将为全球经济的稳定和增长作出更大的贡献。

国际循环在国内大循环中扮演着重要的角色，主要表现在商品循环、资本循环、技术与新要素循环三个方面。在商品循环方面，中国应抓住全球产业链和价值链不断扩展和深化的趋势，积极参与并深度融入全球生产体系。通过调节进出口规模，适度参与国际产业分工，吸引全球优质资源和要素，促进国内产业转型和升级。这有助于畅通国内循环的生产环节，提高生产效率和产品质量。在资本循环方面，中国应破除产业界对外资的误解，推动投资自由化和便利化政策的改革。加强国际资本流动的法律和制度建设，鼓励各产业放宽外资准入限制，积极参与对外投资。通过与国际金融市场紧密联动，形成国内外资本的良性互动，促进资本在国内大循环中发挥更大作用。在技术与新要素循环方面，先进技术和数据等新要素已成为生产过程中的重要推动力和竞争力。中国应鼓励国际技术合作，参与全球创新链，同时重视数据资源的生产和传播。通过大数据与生产的结合，提高生产效率和创新能力，助力生产循环的高效运行。总之，国际循环在国内大循环中发挥着重要作用。通过商品循环、资本循环和技术与新要素循环的良性互动，中国可以更好地融入全球经济体系，推动国内经济的高质量发展。同时，这也将为全球经济稳定和增长作出更大的贡献。

1.1.2　数字经济蓬勃发展

随着信息技术和网络技术在经济领域的不断发展，数字经济已经成为全球经济的重要组成部分。数字经济的概念最早由 Don Tapscott 于 1985 年提出，并随着新一代信息技术的突破而持续发展。AI 技术、深度学习、5G 通信技术、区块链、大数据和云技术等新技术的应用推动了数字经济的蓬勃发展，并与传统经济密切交织。21世纪以来，数字经济逐渐展现出其在经济领域的重要作用，引起了广泛的关注和研究[6]。2016 年的 G20 峰会正式提出了《二十国集团数字经济发展与合作倡议》，标志着数字经济进入了一个具有里程碑意义的阶段。这一倡议不仅进一步引起了各国对数字经济的关注，也为数字经济提供了更清晰的定义。数字经济通过提供关键的数字服务和商品，创造经济产出，并通过整合其他领域的应用，大幅提高了数字技术在各行业的应用程度。数字经济被视为全球未来发展的趋势和经济高质量发展的新引擎，其影响程度之深、辐射范围之广前所未有。与此同时，数字技术的快速发展和广泛应用促进了数字经济与传统经济的深度融合。传统产业在数字化、网络化和智能化方面迈出了重要步伐，出现了一系列新的经济业态模式。这种融合不仅优化了产业格局，还推动了经济的高质量发展。总的来说，数字经济随着新一代信息技术的进步而兴起，成为全球经济发展的重要驱动力。通过创新和整合数字技术，数字经济正不断改变着人们的生活方式、商业模式和经济结构。在未来，数字经济将继续发挥重要作用，为经济发展注入新的活力，并推动全球经济实现更加可持续、包容和创新的增长[7]。

数字经济的范围非常广泛，它不仅包括依赖于半导体等数字硬件支撑的制造业，还包括其他产业，特别是第三产业的数字化。同时，数字经济逐步渗透到居民的日常消费习惯中，方便了居民的生活，改变了居民的消费方式，同时提升了资源配置效率，推动经济新业态的形成。统计公报显示，中国数字经济规模已经位居世界第二，数字经济在2019年占据中国GDP的30%。通过数字平台销售的商品金额达到85 239亿元，比上一年增长了19.5%。数字经济在社会消费品零售总额中的比重达到20.7%，比上一年增长了3.2%。全球数字经济规模也在不断扩大。据测算，全球47个国家的数字经济在2019年较上一年增长了1.6万亿美元，数字经济规模已经达到31.8万亿美元。数字经济的平均名义增速为5.4%，高于同期全球GDP的名义增速3.1个百分点。在全球经济增速放缓的情况下，数字经济逆势高速增长，成为驱动经济发展的关键主导力量，各产业实现数字化在其中起到重要的作用。值得进一步指出的是，发达国家的收入水平较高，其产业数字化的占比要高于发展中国家。数字经济在第三产业的渗透率不断增长，服务业的数字化渗透率在三大产业中最高，达到39.4%，比上一年提高了1.5个百分点。这表明数字经济正在成为全球经济的重要驱动力量，并在各个产业中扮演着关键角色。总的来说，数字经济在全球范围内的规模不断扩大，对经济发展起到了关键作用。中国数字经济规模庞大，在国内外都占据了重要地位，对中国经济的增长贡献巨大。随着数字经济的发展，产业数字化的推进以及服务业的数字化渗透将进一步促进经济的创新和可持续发展。数字经济的蓬勃发展为构建新的发展格局提供了重要动力。

我国进入新发展阶段，面临着一系列新的发展要求。为了实现经济的高质量发展，我们需要积极转变发展方式。在这个过程中，构建"双循环"新发展格局成为重要的战略选择。通过借助数字经济，我们可以打通影响循环的堵点和梗阻，使供给侧更好地适配需求侧。在当前的国内外发展形势下，数字经济正在成为推动我国经济社会发展的重要力量。数字经济的发展不仅可以提高经济运行效率，激发增长潜能，而且可以打通交易和流通环节的堵点，减少交易成本，释放内需市场。这使得数字经济成为新发展格局的主要动力，为我国经济的可持续发展注入了新的活力。伴随着数字优先战略向供给侧的深化，产业升级日益成为数字化发展的核心引擎。研究显示，数字产业是数字中国四大板块中增速最快的，2017—2019年的复合增长率为133.5%，对数字中国总指数增长的贡献度高达七成。这充分说明了数字经济在我国经济发展中的重要地位和作用。数字经济特有的平台化和普惠化的属性，通过创造需求，拉动消费，使良性循环得以不断进行。同时，其特有的区块链、大数据、数字货币等数字技术的应用，使数字经济在平台层面的层级结构创新和数字化创新，深入"双循环"的各个环节，从细微环节提升"双循环"相互促进水平，成为构建新发展格局的重要动力。

1.1.3 数字经济如何赋能双循环有效联动值得探索

数字经济和"双循环"新发展格局都服务于国家发展目标，它们的主旨是相同的。高度聚焦数字经济，全力推动构建"双循环"新发展格局，是我国尽早实现经济高质量发展目标的必然选择。在国际社会中，发展数字经济是中国实现关键核心技术自主创新、摆脱国际分工低端锁定的有效途径。数字经济的发展可以帮助中国在全球价值链分工中提升地位。而在国内市场，数字经济对传统产业的广泛赋能和渗透则有助于加快国内产业转型升级，实现创新发展。数字经济和"双循环"新发展格局都是为了对冲世界经济下行风险，摆脱发达国家实施的技术封锁，突破中国发展瓶颈，全面构建现代化经济体系的重要制度选择。数字经济通过供需体系同步升级来实现中国"双循环"新发展格局，构建新发展模式下中国经济高质量动态运行体系。

数字经济作为经济领域的活跃因素，在促进消费和就业方面发挥着重要作用，并已成为国民经济的关键部分和增长引擎[8]65-70。随着"双循环"概念的提出和深化，如何利用数字经济的优势参与"双循环"建设是一个值得研究的问题[9]。已有文献从理论层面进行了探讨，如通过产业数字化和数字产业化推动产业转型和制造业的数字化智能化进步；改变经济主体间的交互形式，培育线上和智慧消费形态，以扩大和升级消费；深入参与全球数字新要素的生产和流通，加强数字产业的国际交流合作，引导数据资源参与国内循环的重要环节。因此，整理"双循环"的理论框架，建立相应的评估体系，并实证分析数字经济的影响具有重要意义。

数字经济已成为全球经济发展的重要趋势。随着信息技术的发展和普及，数字经济在推动经济增长、优化资源配置、提高生产效率等方面发挥着越来越重要的作用。在这样的背景下，研究数字经济如何赋能双循环有效联动，对于促进国内经济高质量发展、提升国际竞争力具有重要意义。中国正面临国内外环境变化带来的挑战和机遇。国际方面，全球贸易保护主义抬头、技术封锁和竞争加剧等因素给中国经济发展带来了一定压力。国内方面，中国正在经历经济转型升级的关键时期，需要加快新旧动能转换，推动产业升级和创新发展。数字经济作为新兴领域，为中国经济转型升级提供了新的动力和方向。数字经济与"双循环"新发展格局具有内在契合性。"双循环"新发展格局强调以国内大循环为主体、国内国际双循环相互促进，通过激发内需潜力、畅通经济循环、推动经济高质量发展等来实现可持续发展。数字经济具有高度的渗透性和融合性，能够促进跨界融合和业态创新，推动供给侧结构性改革和需求侧管理创新，为"双循环"新发展格局的构建提供有力支撑。

综上所述，研究数字经济如何赋能双循环有效联动的背景在于数字经济已成为全球经济发展的重要趋势，中国面临国内外环境变化的挑战和机遇，以及数字经济与"双循环"新发展格局的内在契合性。通过深入探讨数字经济在双循环中的作用和影响机制，有助于为政策制定和实践提供有益参考，推动中国经济高质量发展。基于以上背景，本研究将结合可获得的数据，科学论证构建"双循环"新发展格局的指标体系，从实证角度科学测度国内国际双循环有效联动的程度。同时，测度数字经济能否驱动国内国际双循环有效联动，并验证分析数字经济赋能"双循环"有效联动的实现路径。这将有助于提高国内外经济流通质量，促进"双循环"新发展格局的构建。数字经济和"双循环"新发展格局都服务于国家发展目标，其主旨是相同的。高度聚焦数字经济并全力推动构建"双循环"新发展格局，是我国尽早实现经济高质量发展目标的必然选择。

1.2 研究意义

1.2.1 理论意义

在当前的国内外发展背景下，我国正面临着一系列新的挑战和机遇。为了实现经济的可持续发展和社会稳定，我们迫切需要加快构建"双循环"新发展格局，并尽快实现经济行稳致远的目标。这不仅有助于形成安定和谐的社会局面，更为全面建设社会主义现代化国家开好局、起好步提供了有力支撑。

构建"双循环"新发展格局，不仅是基于当前世界经济现状的应对策略，更是我国经济发展进入新阶段的必然选择。这意味着我们需要更加重视国内循环与国际循环的结合，通过有效测度国内国际双循环的有效联动，为新发展格局的构建提供更丰富的经济学理论支撑。处在数字经济发展新时代和我国经济增长方式转变的关键时期，本研究旨在通过测算内循环指数与外循环指数，科学评估双循环联动水平，为相关研究和政策制定提供坚实的理论基础。通过综合评价数字经济发展水平，我们将深入了解数字经济发展的内在逻辑，把握新时期经济增长的关键动力和赋能机理。这不仅有助于实现经济的高质量增长，更为数字经济如何高效赋能双循环联动提供了重要的理论支持。为了更全面地分析数字经济赋能双循环联动的影响机制与路径优化，本研究将从多个维度进行实证分析。这将有助于我们深入了解数字经济在双循环发展中的作用，以及如何通过优化路径来促进经济的高质量发展。这不仅对当前的理论研究具有重要的意义，更为实际政策制定和实践操作提供了有益的指导。

"双循环"理论是我国经济发展的重要指导思想，而数字经济作为当前经济发展的新动能，如何与"双循环"理论有效结合，对于丰富和发展"双循环"理论具有重要意义。通过对数字经济赋能双循环有效联动的机制和路径的研究，可以为政府制定相关政策提供理论支持，推动我国经济的高质量发展。在全球经济一体化的背景下，数字经济已成为各国竞争的焦点。通过研究数字经济赋能双循环有效联动，有助于提高我国在全球经济中的竞争力。

1.2.2　现实意义

在新的发展阶段，我国已经明确了以内循环为主的战略地位，并积极推动构建内外循环相互促进的新发展格局。这将成为我国未来长期的政策导向，旨在实现经济的高质量、可持续发展。"双循环"新发展格局的特征是关于经济内、外循环演变特点与规律的高度抽象，它结合了中国现实的发展状况，是对经济运行特点的精准把握。深入理解"双循环"新发展格局的特征，有助于我们更全面地了解新发展格局的内在逻辑，为政策制定和实践操作提供有益的指导。

为了更全面、精准地把握"双循环"新发展格局的特征，本研究将结合现有的文献资料和理论研究，深入分析"双循环"新发展格局构建的理论机制。我们将从实证角度出发，通过科学的方法和数据分析，对国内国际双循环的联动水平进行评估和测度。此外，我们还将重点探讨数字经济如何驱动双循环联动的发展，分析其影响机理和路径优化的方法。我们将利用中介效应模型等统计方法，检验数字经济赋能双循环联动的具体实现路径，为政策制定提供有力的理论支撑。通过这一研究，期望能为政府制定相关政策提供科学依据，推动国内国际双循环实现更有效的联动。这将有助于促进我国经济的持续健康发展，增强我国在全球经济中的竞争力和影响力。同时，这一研究也将为其他国家提供有益的经验和启示，为全球经济治理和发展贡献中国智慧和中国方案。

数字经济作为新兴产业，具有高技术、高附加值、高成长性的特点，能够为传统产业转型升级提供动力，推动我国经济实现高质量发展。通过优化资源配置、提高生产效率等方式，有助于促进供给侧结构性改革，提高供给质量，满足人民日益增长的美好生活需要。数字经济作为全球经济发展的新引擎，已经成为各国竞争的焦点。通过数字经济赋能双循环有效联动，有助于提高我国在全球经济中的竞争力，进而提升国际地位。

当研究数字经济如何赋能双循环有效联动的背景时，不仅要考虑国内环境的变化，还要关注国际市场的动态。在全球经济一体化的背景下，各国之间的竞争日益激烈，尤其是在数字经济领域。数字经济已经成为各国经济发展的重要引擎，不仅创造了大量的就业机会，还为传统产业提供了转型升级的机会。在这样的背景下，中国必须加强数字经济的建设和发展，以提升自身的国际竞争力和影响力。随着中国经济的快速发展，经济结构调整和转型升级的需求越来越迫切。传统产业面临着产能过剩、技术落后等问题，而新兴产业的发展又需要新的动力和支撑。数字经济作为一种新型经济形态，能够为传统产业提供数字化转型的机会，推动其向智能化、绿色化、服务化方向发展。同时，数字经济还能够催生出许多新兴产业，如电子商务、互联网金融、人工智能等，为经济增长提供新的动力。另外，随着居民收入水平的提高和消费观念的转变，消费需求呈现出多元化、个性化、高品质的特点。消费者更加注重产品的品质、体验和服务，对于个性化、定制化的需求也越来越强烈。数字经济能够通过大数据分析、个性化推荐等方式满足消费者的多样化需求，促进消费升级和内需的释放。这不仅能够推动经济增长，还能够提升消费者的生活品质。综上所述，研究数字经济如何赋能双循环有效联动是在国内外环境变化的背景下，应对竞争压力、适应经济发展趋势、满足政策需求、利用技术创新等多方面因素的共同作用的结果。通过深入探讨数字经济在双循环中的作用和影响机制，将有助于推动中国经济的高质量发展，提升中国在全球经济中的地位和影响力。同时，也有助于企业更好地把握市场机遇和应对挑战，实现可持续发展。

1.3　研究内容

本研究将结合可获得数据，科学论证构建"双循环"新发展格局指标体系。并从实证角度对国内国际双循环有效联动进行科学测度。基于面板回归模型探究数字经济能否驱动国内国际双循环有效联动，并结合多角度分析数字经济驱动双循环有效联动的影响机制与路径。从而为提高国内外经济流通质量，促进新发展格局的构建提供重要的理论支撑。

第1章，绪论。首先，对当前社会的经济形势进行全面分析，并分别总结出与数字经济、国内国际双循环有效联动以及数字经济赋能双循环相关的研究背景。其次，对本研究的理论意义与现实意义进行阐述。最后，对本研究基于以上研究背景及研究意义将要做的研究内容做出概括。

第2章，文献综述与理论基础。收集并研读学者们在数字经济与"双循环"研究领域的相关文献，遵循文献综述法，科学严谨地分别总结出国内国际双循环有效联动研究现状、数字经济产业研究现状以及数字经济驱动双循环有效联动研究现状，基于以上研究现状，给出相对合理客观的文献评述。通过对现有文献的述评找寻到本研究可能存在的边际贡献，即厘清现有研究所存在的不足并针对这些不足提出本研究可能存在的创新点。

第3章，双循环发展现状研究。首先，根据相关公式的推导计算对内、外循环发展现状进行评估。其次，基于以上内、外循环发展现状评估结果再结合相关公式推导计算得出省域内循环经济依存度与外循环经济依存度的评估结果。最后，从内、外循环经济依存度角度进一步对双循环发展现状进行研究。

第4章，内、外循环指数与双循环联动水平测度。本章首先分别构建较为全面的内循环指数与外循环指数评价指标体系，并采用纵横向拉开档次法对内循环指数与外循环指数进行科学测度。其次，基于测度结果分别从宏观层面与微观层面对内循环指数与外循环指数进行分析。最后，基于对"双循环"新发展格局研究现状和发展动态的梳理，遵循"以内循环为主体"和"两个循环相互促进"原则，采用耦合协调度测度方法与测度所得的内循环指数与外循环指数数据，对内、外循环联动水平进行测度，并从时空动态演进角度对双循环联动水平进行分析。

第5章，数字经济发展现状分析与发展水平测度。首先，基于已有研究构建出较为清晰的数字经济框架。其次，结合国家信通院综合测度所得的数字经济规模数据，从数字产业化与产业数字化角度对数字经济发展现状进行分析。最后，综合多方面因素构建出较为全面科学的数字经济发展水平评价指标体系，采用纵横向拉开档次法对数字经济发展水平进行科学测度，并对测度结果进行可视化分析。

第6章，数字经济赋能双循环联动机制与路径分析。本章首先要理清数字经济驱动双循环联动的理论逻辑。其次，分别通过构建面板回归模型、空间计量模型和面板门限回归模型对数字经济赋能双循环联动的影响机制与实现路径进行全面分析。构建面板回归模型，验证数字经济对双循环联动的影响机制。同时，我们还引入了中介变量，以测评其在数字经济赋能双循环联动中是否起到中介作用，从而验证数字经济赋能双循环联动的传导路径。此外，探究数字经济赋能双循环联动的过程中是否存在区域异质性。最后，对数字经济赋能双循环联动的面板回归模型进行稳健性检验，进而验证以上分析所得结论的可靠性。为了更客观地反映数字经济对双循环联动的影响，将运用空间计量模型进行分析。即为深入剖析双循环联动是否存在空间依赖性，运用空间计量模型测度数字经济发展对双循环联动的空间溢出效应。在数字经济赋能双循环联动的过程中，可能存在门槛效应。即当门槛变量达到一定阈值时，其数字经济对双循环联动的赋能作用将更加明显。为了探究这一门槛效应，将进一步构建面板门限回归模型，以揭示数字经济与双循环联动之间的非线性关系。

第7章，结论与政策建议。根据以上研究，总结并阐述本研究的重要结论，并根据研究结论以及研究现状提出政策建议，并分析研究存在的不足，提出今后的研究方向和重点。

1.4　研究思路与研究方法

1.4.1　研究思路

本研究思路框架如图1-1所示，首先对内、外循环发展现状进行分析。再通过构建内、外循环发展指数评价指标体系，运用纵横向拉开档次法对内、外循环指数进行测算。基于测算结果分别从宏观层面与微观层面对内循环指数与外循环指数进行分析。随后结合测算出的内循环指数与外循环指数以及耦合协调度测度方法，对内、外循环联动水平进行测度与分析。此外，从数字经济基础、数字产业化、产业数字化以及数字经济覆盖率四个方面结合纵横向拉开档次法对数字经济发展水平进行科学测度与分析。最后，基于以上测度所得数据通过构建面板回归模型与空间计量模型做实证分析，深入探究数字经济赋能双循环联动的影响机制与实现路径。

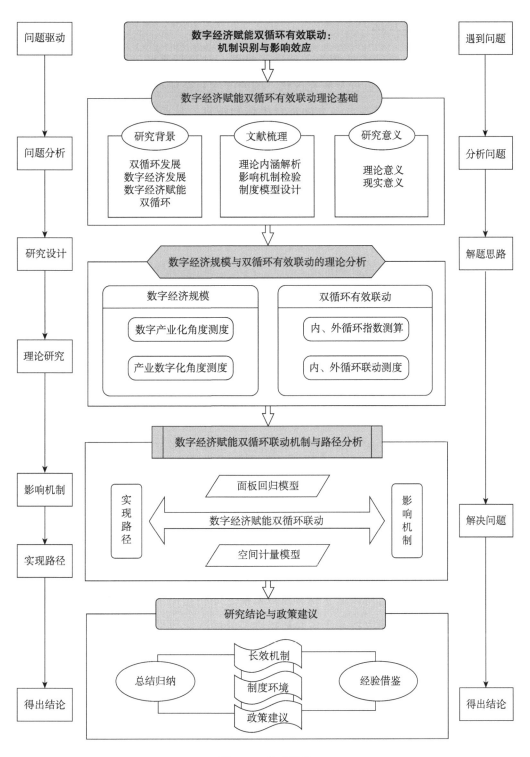

图1-1　技术线路

1.4.2 研究方法

文献综述法：对国内外相关文献进行梳理，并进行系统、全面的叙述。进一步加深对数字经济发展进程及研究现状、国内国际双循环有效联动发展水平动态演进现状的了解。对主要观点及方法进行提炼和梳理，从而掌握国内国际双循环有效联动研究的基础理论及研究趋势，为本研究开展基于数字产业化与产业数字化视角数字经济驱动国内国际双循环有效联动的实证分析研究打下良好的框架结构基础。

理论分析法：结合现有文献关于"双循环"新发展格局构建的理论机制，从实证角度对国内国际双循环有效联动进行科学测度。从理论逻辑角度分析数字产业化和产业数字化的发展特征和相对重要性，阐明二者在双循环发展格局下扮演的不同角色。

Dagum基尼系数：基尼系数是国际上通用的、用以衡量一个国家或地区居民收入差距的常用指标。本研究将结合Dagum基尼系数对内循环发展现状与外循环发展现状进行分析，进而发掘我国内循环与外循环发展现状的省域间差异特征。

纵横向拉开档次法：逐层纵横向拉开档次法不仅能够体现时序立体数据特征，还能够通过对底层数据进行自下而上的逐层加工，使得测度结果更加全面科学。遵循"以内循环为主体"和"两个循环相互促进"原则，经过论证，分别构建内、外循环指数评价指标体系。进而采用纵横向拉开档次法对指标体系所涉及的动态面板数据进行综合评价。科学地测度我国内循环指数与外循环指数，探索内、外循环发展水平的空间特征。此外，从数字经济基础、数字产业化、产业数字化以及数字经济覆盖率四个方面构建较为全面科学的数字经济发展水平评价指标体系。同样采用纵横向拉开档次法对数字经济发展水平进行科学评价。

耦合协调度：耦合协调度是现有测算系统之间相互作用的联动效应水平的主要测度方法。因此，本研究将基于内循环指数与外循环指数采用耦合协调度测度方法来测度我国内循环与外循环联动水平，即用内循环与外循环的耦合协调度指数代表国内国际双循环联动指数。

核密度估计法：核密度估计法是一种非参数估计方法，分析主要是借助一个移动的单元格对给定区域的点或线格局的密度进行估计。本研究将运用核密度估计法对双循环联动水平分布的总体趋势及数字经济发展水平分布的总体趋势进行分析。

面板回归模型：本研究拟使用面板回归模型进行建模分析，首先，对2003—

2022年我国省域面板数据进行回归分析以探究数字经济赋能双循环联动的影响机制。其次，在数字经济与双循环联动发展的关系中，可能存在一个或多个中介变量，这些中介变量在数字经济对双循环联动发展的影响过程中起到了传递或转化的作用。通过识别和分析该中介变量，可以更深入地理解数字经济对双循环联动发展的作用机制和路径。最后，引入虚拟变量进而构建分组依据变量和解释变量的交乘项，通过分析异质性面板回归模型交乘项系数判断区域异质性是否成立，进而检验数字经济赋能双循环联动的区域异质性。

空间计量模型：空间计量模型是一种用于研究空间相关性对经济现象影响的统计工具。它主要关注地理位置相近的地区之间存在的相互依赖或相互作用，并尝试通过数理统计模型捕捉这种空间效应。在数字经济领域，一个地区的数字经济发展可能受到邻近地区数字技术的溢出效应、市场需求、政策协同等因素的影响，而空间计量模型能够更全面地考虑地区间的空间依赖性和异质性，从而提供更准确的估计结果和深入的经济洞见。

门限回归模型：门限回归模型是一种非线性模型，它基于门限变量和门限阈值将数据集分成不同的组，并对每组数据应用不同的回归模型。这种模型能够捕捉到因变量与自变量之间关系的非线性特征，特别是当这种关系在不同区间内存在显著差异时。在数字经济对双循环联动发展的影响研究中，可以用于识别数字经济发展的不同阶段对双循环联动发展的不同影响，以及确定这些影响的转折点或门限值。此外，该模型还可以用于评估不同数字经济发展水平下，政策干预对双循环联动发展的有效性。

1.5　创新之处

本研究可能存在的边际贡献有以下几点：第一，关于数字经济对双循环联动水平的影响方面，通过引入产业结构升级水平，检验其调节作用，进而验证数字经济赋能双循环联动的实现路径。第二，本研究会将研究主体细化至省域层面，探究数字经济对双循环联动的异质性影响。异质性影响方面，多数研究都采用分组回归的方式探讨异质性问题，本研究引入虚拟变量进而构建分组依据变量和解释变量的交互项，通过分析异质性面板回归模型交互项系数判断区域异质性是否成立，进而检验数字经济赋能双循环联动的区域异质性、网络覆盖异质性及人口老龄化异质性。这种引入虚拟变量交互项进行异质性分析的方法对于现象的认识会起到高效且精确的作用。

2 文献综述与理论基础

2.1　概念界定

2.1.1　内循环概念界定

双循环中的内循环以国内市场为主导。从理念上讲，内循环是通过国产替代，完善技术和产业供应链，改变受制于人的局面；通过激发和扩大内需，弥补外部需求的疲弱和不足，减轻外部需求波动对国内宏观经济的冲击，提升经济运行效率，解除居民消费后顾之忧，释放消费需求空间。内循环主要涉及生产、分配、流通、消费四个环节。在生产环节补短板，分配环节重公平，流通环节提效率，消费环节扩内需。内循环促进要素与资源在四个流程中运转通畅、减少摩擦、激发活力，最终追求经济效益的最大化。内循环围绕"五大要素"：重视人才培养，提高人才素质和创新能力；优化金融体系，提高资本利用效率；加强科技创新，提高产业技术水平；合理利用土地资源，推动土地制度改革；培育自主品牌，提升品牌价值和影响力。通过激发内需潜力、畅通经济循环、推动经济高质量发展，实现国内市场和生产能力的高度统一。同时，也积极参与国际合作和竞争，形成全面开放的新格局。

动态循环过程中，生产、分配、交换和消费等环节相互衔接，形成完整闭环。消费作为终点，是畅通整个循环的关键环节[10]。国内大循环本质上是生产与消费的联动，而当前制约因素已从供给不足转向消费需求不足。扩大内需成为疏通经济循环堵点的重要措施[11]，依托国内市场，提高产业链安全性、市场韧性和经济自主性，是实现经济高质量发展的必由之路[12]。随着信息网络技术普及，数字经济发展迅猛，为生活带来多元化体验[13]。远程医疗、线上教育及智能家居等数字科技融入日常生活[14]，数字消费成为新增长点，促进居民消费增长。同时，数字经济新业态如直播带货、云广告等的发展促进了消费的线上化。全国网上零售额持续增长，突破购物时间和地域限制[15]，为消费者提供更广泛的选择。线上消费省时省力、价格实惠，促进商品销售信息高效反馈，使厂商更精准地满足市场需求，激发消费潜力。数字经济发展还提升了金融服务水平，惠及更多贫困群体，释放潜在消费需求。这进一步促进消费扩容和内需增长，使产能更充分地转化为经济活动，打通国内经济环节。数字经济正将中国经济长期发展与扩大内需紧密结合，为实现高质量发展提供有力支撑。

2.1.2 外循环概念界定

双循环中的外循环主要指外向型经济，包括进出口、对外投资等。这一概念强调中国应积极参与全球经济循环，利用国际市场和资源来推动国内经济发展。双循环中的外循环是中国参与全球经济循环的重要方式，旨在利用国际市场和资源来推动国内经济发展，提升中国经济的国际竞争力和影响力。

大国经济发展需要更加开放的市场环境，全球化经贸关系对于中国乃至全世界都有积极的影响。尽管大国经济具有内部可循环的优势，但要避免陷入自我循环的困境。国际市场是国内市场的延伸，国际大循环是对国内大循环的有益补充。因此，积极参与国际分工，加强开放合作，实现更大范围、更宽领域、更深层次的对外开放，更紧密地与世界经济互动，畅通国际大循环，推动中国深度融入全球经济一体化进程，提升经济弹性和韧性，是构建现代化经济体系不可或缺的部分，也是推动经济高质量发展的必然选择[16]。然而，受突发公共卫生事件和全球局部贸易保护主义抬头等因素的影响，中国对外经贸交流受到阻碍，部分产业链环节面临断链风险，国际大循环的堵点和难点逐渐显现。然而，数字经济的发展为破解国际大循环困境带来了新机遇。

一方面，数字经济推动的新一轮科技革命以及互联网和数字技术的广泛应用，从供给侧整合并完善产业链体系，降低国际贸易的准入成本，使更多企业得以进入国际贸易市场[17]。这增强了产业链和供应链的韧性和弹性，快速提升了中国产业链供给能力，使其有效适应国际需求变动和个性化需求发展。这不仅扩大了国内外经济交流范围，扩大了对外贸易规模，还有效畅通了国际大循环。另一方面，随着数字经济的迅速发展，传统贸易形式和服务、货物等贸易对象不断向数字化转型。境内外商品信息、支付流程线上化，贸易信息的搜索、匹配和验证更加便捷高效，贸易渠道趋向扁平化。这使得国际贸易效率大幅提升[18]，贸易成本进一步降低，进而增强了国家间比较优势，提高了国内外商品和服务的可贸易性。商品与生产要素之间的跨界流动加深，助力中国更好地融入全球经济发展潮流，从而进一步畅通了国际大循环。

此外，依托国内庞大消费市场和完备产业链优势，数字经济通过数字和信息手段可以更加高效地赋能实体经济。通过产业数字化和数字产业化双向路径延伸产业链条，构建产业生态，降低贸易不确定性，催生贸易新动能。这推动中国不断迈向全球贸易价值链中高端，使外部冲击短期内难以撼动中国在世界经贸舞台的地位。长期来看，这有效促进了国际大循环的畅通，助力中国更好地参与国际分工合作，高效融入全球价值链、产业链和创新链，推动经济高质量发展。

2.1.3 双循环联动概念界定

自2020年中国正式作出构建"双循环"新发展格局的战略部署以来，学术界对这一概念进行了广泛而深入的探讨。为了全面、深刻地理解双循环联动相关问题，首先需要对双循环联动的科学内涵与理论基础进行系统梳理和把控。双循环联动的概念主要源于国内大循环与国际大循环之间的辩证统一关系。国内大循环是实现国际大循环的基础与根本保障，为我国经济可持续发展提供了重要支撑。同时，国际大循环作为国内大循环宏伟目标的重要支撑，对国内大循环起到了补充和促进作用，为其实现提供了重要启示和新鲜动力[19-21]。双循环有效联动是指在构建"双循环"新发展格局过程中，充分利用国内国际资源与市场，促进国内国际经济的相互融合和协同发展。这一过程需要政府、企业和社会各界的共同努力，加强政策协调、市场开放和合作创新，以实现国内国际市场的深度融合和高质量发展。通过深入探究双循环联动的内涵、理论基础和实践路径，可以更好地理解"双循环"新发展格局的战略意义，为我国经济的高质量发展提供有力支撑[22]。

在2020年的两会期间，习近平总书记强调要构建"以国内大循环为主体、国内国际双循环相互促进的新发展格局"。这一战略部署不仅是应对突发公共卫生事件的权宜之计，更是中国经济迈向高质量发展阶段的必然选择。长期以嵌入国际大循环为主的外向型经济发展模式，客观上造成了我国对外部需求和科技转移的双重依赖，使我国对外开放进入瓶颈期。同时，国内供给侧结构性改革虽然已取得阶段性成果，但"补短板"的任务依然艰巨。因此，中国提出构建以国内大循环为主体、国内国际双循环相互促进的新发展格局，旨在以更深层次的国内改革、更高水平的对外开放统筹国内国外两个市场，以我为主、内外兼顾，开启新一轮的高质量发展。

全面准确理解中国"双循环"新发展格局的深刻内涵，需要从供需层面和内外市场进行深入分析。首先，以国内大循环为主体，要充分释放国内超大规模市场的需求潜力，构建完整的内需体系。我国内需体系主要包含消费、投资和政府购买，其中政府购买主要用于宏观经济调控。中国经济实现内循环的主要动力在于消费和投资。消费是我国经济发展的基础，拥有全球最大的中等收入群体，这是我国形成超大规模市场优势和巨大内需潜力的关键。投资对经济增长的乘数效应巨大，对经济发展有明显拉动作用。因此，构建以国内大循环为主体的"双循环"体系，重点在于通过国内深化改革，扫除障碍，进一步释放消费潜力。

其次，以新一轮科技革命为契机，加速推进核心技术自主可控和产业转型升级。在供给侧建立完备产业体系，提高与需求相适应的生产和供给能力。我国存在自主研发能力不足、关键技术和核心零部件过度依赖进口的突出问题。因此，摆脱西方技术产业发展限制，通过自主创新实现产业转型升级，是中国经济"双循环"新发展格局形成的关键。

此外，应以国内供需双升级为支撑，更加主动、灵活、稳健地嵌入全球经济体系中。在需求侧，进口是拉动国际大循环的重要力量之一。中国承诺扩大进口，深度融入全球价值链，通过市场需求带动世界经济复苏。在开放型经济条件下，内需的形成和有效供给也依赖于国际产业链、供应链的畅通和协同。我国应提升对外开放水平，实现与国际经济规则接轨，加强区域经济合作，构建区域价值链，形成互利共赢、利益共享的国际大循环发展格局。"双循环"新发展格局是中国经济适应国内外环境变化的必然选择。通过深化改革、扩大内需、推进科技创新和产业升级等措施，中国经济将更好地融入全球经济体系，实现高质量发展。

2.1.4 数字经济概念界定

数字经济，也被称为"智能经济"，是一种基于大数据和互联网技术的经济形态。它以数字化知识和信息作为关键生产要素，以现代信息网络为主要载体，并借助信息通信技术的有效使用来推动经济效率的提升和结构优化[23]。如今，数字经济的范畴已经扩展到"数字产业化"和"产业数字化"两个方面，前者主要涉及信息技术产业，而后者则涵盖了通过数字化技术进行融合创新后形成的新产业和业态[24]。数字经济作为一个历史范畴，其发展过程中技术、组织和制度的相互作用构成了宏观的经济系统[25]。梅森伯格（Mesenbourg）在描述数字经济的特征时，提出了三个主要方面：一是作为底层支撑的数字化基础设施，如通信网络；二是电子商务通过互联网媒介进行的组织和执行过程，如信息的数字化；三是数字化信息的交易和商品的在线传输，即电子商务[26]。尽管这三个特征描述了数字经济的一些方面，但它们并未揭示出数字经济的本质和发展逻辑。

随着信息技术和网络技术的迅猛发展，数字经济的概念在1985年被"数字经济之父"Don Tapscott首次提出。这一概念的兴起，与新一代信息技术不断取得突破并持续融入传统经济领域密切相关。新一代信息技术主要以AI技术、深度学习、5G通信技术、区块链、大数据、云技术等为代表，为数字经济的蓬勃发展奠定了坚实的技术基础。21世纪以来，数字经济在经济领域逐渐展现出不可忽视的作用。2016年，在G20峰会上，数字经济被明确定义为"以使用数字化的知识和信息作为关键生产要素、以现代信息网络作为重要载体、以信息通信技术的有效使用作为效率提升和经济结构优化的重要推动力的一系列经济活动"。这一定义突出了数字经济以数据信息作为主要生产要素的特点，以及在提升经济效率和优化经济结构方面的重要作用。数字经济具有全面感知、高速传输、智能处理的特点，使其在当今时代具有强大的生命力。同时，数字经济也表现出投入大、回报高、创新依赖强、风险性强的特征。这些特征使得数字经济在发展过程中需要不断创新和适应变化，同时也为我国经济发展提供了良好的机遇。数字经济的快速发展不仅推动了产业升级和经济发展，也深刻改变了人们的生活方式和社会形态。随着数字技术的不断进步和应用，数字经济将继续发挥其高渗透性、高增值性、创新融合性和高带动性的优势，为我国经济的高质量发展注入新的动力[27]。

数字经济区别于传统经济形态的本质特征在于大数据和数字技术的广泛运用。首先，大数据已成为驱动数字经济运行的关键要素。与传统生产要素不同，大数据在投入生产领域之前需要进行数字化加工。此外，从现代产权视角来看，数据具有介于私人品和公共品之间的多维产权属性[28]。与传统生产要素不同，数据这种新型生产要素不存在边际产出递减规律，数据量越大，经过数字化技术的处理越有利于提供更精准的信息，以帮助经济主体作出正确决策和判断，从而增加边际产出。此外，数据和数字产品以比特形式在互联网设备上存储、传输，并且可以以零成本或较低成本复制。因此，与传统经济不同，数字经济具有边际成本递减的特点。

数字经济本质上是一种新的技术—经济范式。历史上每一次技术革命都会带来一种新的技术—经济范式。数字经济这种经济形态所依赖的技术变革是互联网的广泛普及和数字技术的广泛应用[29]。在数字化技术的支撑下，数字经济通过大数据使交易各方实现"点对点"的直接沟通，通过去中介化提高资源配置效率、降低交易成本，从而全面提升整个社会的经济效率。

数字经济具有低成本、高渗透性的技术特征。此外，数字经济打破了市场交易的时空限制，形成了无边界、全天候泛在的市场载体结构[30]。交易市场的联通和边界淡化带来了市场资源的广泛重组与聚合，市场主体的互动更加便捷、频繁，从而更易催生出如共享经济、"直播+"等经济新业态、新模式。因此，数字经济既是中国经济转型和提质增效的"新蓝海"，也为中国经济构建"双循环"新发展格局和建设现代化经济体系提供了一条重要路径。

2.2　文献综述

2.2.1　"双循环"新发展格局相关研究

沈坤荣和赵倩（2020）[31]认为，在越来越复杂的经济发展环境中，想要尽早构建"双循环"新发展格局，要着力推动总供给与总需求在更高水平上实现动态平衡。江小涓和孟丽君（2021）[32]10-19通过分析国际趋势总结国内经验得出，国内大循环与国际大循环对于"双循环"新发展格局的构建始终起到双向驱动作用。然而，关于促进构建"双循环"新发展格局的具体措施无疑会涉及许多因素，对此学者们展开一系列相关研究并为其提供丰富的科学理论支撑。首先，从全球价值链角度出发，刘志彪和凌永辉（2020）[33-34]认为当以扩大内需为前提时应当注重高效联通国内市场与国际市场，最终达到促进国内企业参与国内国际市场双循环的目的。此外，赵蓉等（2020）[35]提出将全球价值链与国内区域间融合发展恰当结合会成为制造业产业升级的重要切入点，而制造业产业的升级则会起到促进构建"双循环"新发展格局的作用。其次，丁晓强等（2021）[36]提出对于我国参与经济循环的内外导向选择有一个深度认识，也会有助于加快建成"双循环"新发展格局。甄小虎等（2023）[37]提出"双循环"新发展格局为中国经济发展指明了方向，跨境电商就是联通国内国际两个市场的重要形式，在我国下一步经济发展当中举足轻重。最后，周玲玲等（2021）[38]基于需求视角下"双循环"新发展格局的演变特征研究，得出目前我国应当合理有序地调整区域间要素流动，将超大国内市场规模充分利用起来，进而达到切实推进"双循环"新发展格局构建的目标。除此之外，还有部分文献是基于实证角度对"双循环"新发展格局展开论述的。例如，Poncet（2003）[39]、行伟波和李善同（2009）[40]以及Hayakawa（2017）[41]几位学者先后通过实证研究发现我国内部不同区域间、我国各省域间以及我国与其他国家之间的贸易均存在着本地偏好。金碚（2021）[42]基于经济双循环视域探究了需求侧改革，研究发现目前我国的生产供给能力虽已达到较为强大的水平，但在越来越具有成熟市场经济的需求约束特征情况下，需求侧改革对于双循环发展仍然具有重要意义。

除以上关于"双循环"新发展格局构建相关研究外，还有许多学者置身于探究如何构建科学的"双循环"理论分析框架以及如何科学测度其联动水平。黎峰（2021）[43]和常冉等（2021）[44]通过构建投入产出表与投入产出模型来探索国内国际双循环发展现状与发展特征。在双循环有效联动模式下，汪建新和杨晨（2021）[45]研究发现大国经济体已经形成了国内循环带动国际循环的模式。李燕和高擎（2023）[46]研究产学研融合赋能区域创新"双循环"发展的路径及对策，对推进我国经济发展转型升级、实现科技自立自强具有十分重要的意义。钱学锋和裴婷（2020）[19]20-26研究发现国内循环积极融入国际循环对于推动国际循环发展具有促进作用，反之国际循环会为国内循环的发展不断注入能量，起到支撑国内循环发展的作用。总之，双循环之间是相辅相成的关系，二者之间相互影响并相互促进，共同为中国经济高质量发展提供源源不断的动力。那么如何做好经济双循环联动，实现对内开放与对外开放共同促进和发展？樊纲等（2003）[47]提出需要进行要素市场化和结构性改革，充分发挥市场机制在资源配置中的决定性作用，改革一些被行政权力垄断的行业和部门，实行自由进入和自由退出。高伟等（2021）[48]认为要加大开放力度，推进"一带一路"和自贸区建设，进而推进贸易自由化和投资便利化，余淼杰（2020）[49]提出要积极参与并主推 RCEP；张杰和金岳（2020）[50]提出通过对外投资和产业转移的方式，加强与发展中国家合作关系，构建利益共同体，主动将我国市场向关系密切的新兴国家开放。但同时姚树洁和房景（2020）[51]提出要注意分化风险，防范发达国家技术封锁和市场封锁风险以及新兴市场发展中国家无力偿还债务和政治不稳定等诚信风险。

目前，学术界对于"双循环"新发展格局的研究主要集中在理论分析层面，并且从现实原因和实践出发，解读"双循环"理论的逻辑和内涵。不同的学者在"双循环"理论框架方面侧重的关键因素也有所不同。例如，王一鸣（2020）[52]从四个维度阐释了构建新发展格局的关键，"变"的概念涵盖了打通生产、分配、流通和消费的堵点；江小涓和孟丽君（2021）[32]1-10回顾了中国经济发展的历史，系统地阐述了内循环为主、外循环赋能的决定性因素；李帮喜等（2021）[53]从政治经济学的角度出发，利用价值循环和社会总资本再生产理论构建了新发展格局的理论框架，明确了不同经济循环模式之间的关系；陆江源等（2022）[54]构建了"双循环"分析框架，并分析了中国发展实践和国内国际循环的特征；黄群慧和倪红福（2021）[55]40-50提出了新发展格局"阶段—模式—动力"的三维理论解释，强调统筹发展和安全的核心要义；李海舰等（2022）[56]将新发展格局的理论从经济领域扩展到政治、文化、社会和生态等非经济领域，提出加速启动"五位一体"新发展格局的构建。钱秋兰和肖颖（2023）[57]认为数字经济赋能"双循环"新发展格局主要体现在打通供给与需求链接渠道、推动虚拟和实体经济深度融合、加速内贸和外贸经济循环畅通，但是目前数字经济在助力新发展格局中还存在一些困境，包括新型基础设施建设亟待提高、数字技术人才缺口大、数字消费市场监管和治理落后等，为此需要从加强新型基础设施建设、推动数据立法、培育数字人才等方面，找寻构筑"双循环"新发展格局的实现路径。

目前，关于新发展格局、双循环测度和评价的研究文献还比较少，评价方法和指标的选择缺乏一致性，不同学者的评价体系切入点也不尽相同。一些研究者从投入产出的角度出发，构建了经济双循环测度指标，利用中国30个省域7年的投入产出表进行分析，得出经济内循环占主导地位的结论[58]。黄群慧和倪红福（2021）[55]43-50利用WIOD数据构建了国内国际循环的测度指标，包括基于供给端和需求端的指标，以及基于全球价值链的国内国际循环的GDP分解方法。王亚男和唐晓彬（2022）[59]从高质量发展的角度，利用沿海36个城市的数据，采用变异系数法测算了各城市间高质量发展水平的差异。杜鹏程和洪宇（2021）[60]通过灰色综合评价模型，分析了2014—2018年全国制造业省域数据，测度了中国制造业结构改善带动高质量发展的水平。目前的研究还处于探索阶段，各学者的方法和指标构建都具有独特性。然而，大多数研究相对缺乏与经济循环结构和关键节点的直接结合。因此，本研究在评价体系的构建上进行了一定的创新，直接与"双循环"理论框架的关键节点相结合。

2.2.2　数字经济发展相关研究

目前数字经济发展相关研究主要是有关数字经济的探讨性文献，最早是由何枭吟（2005）[61]提出，深入揭示数字经济的内涵、发展规律，并分析了它对世界经济的深远影响和我国的应对措施。陈晓龙（2011）[62]认为我们不能忽略数字经济对中国的影响，应该仔细地研究中国的数字经济变化，把握数字经济脉搏，使数字经济在中国得到更好的发展。至此，逐渐有越来越多的学者投身于数字经济的相关研究中。但是，至2019年学术界关于数字经济规模的研究仍然处于探索阶段，尚不存在普遍被接受与认可的数字经济规模测算体系。2019年董羽（2020）[63]从数字技术与数字经济的内涵出发，利用投入产出数据对数字基础行业——ICT行业进行产业关联分析，测算了数字基础行业增加值和数字融合部分增加值，由此汇总得到中国的数字经济规模。数字产业化和产业数字化作为数字经济的重要组成部分，2022年，"数字产业化"的界定与其规范使用被统一了起来[64]。邓小华和袁晨露（2024）[65]为探究数字化转型如何推动制造业高质量发展，基于2011—2021年安徽省16地级市面板数据，采用熵值法测度各地级市数字经济发展水平，运用中介效应和面板门限模型考察作用机制。Veile等（2022）[66]提出数字技术与传统产业的恰当结合可以改变企业原始的生产经营模式。王娟娟（2023）[67]认为"两化"以相反的作用力影响着区域发展格局。杨梦洁（2023）[68]通过研究发现中部地区数字经济发展水平与耦合协调度整体呈现上升态势，但各个省域数字产业化与产业数字化分化明显，不同梯队之间规模与质量差距拉大，发展思路有待进一步明晰。总之，目前针对数字经济展开的相关研究较为丰富，但是鉴于其数据资源载体不同及其应用领域不同，现有研究大多聚焦于数字经济对消费、就业以及社会分工的影响[69-70]，忽略了不同产业形态对国内国际双循环有效联动发展的作用效果。

目前，与数字经济相关的讨论主要集中在数字经济的测度构建、演变以及数字经济与高质量发展之间的关系。现有文献提出了三种数字经济的测度方法[71]。第一种方法是直接测量区域内的数字经济，例如使用数字企业的进入率和退出率作为指标。第二种方法是采用综合指数进行测量。第三种方法是通过评估数字经济的发展效率来进行评价。相关的指标体系层出不穷，每种方法都有其优缺点。为了符合研究背景和需求，本研究借鉴了中国（苏州）数字经济指数的构建方式，该指数选择发展环境、信息产业和数字化融合发展三个一级指标进行测量。在此基础上，本研究对数字经济评价体系进行了一定的创新。

在数字经济的影响效应方面，一些学者提出了不同观点。荆文君等（2023）[72]从宏观和微观多个层面分析数字经济对经济高质量发展的影响，认为数字经济的迅速发展能为我国现代化经济体制建设提供更好的匹配机制和创新动力。张勋等（2019）[73]实证分析数字经济背景下数字金融的包容效应，发现数字金融的发展更有助于中国农村居民创业。岳斯玮（2023）[74]提出数字经济是以数字技术作为核心驱动力量，以现代信息网络作为重要载体，通过数字技术与实体经济深度融合，提升经济效率和优化经济结构的一系列经济活动。罗千峰等（2022）[75]指出，数字技术是推动农业高质量发展的重要动力，强调要强化数字技术标准和技术创新的溢出效应。陈毅辉和洪碧云（2022）[76]提出，数字经济对农业高质量发展的影响存在显著的区域异质性。李明贤和贺佳斌（2023）[77]运用固定效应模型、β收敛检验和面板门限模型，发现数字经济存在一定的空间聚集特征。鲁玉秀等（2021）[78]的研究发现，我国数字经济发展存在空间溢出效应，不仅能显著提升本地城市经济发展质量，而且能提升周边城市经济发展质量。刘洋（2023）[79]提出随着信息通信技术的日新月异，数字经济逐渐成为优化消费结构和推动产业结构转型升级的关键因素之一。关于数字经济特征，数字经济具有衍生性，Ordonez（2013）[80]研究发现，原本由互联网平台所收集到的只是用来优化产业链结构、优化消费者体验的大量数据，同样也可以被金融行业用来预测经济发展走势，从而直接影响市场对金融周期发展的判断，直接影响利率市场参与者的判断预期，从而大大缩短了市场反应时间。此外，数字经济还具备非竞争性与规模报酬递增性。Jones 和 Tonetti（2020）[81]表示使用者们可以基于对数据价值的充分挖掘与应用，进而达到充分释放巨大潜在经济价值的效果。关于数字经济发展的深入思考，Acquisti 等（2016）[82]及 Miller 和 Tucker（2017）[83]相继表示数字经济一直以来都是隐私经济学探讨的热点。早在 1981年，Grossman（1981）[84]及 Milgrom（1981）[85]就提出消费者数据追踪和数据使用会导致消费者盈余挤压的观点。如今，数字经济迅猛发展使得数据呈飞跃式增长，由此带来的巨大收益激发了人们对数字经济的垄断使用和产权问题的思考，Jones 和 Tonetti（2020）[81]指出数据产权归属会对产出造成影响。Abowd 和 Schmutte（2019）[86]研究表明数字经济把握好准确性和隐私性能够产生最佳的使用效益。企业掌握消费者的数据会通过个性化定价增强竞争力，消费者在选择数据被跟踪与否的同时可以改善消费福利，进而对整个社会经济产生影响。赵涛等（2020）[8]70-76认为，数字经济可以通过促进创业活跃度来助力高质量发展。曹正勇（2018）[87]则提出，数字经济可以通过催生新型制造业模式来促进工业经济的高质量发展。然而，目前关于数字经济对"双循环"新发展格局影响的研究较少，并且主要集中在理论阐述方面。李天宇和王晓娟（2021）[88]为数字经济赋能双循环提供了核心内涵和内在逻辑的阐释，并提出了一系列实践路径。祝合良和王春娟（2021）[89]在新发展格局背景下，重点研究了产业数字化转型的内涵与外延、核心特征、动力体系以及产业链重构的效应。

2.2.3　数字经济赋能"双循环"新发展格局相关研究

当前数字经济作为经济领域最活跃的动力因素，并随着构建"双循环"新发展格局目标的提出与不断深入，对数字经济如何赋能"双循环"新发展格局的构建探究意义重大。数字产业化和产业数字化成为驱动生产、分配、流通和消费的内循环，并将国内市场递延至国外，形成对接国际产业链供给和需求的外循环，实现更高水平动态均衡，从而建立"双循环"新发展格局的关键引擎。具体而言，裴长洪等（2018）[90]提出数字产业化作为高渗透性的技术密集型产业，具有很强的先导性和战略性特征。并且，刘平峰和张旺（2021）[91]提出数字技术可以分为资本赋能型技术与劳动赋能型技术，将这两种技术渗透到生产过程中，可以使数字技术与传统生产要素形成相互赋能的生产系统，进而重构生产要素体系，为加快构建"双循环"新发展格局注入能量。苏敏和夏杰长（2020）[92]认为数字经济还可以通过刺激国内消费需求，扫除循环过程中的障碍，进而畅通国际循环，以实现为"双循环"新发展格局赋能的目的。杨波和任飞（2024）[93]提出数字经济的快速发展为"双循环"新发展格局下中国提升企业国际竞争力带来了新机遇，分析得出数字经济"走出去"能够通过技术获取效应、市场获取效应、资源获取效应以及国内市场一体化效应显著提升企业国际竞争力。杨沙和阳丽芳（2021）[94]经过研究提出数字经济主要以拓展国内需求市场、促进国内产业升级转型以及坚固对外贸易纽带等方式推动"双循环"新发展格局的构建。与此同时，赵春明等（2021）[95]研究发现，数字经济不仅可以有效开拓国内市场的需求，还有利于促进国内需求与产业之间的良好互动，进而推动国内经济深度融入国际经济中，以促进国际经济大循环。在新冠疫情对中国经济造成巨大冲击的背景下，数字经济的潜力被激发，成为对抗疫情影响、推动经济复苏以及加快构建"双循环"新发展格局的重要力量。并且，在后疫情时代，李天宇和王晓娟（2021）[96]经过研究表明，应当牢牢把握数字经济赋能"双循环"战略的根本，尽可能地将数据优势与市场优势完美结合，使数字经济的规模效应得到充分发挥，进而为我国"双循环"新发展格局的构建开启新局面。在此基础上，夏诗园（2021）[5]6-8提出我国还应立足国情与发展实践，借助数字化推动产业智能化，运用数字经济突破我国经济双循环瓶颈，进而促进"双循环"新发展格局构建。随着数字经济的蓬勃发展，李秀娥和毕祖烨（2022）[97]通过研究将随之应运而生的生产要素、新产业、新技术、新业态、新模式等新元素纳入经典经济循环理论框架，构成了数字经济赋能"双循环"新发展格局的实施路径，使数字经济赋能"双循环"道路更加清晰。

根据对知网内近两年"双循环"主题核心期刊相关数据进行分析，绘制了"双循环"关键词共现图谱（如图2-1所示）。分析图2-1可知，在"双循环"研究领域数字经济这一关键词出现的频率最高，这说明近两年数字经济与双循环间的关系在学术界备受关注。这也反映出随着数字经济的蓬勃发展其对"双循环"新发展格局构建的影响意义重大。从图2-1还可以发现，"双循环"研究领域所涉及的关键因素有很多，例如，扩大内需、市场分割、内生动力、产业升级、价值链、供应链等。由此可以得出，本研究后续对于国内大循环与国际大循环的具体分析，以及国内国际双循环联动的测度方面均应对以上关键因素加以重视。与此同时，上图中连接双循环与数字经济的关键词如创新能力、优化路径、投入产出等，在本研究后续关于数字经济驱动双循环联动分析部分应当充分考虑以上因素。根据图2-1还可以发现现有研究的不足，例如，关于国内循环与国际循环间的联动分析不足，根据对双循环概念与实现的整体把控可知国内循环与国际循环间是相辅相成的关系，因此二者间的联动分析对于"双循环"新发展格局的构建意义重大，不容忽视。

图2-1　"双循环"关键词共现图谱

2.2.4　研究空间

结合以上文献综述，可以发现现有数字经济与双循环联动领域的相关研究仍存在以下不足：第一，关于双循环发展现状，没有结合经济依存度进行深入探究。第二，关于双循环联动水平的测度，没有结合宏微观角度分别测算内、外循环指数，进而结合内、外循环间的联动效应对双循环联动水平进行科学测度。第三，对于数字经济发展水平的分析不够全面，没有基于数字产业化与产业数字化对数字经济规模进行综合评价与测度。第四，关于数字经济赋能双循环联动的实证分析，尚缺乏其作用的具体路径研究以及多维度的异质性分析。

本研究将针对该领域以上现有的不足展开深度的探究与分析。首先，运用直接测算法，分析省域国内大循环及经济依存度、省域国际大循环及经济依存度以及经济各部门对国内循环与国际循环的依存度。其次，将构建评价指标体系结合纵横向拉开档次法对内循环指数与外循环指数进行测度，分别从宏观角度与微观角度对内循环指数与外循环指数进行分析。结合内、外循环指数运用耦合协调度测度方法对双循环联动水平进行科学测度与分析。然后从数字经济基础、数字产业化、产业数字化以及数字经济覆盖率四个方面结合综合评价方法对数字经济发展水平进行科学测度与分析，进而通过构建面板回归模型进一步探究数字经济赋能双循环联动的影响机制与实现路径。用数字经济发展水平，结合内、外循环联动水平测度值做后续数字经济赋能双循环联动的实证分析。最终厘清数字经济赋能双循环联动的影响机制与路径。

2.3　理论基础

2.3.1　国际贸易理论

国际贸易理论经历了由绝对优势理论、比较优势理论为代表的古典贸易理论，向以要素禀赋理论为代表的新古典贸易理论，以及着重关注垄断竞争条件下的新贸易理论发展。此外，还包括生命周期理论、技术差距理论等更细化的研究方向，以及将贸易政策与贸易理论通过内生动态模型有机结合的新兴古典贸易理论。具体而言：绝对优势理论建立在劳动价值论基础之上，强调自由贸易可以提高生产要素的生产效率，使贸易双方都能获益，进而形成贸易剩余。比较优势理论强调不同国家产品生产成本的差异源于生产要素所需比例与要素价格的差异，而这种成本差异是造成国际贸易互利的主要原因。随着新贸易理论学派的兴起，其强调了在市场存在不完全竞争和生产规模效应条件下，同类制成品的产业内贸易模式对国际贸易发展和社会福利的积极作用。基于此，新兴古典贸易理论的核心思想在于分工的不断发展推动了从当地贸易向全球贸易的逐步扩展，各个经济体的生产专业化和集中程度不断提高，特别是劳动力的专业化得到了有效的发挥，从而提高了所有经济体在贸易体系中的生产效率，实现了帕累托改进的社会福利。

如今，国际贸易的进一步发展呈现出了产品内部分工和价值链分工的重要形式，也已经成为目前国际贸易研究的主导领域。传统上只涉及连接生产和消费的环节，现在逐渐转变为整合和连接各个生产细分环节的媒介和纽带。这使得国际贸易逐渐演变为全球化生产关键环节的重要组成部分。

本研究将在测度内、外循环指数与双循环联动水平过程中充分考虑以上国际贸易理论，结合国际贸易理论思路从生产、分配、流通、消费及进出口角度出发构建评价指标体系。

2.3.2　马克思主义政治经济学相关理论

"双循环"新发展格局的理论基础主要源自马克思主义政治经济学中的阐释，具体体现在以下五个方面。一是生产力与生产关系理论：我国需依托内需优势，发展本土市场，畅通国内循环，从根本上改变经济发展模式，推动国际循环。二是社会资本再生产理论：在宏观层面，社会资本通过生产、分配、交换和消费实现价值增值；在微观层面，着重阐述产业资本通过反复循环实现价值增值的过程。三是世界市场理论：国内市场向外扩张逐步朝向全球化，需要大力发展大工业生产力和改革生产方式，彰显了国际市场对国内经济发展的促进作用。四是空间生产理论：要实现资本持续扩张，必须积极寻找和占领新的经济空间。"双循环"新发展格局一方面需要深入挖掘国内市场的经济空间，另一方面需要持续开拓国际市场的经济空间。五是社会主义市场经济理论：这一理论强调市场在资源配置中的决定性作用，前提是要探索适应市场经济要求的基本制度建设，核心问题是要探索市场经济基本要素的系统构建。

2.3.3　"双循环"新发展格局相关指导方针

习近平总书记在中央财经委员会第七次会议上的讲话中指出："国内循环越顺畅，越能形成对全球资源要素的引力场，越有利于构建以国内大循环为主体、国内国际双循环相互促进的新发展格局，越有利于形成参与国际竞争和合作新优势。"习近平总书记在《加快构建新发展格局　把握未来发展主动权》文章中强调："我国14亿多人口整体迈进现代化社会，规模超过现有发达国家人口的总和，其艰巨性和复杂性前所未有，必须把发展的主导权牢牢掌握在自己手中；我国是一个超大规模经济体，而超大规模经济体可以也必须内部可循环。事实充分证明，加快构建新发展格局，是立足实现第二个百年奋斗目标、统筹发展和安全作出的战略决策，是把握未来发展主动权的战略部署。"

本研究在分析如何提升双循环联动水平的过程中将基于以上马克思主义政治经济学相关理论以及我国关于"双循环"新发展格局构建的指导方针，分析在充分考虑以国内大循环为主、国际大循环为辅的情况下，基于市场理论如何使得数字经济充分赋能双循环联动水平的提升，进而加快构建新发展格局。

2.4 本章小结

首先，本章收集并研读学者们在数字经济与"双循环"研究领域的相关文献，遵循文献综述法，分别总结出国内国际双循环有效联动研究现状、数字经济发展研究现状以及数字经济驱动双循环有效联动研究现状，基于以上研究现状，给出相对合理客观的文献评述。其次，收集关于双循环、内循环以及外循环相关的理论与方针政策。充分分析与掌握国际贸易理论与马克思主义政治经济学相关理论，为后文数字经济赋能双循环联动影响机制与路径研究打下坚实基础。最后，通过对现有文献的述评找寻到本研究可能存在的边际贡献，即厘清现有研究所存在的不足，并针对这些不足提出本研究可能存在的创新点。

3 双循环发展现状研究

当前，由于对双循环现状还未形成统一的分析标准，为了较为全面地对我国双循环发展现状进行分析与掌握，本研究将综合考虑现有的研究测度方法以全面分析双循环发展水平。首先，从考虑单一因素公式推导计算角度对双循环发展水平进行测度与分析，例如进出口额、国内贸易额等，通过对单一因素与双循环发展水平的计算和分析，我们可以深入了解不同因素对双循环发展的影响程度，从而为相关政策的制定提供依据；其次，从投入产出表、投入产出模型角度对双循环发展现状进行测度与分析，运用公式测算内循环与外循环经济依存度，揭示双循环发展的内部机制和发展潜力，为产业结构调整和内外循环协同发展提供理论支持。

在本章的研究中，将综合利用这两种方法，以期全面把握双循环发展的现状和特点，通过对双循环发展水平的综合测度与分析，我们将为相关决策提供科学依据，接着再运用多层线性模型分析双循环的经济效应，从四大地区层面对双循环发展的经济效应进行全面评估，以揭示双循环发展对经济的推动作用和影响机制。最终，期望通过本章为推动双循环发展、促进经济高质量发展提供理论支持和政策建议。将通过对双循环发展现状和特点的综合分析，为决策者提供科学依据，帮助他们制定更加有效的政策措施。也希望能够为双循环发展提供更为全面和深入的认识，揭示其对经济发展的影响机制和推动作用，为相关领域的研究提供新的思路和方法。

3.1 "双循环"新发展格局基本特征

本节主要是基于省域内贸易视角，计算省际层面的国内贸易和国际贸易，分别用以衡量国内循环和国际循环[98]。通过省际层面的国内贸易和国际贸易规模，可以更好地评估省域内经济的内部循环和对外开放程度。国内贸易反映了省域内产业之间的联系和依存程度，而国际贸易则揭示了省域内经济与国际市场的联系和开放程度。因此，通过对这两种贸易进行衡量，可以更全面地了解双循环发展的现状和特点，这种衡量方法有助于揭示经济循环发展的内外部联系，为推动经济发展提供更有针对性的政策支持。

本节主要对基础数据进行描述统计分析，从而深入了解我国"双循环"新发展格局的整体、区域基本特征，了解不同省域之间的贸易活动情况以及各省域在国内市场中的地位和影响力。通过增长率分析可以了解国内贸易和国际贸易的增长趋势和速度以及对我国经济增长的贡献和影响，为后文构建更加科学、更加全面的指标体系提供依据。

3.1.1 数据说明

由于数据的可得性，本章将以中国31个省域（不含港澳台）为基本分析单位，数据来源为2012年、2017年的中国多区域投入产出表、我国投入产出表、世界投入产出表（WIOD）以及各省域的GDP数据。

3.1.2 现状分析

表3-1展示了我国2017年的国内贸易、国际贸易规模并进行了描述性统计分析。我们可以对出口和进口的国内省域外流出和流入进行深入的研究和分析。首先，我们可以从平均数、中位数、标准差、峰度和偏度等方面来分析这些数据的集中程度、离散程度、峰度偏度等统计特征。

表3-1 2017年国内贸易、国际贸易规模

单位：万元

省域	出口	国内省域外流出	进口	国内省域外流入
北京	66 452 815.84	780 313 920.00	209 105 808.00	635 395 895.60
天津	34 136 702.62	176 388 584.70	49 736 394.00	164 210 865.40
河北	21 421 199.72	244 792 394.30	12 299 233.91	265 139 760.50
山西	6 900 776.00	71 895 825.00	4 725 029.00	77 898 069.00
内蒙古	3 259 828.94	139 078 873.90	6 082 782.69	154 847 858.20
辽宁	29 574 344.15	205 341 777.40	39 071 848.90	200 799 672.70
吉林	2 897 687.54	350 953 194.30	37 286 532.27	346 532 839.10
黑龙江	3 398 699.00	180 763 607.00	9 157 166.00	214 553 806.00
上海	134 934 445.20	565 702 769.80	260 630 913.30	431 117 201.50
江苏	236 777 589.20	506 554 686.30	143 758 060.70	557 804 704.00
浙江	214 675 944.00	418 768 495.00	75 069 403.00	605 332 133.00

省域	出口	国内省域外流出	进口	国内省域外流入
安徽	21 770 056.85	241 363 777.30	15 486 979.79	227 097 805.50
福建	68 418 097.00	74 228 903.00	84 546 924.00	52 881 376.00
江西	22 498 114.67	180 446 054.10	7 902 251.62	194 758 659.20
山东	104 051 526.30	61 392 076.54	86 821 624.66	157 463 705.90
河南	37 145 970.26	447 019 637.60	20 593 111.99	559 817 596.00
湖北	23 283 070.05	50 788 151.95	10 693 327.54	88 850 373.46
湖南	15 117 595.13	150 892 644.30	8 205 282.46	175 389 557.00
广东	448 106 554.70	601 050 224.20	323 111 772.60	687 363 300.80
广西	16 139 535.10	123 231 104.00	13 517 441.71	139 706 297.40
海南	2 727 521.22	106 484 781.00	3 870 954.04	116 691 015.00
重庆	34 883 927.26	772 827 740.50	25 979 323.41	792 205 316.10
四川	21 073 762.41	94 549 847.05	12 646 410.04	106 185 758.20
贵州	10 766 931.00	129 826 575.00	9 184 514.00	164 629 411.00
云南	7 313 650.77	54 299 163.14	7 614 905.53	150 164 508.40
西藏	179 038.60	4 926 014.60	25 392.00	14 877 079.61
陕西	20 898 662.93	307 765 423.30	11 301 447.08	344 888 385.20
甘肃	905 224.00	40 041 685.56	1 965 584.00	50 039 953.79
青海	287 515.38	5 349 684.17	156 732.68	18 227 168.07
宁夏	2 895 481.00	26 888 372.00	1 191 481.00	63 197 398.00
新疆	12 708 352.74	89 079 964.09	39 398 478.93	132 216 908.60
平均数	52 438 729.67	232 355 030.70	49 391 519.71	254 525 302.50
中位数	21 073 762.41	150 892 644.30	12 646 410.04	164 629 411.00
标准差	93 852 538.61	219 459 434.60	79 764 441.88	215 977 084.20
峰度	10.57	0.71	5.12	0.19
偏度	3.08	1.26	2.35	1.14
最小值	179 038.62	4 926 014.60	25 392.00	14 877 079.61
最大值	448 106 554.70	780 313 920.00	323 111 772.60	792 205 316.10

由表3-1可知各省域在2017年的贸易情况，从平均数来看，进口的平均数略低于出口，这表明出口的总量相对来说更大一些。从中位数来看，中位数明显低于平均数，这表明数据呈现右偏分布，即存在一些极端值较大的数据。从标准差来看，标准差较大，表明数据的离散程度较高，存在较大的波动性。从峰度和偏度来看，峰度和偏度均表明数据的分布呈现明显的右偏分布，即存在一些极端值较大的

数据。

接下来从整体发展水平来分析这些数据。从最小值和最大值来看，出口和进口的国内省域外流出和流入存在一些高值数据，这表明国内的贸易活动总体水平较高。从极差角度分析，各省域国内循环规模、国际循环规模差异大。综上所述，出口和进口的国内省域外流出和流入数据整体呈现右偏分布，存在一些极端值较大的数据，波动性较大，离散程度较高，但整体发展水平较高。

针对各省域具体情况进行分析，发现北京、上海、江苏、浙江、山东、广东、福建这些省域的出口、进口规模高于全国平均值，陕西、重庆、广东、河南、浙江、江苏、上海、吉林、河北和北京这些省域的国内省域外流出、国内省域外流入高于全国平均值。陕西和重庆位于中国西部，是重要的能源和原材料生产基地，向其他省域输送大量的煤炭、石油和金属等资源。广东、河南、浙江、江苏和上海位于中国东部和中部地区，拥有发达的制造业和服务业，吸引了大量来自其他省域的劳动力和投资。吉林和河北是重要的农业和工业基地，向其他省域输送粮食、钢铁和机械等产品。北京作为中国的首都，吸引了来自全国各地的劳动力和投资。这些数据反映了它们在中国经济中的重要地位。它们是经济增长、贸易和投资的中心，并为全国其他地区的发展做出了重要贡献。

本小节分析了国内贸易、国际贸易分别占总贸易的比重，图3-1展示了2017年各省域国内循环和国际循环绝对水平对照图，可以直观地得出：从内循环角度，大部分省域国内贸易占比达到70%以上，显示出国内贸易在各个省域的重要性。从外循环角度，大部分省域国际贸易占比为30%以下，说明国际贸易在各省域的比重相对较低。这种情况反映了国内经济的自主性和自给自足的特点，也意味着国内市场的巨大潜力和活力。国内经济循环发展水平均高于国际经济循环发展水平，此外，从全国贸易发展水平角度，全国国际贸易平均占比为13%，而国内贸易平均占比为86%，表明国内大循环在我国已经占据主导地位。

通过对比国内经济循环和国际经济循环，随着国内市场需求的不断扩大和消费升级，国内贸易占比逐渐提高，成为我国经济增长的主要动力之一。我们可以看出国内经济循环在整体贸易活动中占据主导地位。这再次强调了实现经济发展的关键在于将国内大循环置于经济发展的核心地位，让国内循环成为我国经济增长的主要动力。

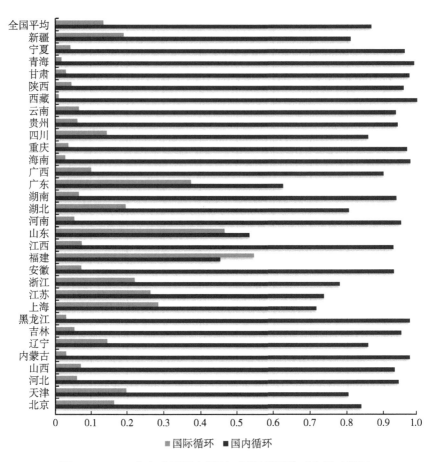

图 3-1 2017 年各省域国内循环、国际循环绝对水平对照图

国内大循环的主导地位意味着中国经济发展已经不再主要依赖于国际市场，而是更多地依赖于国内市场。这种转变对于中国经济的可持续发展具有重要意义。首先，国内大循环的主导地位意味着中国经济在面对国际市场波动时具有更强的抵御能力，可以更好地保护国内市场的稳定和发展。其次，国内大循环的主导地位也意味着中国经济的增长更多地由国内需求驱动，这有利于增强中国经济的内生增长动力，降低对外部市场的依赖程度。最后，国内大循环的主导地位也为中国经济的结构调整和产业升级提供了更多的空间和机遇，有利于提高中国经济的竞争力和可持续发展能力。

具体而言，将各省域的进出口额、国内省域外流出、国内省域外流入与总贸易额进行对比，2017 年的内外贸易规模前五省域如表 3-2 所示。

表3-2 内外贸易规模前五省域

出口	国内省域外流出	进口	国内省域外流入	总流入	总流出
上海	北京	北京	北京	北京	北京
江苏	江苏	江苏	江苏	江苏	江苏
浙江	上海	上海	上海	上海	上海
山东	重庆	山东	重庆	重庆	重庆
广东	广东	广东	广东	广东	广东

总的来说，国内大循环总量大于国际大循环总量，发达地区双循环整体发展水平高于欠发达地区。中西部地区国内大循环发展水平较高，东部地区国际大循环发展水平高于中西部地区。

具体而言，通过各省域的总流入和总流出规模分析，可以发现北京、江苏、上海、重庆和广东等五个省域的贸易规模最高，表明这些地区的贸易活动最为活跃，贸易水平较高。而西藏、甘肃、青海、宁夏以及山西和云南等省域的总流入和总流出规模较低，表明这些地区的贸易活动相对较为不活跃。

进一步分析国内省域外流入和国内省域外流出，可以反映各省域的国内贸易情况。北京、江苏、上海、重庆和广东等省域的国内省域外流入和流出规模最高，表明这些地区的国内贸易水平较高，经济内循环较为发达。而西藏、甘肃、青海、宁夏等省域的国内省域外流出和流入规模最低，表明这些地区的国内贸易活动相对较为不活跃。

其次，观察各省域的进口和出口占比可以反映该地区的国际贸易状况。上海、江苏、广东、山东以及浙江等省域的进口和出口规模较高，表明这些地区的国际贸易活动较为活跃。此外，北京的进口规模较高，而海南的进口和出口规模相对较低，究其原因海南的进出口物流成本相对较高，降低了海南的进出口规模。此外，海南省的经济相对较为单一，以旅游业为主导，而非制造业、加工业等出口导向产业。海南周边地区如广东、香港等经济发达，拥有更为发达的港口和贸易体系，区域竞争激烈。

这些数据反映了中国各省域的贸易活动水平和经济循环发展状况。北京、江苏、上海、重庆和广东等省域的贸易活动最为活跃，其经济内循环和外部联系较为紧密。而西藏、甘肃、青海、宁夏等省域的贸易活动相对较低，国内贸易和国际贸易规模较小，经济内循环和外部联系相对较弱。

这种情况反映了中国各地区的经济发展不平衡。一方面，发达地区的贸易活动水平高，经济内循环发达，国际贸易联系紧密，对外开放程度较高。另一方面，欠发达地区的贸易活动水平低，经济内循环较为薄弱，国际贸易联系相对较少，对外开放程度较低。

为了促进各地区经济均衡发展，需要采取一系列政策措施。首先，应当加强对欠发达地区的支持，鼓励其扩大贸易活动，提高经济内循环水平，增强对外开放程度。其次，可以通过加强基础设施建设、优化营商环境、提升产业竞争力等措施，推动欠发达地区的经济发展，促进其融入全国经济循环。同时，还需要加强对发达地区的政策引导，促使其更好地发挥经济引擎作用，推动全国经济协调发展。

3.1.2.1　区域特征分析

从国内、国际贸易规模进行省域间的总量分析，图3-2反映了不同区域间的国内、国际贸易规模也有差异性。

纵观我国四大地区的国际、国内贸易规模占总规模比重，发现东部地区的国际贸易、国内贸易都高于中部、西部、东北地区，尤其显著的是进口、出口规模占到了全国的80%，省域外流入、流出规模比重也占据全国总额一半以上。东部地区在国际、国内贸易方面占据主导地位。其他三个地区的特点也十分显著，即西部地区的内循环和外循环规模高于中部地区，而东北地区的规模则排在最后。这一现象反映了中国不同地区经济发展的差异性，也揭示了各地区在内循环和外循环发展方面的特定优势和挑战。

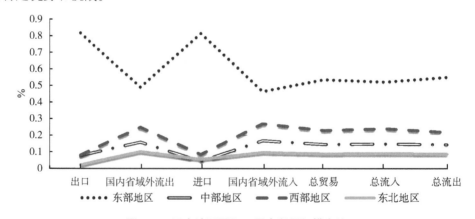

图3-2　四大地区国际、国内贸易规模占比

西部地区在内循环和外循环规模上相对较高，可能与其丰富的自然资源、较为完善的基础设施和政府政策的支持等因素密切相关。西部地区地域辽阔，资源丰富，尤其在能源、矿产、农产品等方面具有独特的优势，这为其提供了丰富的物质

基础，促进了内循环的发展。同时，西部地区也受益于国家政策的倾斜和支持，例如共建"一带一路"倡议和西部大开发战略等，这些政策为西部地区的外部联系提供了更多的机遇和支持，促进了外循环的发展。

中部地区在内循环和外循环规模方面相对较低。这可能与中部地区产业结构相对单一、资源配置相对不足、交通条件相对滞后等因素相关。中部地区相对欠缺的自然资源和产业优势，使得该地区的内循环发展受到一定的制约。同时，中部地区的外循环规模也受到地理位置和交通条件等因素的制约，使得外部联系相对较为薄弱。

东北地区在内、外循环规模上排在最后。东北地区曾是中国重要的重工业基地，拥有丰富的煤炭、石油、天然气等资源，这为该地区提供了丰富的物质基础。然而，随着产业结构调整和经济转型，东北地区的重工业逐渐式微，这也对内循环和外循环规模产生了一定的影响。尽管如此，东北地区仍然在内外循环方面保持一定的活力，这得益于政府的扶持政策以及地区自身的产业升级和转型努力。

综上，不同地区内、外循环规模的差异主要受资源禀赋、产业结构、地理位置和政策支持等多种因素的影响。对于中部和东北地区而言，需要加强资源整合和产业升级，促进内、外循环规模的提升；对于西部地区而言，需要继续推进资源开发和基础设施建设，以更好地发挥地区的内外循环潜力。因此，为实现各地区内外循环规模的均衡发展，需要制定相应的政策措施，促进各地区经济的可持续发展，为全国经济发展做出积极贡献。

3.1.2.2 时序演变特征分析

本部分利用2012年、2017年的数据，计算得出2017年相比于2012年各指标的增长率（见表3-3）。

从国内贸易内循环角度分析，大部分省域的增长率为正，很多省域甚至超过了100%，反映了国内贸易呈现逐年快速增长的趋势。比如，吉林省2017年的国内贸易为2012年的3.97倍，国际贸易为2012年的2.57倍。吉林省国内贸易和国际贸易的快速增长是经济发展的积极信号，表明该省在国内和国际市场上都取得了显著的成就。这将有助于吉林省更好地融入国家"双循环"新发展格局，提升经济发展水平，促进吉林省经济的可持续增长。

从国际贸易外循环角度分析，大部分省域的增长率为正，小部分省域2017年进出口额小于2012年。对于大部分省域而言，其进出口额呈现正增长的现象反映了中国经济对外开放的持续扩大和贸易活动的增加。这一趋势可能受益于国际贸易政策的放开和优化，以及中国经济结构的不断优化升级。各省域在国际市场上积极开拓业务，加强与国外经济体的合作，推动了进出口额的增长。同时，中国积极参与全球价值链，不断提升产品质量和技术水平，进一步促进了进出口额的正增长。

然而，值得关注的是，少数省域的2017年进出口额较2012年有所下降。这可能受多种因素的影响，包括国际贸易环境的变化、产业结构调整、市场需求变化等。在国际贸易环境不确定性增加的背景下，部分省域可能面临着外部市场需求减弱、贸易摩擦增加等挑战，导致其进出口额出现下降。同时，部分省域的产业结构可能存在一定问题，对外贸易的适应性较弱，也可能成为进出口额下降的原因之一。

综上，大部分省域进出口额的正增长反映了中国经济对外开放的成果和贸易活动的增加，而少数省域进出口额下降的情况则需要引起重视，需要进一步深入分析原因并采取相应措施。希望通过持续深化改革开放，加强国际合作，进一步提升中国外贸水平，为中国经济的高质量发展注入新动能。

值得引起关注的是，重庆在出口和进口方面取得了显著的增长。2017年的出口规模较2012年增长了33.6倍，而进口规模也达到了2012年的24.7倍。这表明重庆在外贸领域取得了巨大的成就，反映了该地区在国际贸易中的积极作用和发展潜力。该地区在全球市场上的竞争力不断提升。这可能与重庆地区在汽车、电子产品、机械设备等领域的产业优势有关。重庆作为中国内陆城市，拥有得天独厚的地理位置优势和便利交通，这为其出口贸易提供了便利条件。同时，重庆政府积极推动外贸发展，采取了一系列政策措施，鼓励企业拓展国际市场，提高产品质量和品牌知名度，促进了出口规模的快速增长。

与此同时，重庆进口规模的大幅增长也表明了该地区对外开放程度的提升。重庆的进口增长可能与其产业结构优化和市场需求变化有关。随着国际贸易合作的深入和市场需求的多样化，重庆加大了对原材料、高端设备等进口货物的需求。同时，重庆还积极推动国际贸易便利化，降低关税壁垒，促进了进口规模的快速扩张。

表3-3 各指标增长率情况

单位：%

省域	出口	国内省域外流出	进口	国内省域外流入
北京	−6	21	−16	35
天津	−7	53	3	34
河北	8	41	−18	51
山西	51	17	−13	1
内蒙古		−12		−10
辽宁	−16	30	21	22
吉林	−23	397	218	257
黑龙江	−65	64	−43	78
上海	−13	81	33	64
江苏	14	23	5	67
浙江	46	115	22	168
安徽	22	0	96	−10
福建	20	20	10	44
江西	94	183	44	183
山东	−6	−34	12	26
河南	95	111	30	105
湖北	−54		−79	
湖南	187	35	71	50
广东	12	176	5	149
广西	45	98	14	54
海南	18	157	−49	181
重庆	3365	622	2468	621
四川	−13	119	−3	77
贵州	160	195	656	176
云南	259	6	67	60
西藏	−89	855	−42	105
陕西	−40	108	−55	96
甘肃	−60	−2	−58	0
青海	−94		−99	
宁夏	156	−7	114	93
新疆	4	74	986	55

3.2 内循环与外循环经济依存度

经济双循环依存度指数是用于衡量一个国家或地区内部经济系统与外部经济系统之间相互依存程度的指标，代表某一国家或某一地区的经济增长对于国内市场与国外市场资源的依赖程度，这包括了不同产业、部门之间的交易、供应链、投入产出关系等。这一指数通常用于评估国家或地区经济发展的内外部联系程度，以及其对外部经济波动的敏感度。经济双循环依存度指数通常涉及两个方面的依存度：国家或地区的经济体系内部各个部门之间的依存度，以及国家或地区经济体系与国际市场之间的依存度。

经济内循环依存度高意味着国家或地区的经济体系内部各个部门之间相互依赖程度高，产业链条完整，形成了比较完善的内部循环经济体系。这有助于促进国内市场的发展，提高经济的自给自足能力，减少对外部市场的依赖；经济外循环依存度则是指一个国家或地区经济体系与国际市场之间的依赖程度。这包括对外贸易、国际投资、跨国公司的活动等。经济外循环依存度高意味着国家或地区的经济体系对外部市场的需求和供应程度高，对国际经济形势和国际市场的变化敏感度也较高。高外循环依存度可能使国家或地区更容易受到国际市场变化的影响，需要更加灵活地应对外部经济形势的变化。

这两个指标在一定程度上反映了一个国家或地区的经济体系的开放程度和内循环发展程度。高内循环依存度意味着国家或地区的经济体系内部联系紧密，产业链比较完整，对内部市场的需求和供应有较强的支持能力。高外循环依存度则意味着国家或地区对外部市场的依赖程度高，对国际市场的需求和供应有较强的依赖性。

本研究依据贸易依存度指数的测算思路，用各省域省际调出总额占该省域 GDP 的比重来表示其经济内循环依存度（DR_i^{of}），用各省域出口总额占该省域 GDP 的比重来表示其经济外循环依存度（DR_i^{ex}）。计算公式为：

$$DR_i^{of} = \frac{x_{i,-i}}{GDP_i} \tag{3-1}$$

$$DR_i^{ex} = \frac{x_{i,f}}{GDP_i} \tag{3-2}$$

由公式（3-1）与公式（3-2）可知 DR_i^{of} 越大体现 i 省域经济增长对于国内市场与国内资源的依赖程度越大，相对而言 DR_i^{ex} 越大体现 i 省域经济增长对于国外市场与国外资源的依赖程度越大；DR_i^{of} 与 DR_i^{ex} 的相对大小反映的是 i 省域的经济增长对于国内市场与资源相对国外市场与资源的依赖程度。若$DR_i^{of} > DR_i^{ex}$，表示i省域经济增长对国内市场和资源的相对依赖程度更大；若$DR_i^{of} < DR_i^{ex}$则反映出i省域经济增长对国外市场和资源的相对依赖程度更大。

根据中经网统计数据库2003—2022年省域数据，结合公式（3-1）和公式（3-2）计算得到2003—2022年我国省域内循环经济依存度与省域外循环经济依存度面板数据。根据面板数据绘制2003—2022年内、外循环经济依存度对比图（见图3-3）。

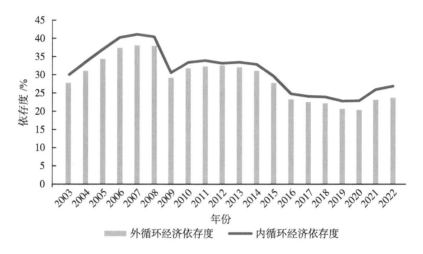

图 3-3　全国 2003—2022 年内、外循环经济依存度对比图

从图3-3中可以看到，内循环经济依存度与外循环经济依存度波动趋势基本一致，波动主要分为三个阶段，第一阶段为2003—2007年，内循环经济依存度与外循环经济依存度均呈现递增趋势，第二阶段为2007—2019年，内循环经济依存度与外循环经济依存度均呈现显著递减趋势，第三阶段为2019—2022年，内循环经济依存度与外循环经济依存度均再次呈现递增趋势。但从数值来看这种波动的程度并不大，这说明近二十年来内、外循环经济依存度有三阶段的增减变化，但这种波动并不大，即内、外循环经济的发展对于国内市场资源与国外市场资源的依赖程度有增减变化，但总体来说相对稳定。

下面从沿海区域与内陆区域角度出发对我国内循环与外循环经济依存度展开对比分析，根据地理位置将省域划分为沿海省域和内陆省域，部分年份省域内循环经济依存度如表3-4所示，部分年份省域外循环经济依存度如表3-5所示。

表3-4 部分年份省域内循环经济依存度

单位：%

省域	区域	2003年	2007年	2011年	2015年	2019年	2022年
天津	沿海省域	0.45	0.67	0.41	0.32	0.21	0.26
河北		0.07	0.13	0.12	0.13	0.10	0.13
辽宁		0.19	0.25	0.23	0.19	0.16	0.16
上海		0.49	0.78	0.72	0.49	0.33	0.34
江苏		0.45	0.81	0.74	0.59	0.47	0.51
浙江		0.75	1.26	1.07	0.87	0.67	0.81
福建		0.61	0.62	0.51	0.41	0.32	0.40
山东		0.29	0.39	0.37	0.29	0.23	0.39
广东		4.01	4.98	3.99	3.60	2.48	2.47
北京	内陆省域	0.14	0.21	0.13	0.09	0.06	0.06
山西		0.10	0.12	0.05	0.07	0.06	0.07
内蒙古		0.05	0.05	0.05	0.04	0.03	0.04
吉林		0.08	0.07	0.05	0.04	0.03	0.05
黑龙江		0.08	0.12	0.07	0.04	0.03	0.04
安徽		0.04	0.07	0.06	0.08	0.07	0.11
江西		0.01	0.02	0.03	0.04	0.03	0.06
河南		0.05	0.07	0.08	0.11	0.10	0.12
湖北		0.04	0.06	0.07	0.07	0.06	0.09
湖南		0.01	0.02	0.02	0.02	0.02	0.03
广西		0.18	0.29	0.26	0.28	0.27	0.43
海南		0.02	0.03	0.02	0.02	0.02	0.02
重庆		0.02	0.03	0.05	0.10	0.08	0.09
四川		0.16	0.19	0.28	0.20	0.23	0.32
贵州		0.02	0.03	0.02	0.03	0.02	0.02
云南		0.58	0.91	0.74	0.75	0.62	0.87
西藏		0.00	0.00	0.01	0.00	0.00	0.00
陕西		0.10	0.15	0.10	0.16	0.22	0.28
甘肃		0.14	0.17	0.08	0.08	0.06	0.06
青海		0.04	0.02	0.01	0.01	0.00	0.01
新疆		0.09	0.22	0.16	0.10	0.09	0.12
宁夏		0.00	0.00	0.00	0.00	0.00	0.00
均值	沿海省域	0.81	1.10	0.91	0.77	0.55	0.61
	内陆省域	0.09	0.13	0.11	0.10	0.10	0.13

表 3-5　部分年份省域外循环经济依存度

单位：%

省域	区域	2003年	2007年	2011年	2015年	2019年	2022年
天津	沿海省域	0.46	0.67	0.40	0.34	0.23	0.26
河北		0.07	0.10	0.10	0.09	0.07	0.09
辽宁		0.18	0.25	0.23	0.18	0.13	0.14
上海		0.52	0.82	0.77	0.53	0.38	0.42
江苏		0.44	0.80	0.72	0.57	0.46	0.49
浙江		0.71	1.18	0.97	0.85	0.66	0.84
福建		0.55	0.63	0.59	0.49	0.36	0.41
山东		0.28	0.37	0.35	0.28	0.22	0.36
广东		3.99	4.92	3.77	3.17	2.16	2.22
北京	内陆省域	0.23	0.34	0.25	0.16	0.16	0.16
山西		0.06	0.08	0.04	0.05	0.05	0.05
内蒙古		0.04	0.04	0.04	0.03	0.02	0.03
吉林		0.07	0.07	0.05	0.03	0.03	0.04
黑龙江		0.06	0.15	0.13	0.05	0.03	0.04
安徽		0.05	0.07	0.07	0.09	0.07	0.10
江西		0.01	0.02	0.04	0.04	0.04	0.06
河南		0.05	0.07	0.07	0.10	0.09	0.11
湖北		0.04	0.06	0.08	0.08	0.07	0.10
湖南		0.01	0.02	0.01	0.02	0.03	0.04
广西		0.20	0.30	0.37	0.55	0.52	0.59
海南		0.02	0.02	0.02	0.02	0.02	0.03
重庆		0.02	0.03	0.07	0.13	0.09	0.10
四川		0.16	0.22	0.38	0.23	0.25	0.34
贵州		0.02	0.02	0.02	0.05	0.02	0.02
云南		0.01	0.01	0.01	0.02	0.01	0.01
西藏		0.05	0.07	0.14	0.04	0.02	0.02
陕西		0.05	0.06	0.04	0.06	0.08	0.10
甘肃		0.05	0.05	0.03	0.07	0.02	0.01
青海		0.05	0.04	0.04	0.06	0.01	0.01
新疆		0.10	0.24	0.19	0.14	0.10	0.13
宁夏		0.08	0.09	0.06	0.08	0.04	0.04
均值	沿海省域	0.80	1.08	0.88	0.72	0.52	0.58
	内陆省域	0.07	0.09	0.10	0.10	0.08	0.10

结合表3-4、表3-5分析发现，我国各地区的内循环经济依存度和外循环经济依存度的变化趋势与全国整体经济依存度变化情况基本一致。对比发现，沿海省域的内循环经济依存度指数均值和外循环经济依存度指数均值均始终高于内陆省域。下面将从沿海省域和内陆省域的经济内、外循环依存度指数的差异入手，探讨其背后的原因和影响。

首先，沿海省域作为中国经济的重要发展引擎，其经济结构相对较为先进，产业发达，内部产业之间的联系紧密。在沿海省域，由于产业链的完善和发达，各个产业之间的协同作用比较明显，相互依存程度较高。以广东省为例，该省的经济内循环依存度指数一直较高，反映了该省内部产业之间的联系较为密切，形成了一个相对完整的产业体系。这种内部产业联系的紧密程度，使得沿海省域的经济内循环依存度指数整体上较高。

其次，沿海省域的经济外循环依存度指数也呈现较高的特点。沿海省域由于地理位置的优势，通常与国际市场和外部地区的联系更为紧密。这种联系包括进出口贸易、外资引进、技术创新等方面。以上海为例，作为中国的经济中心城市，其经济外循环依存度指数一直较高，反映了上海经济与国际市场的联系较为密切。沿海省域通常更依赖外部市场和国际经济环境，因此其经济外循环依存度指数整体上也较高。

相比之下，内陆省域的经济内、外循环依存度指数则普遍较低。内陆省域的经济结构相对较为单一，产业发展程度也相对较低，内部产业之间的联系不够紧密，形成了一个相对薄弱的产业体系。例如，一些西部省域的经济内循环依存度指数较低，反映了其内部产业之间的联系相对较弱。此外，由于内陆省域地理位置的相对闭塞，与国际市场和外部地区的联系相对较少，导致其经济外循环依存度指数也较低。

沿海省域的经济内、外循环依存度指数高于内陆省域的原因主要有以下几点。首先，地理位置的差异是导致沿海省域和内陆省域经济内、外循环依存度指数差异的重要原因。沿海省域位于我国沿海地区，通常与国际市场和外部地区的联系更为紧密，地理优势使得沿海省域更容易吸引外资、技术和人才等资源。其次，沿海省域的经济结构和产业发展程度较高，形成了相对完善的产业链和内部市场，各产业之间的联系更为紧密。最后，政策的支持也是导致沿海省域经济内、外循环依存度指数较高的原因之一。政府通常会出台一些政策措施，以促进沿海省域与国际市场和外部地区的联系，加快经济发展步伐。

沿海省域的经济内、外循环依存度指数高于内陆省域，不仅反映了地区经济发展的差异，也对地区经济发展产生了一定的影响。首先，经济内、外循环依存度指数的差异反映了沿海省域和内陆省域在经济发展模式上的差异。沿海省域更加依赖国际市场和外部地区，更注重发展外向型经济，积极吸引外资、技术和人才等资源，推动产业升级和转型。而内陆省域则更注重发展内需市场和本地产业，发展模式体现为内向型。其次，经济内、外循环依存度指数的差异也体现了地区经济的韧性和抗风险能力。沿海省域更容易受到国际市场和外部环境的影响，一旦国际市场发生波动，可能会对其经济产生较大影响。而内陆省域由于更加依赖本地市场和产业链，受外部环境的影响相对较小。

接下来进行南方、北方的双循环依存度对比（见图3-4）。各地区的经济内循环依存度和经济外循环依存度的变化趋势与全国整体情况基本一致。对比发现，南方省域的经济内循环依存度指数均值和经济外循环依存度指数均值一直高于北方省域。中国南方省域和北方省域在经济内循环依存度和经济外循环依存度上有着显著的差异，这些差异主要源自地理位置、产业结构、经济发展水平等多方面的因素。以下将从多个角度对南方省域和北方省域的经济内循环依存度和经济外循环依存度进行深入分析。

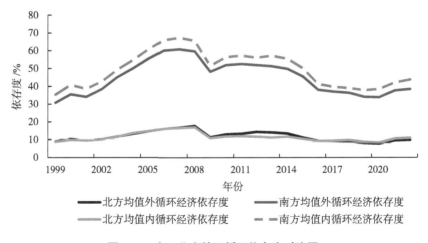

图3-4 南、北方的双循环依存度对比图

从地理位置角度分析，南方省域地处中国南方，气候温暖，土地肥沃，水资源丰富，适宜农业发展，因此南方省域在农业方面有较强的产业优势。南方省域的地理位置使得其更加依赖于国内市场和资源，经济内循环依存度较高。与此同时，南方省域与东南亚等国家和地区的经济联系较为紧密，对外贸易和外资吸引程度较高，因此其经济外循环依存度指数均值也相对较高。相比之下，北方省域地处中国北方，气候寒冷，土地资源相对匮乏，因此北方省域在农业方面的产业优势较弱，更加依赖于工业和资源开发。北方省域的地理位置使得其更加依赖于国内市场和资源，经济内循环依存度较高，但由于大多地处内陆，与外部市场的联系较为有限，因此其经济外循环依存度相对较低。

从产业结构角度分析，南方省域的产业结构以农业、轻工业和服务业为主，而北方省域则以重工业和资源型产业为主。南方省域的产业结构决定了其更加依赖于国内市场和资源，经济内循环依存度较高。与此同时，南方省域的服务业和轻工业对外贸易和外资吸引程度较高，使其经济外循环依存度指数均值也相对较高。相比之下，北方省域的产业结构决定了其更加依赖于工业和资源开发，经济内循环依存度较高，但由于产业结构相对封闭，与外部市场的联系较为有限，因此其经济外循环依存度相对较低。

从经济发展水平角度分析，南方省域在改革开放初期就率先启动了经济发展，经济水平相对较高，对外贸易和外资吸引程度较高，因此其经济外循环依存度也相对较高。而北方省域在改革开放初期经济发展相对滞后，经济水平较低，更加依赖于国内市场和资源，经济内循环依存度较高，但由于与外部市场的联系较为有限，其经济外循环依存度相对较低。

南方省域和北方省域在经济内循环依存度和经济外循环依存度上表现出明显的差异。这些差异主要源自地理位置、产业结构、经济发展水平等多方面的因素。在实施"双循环"发展战略时，需要充分考虑南方省域和北方省域的实际情况，加大对北方省域基础设施建设和产业转型升级的支持力度，促进区域协调发展。同时，也需要加强南方省域和北方省域的合作交流，促进资源要素的有序流动和共享，实现优势互补，推动"双循环"新发展格局的全面落实。

综上，根据地区划分，各地区的经济内循环依存度和经济外循环依存度的变化趋势与全国整体情况基本一致。对比发现，沿海省域的经济内循环依存度指数均值和经济外循环依存度指数均值一直高于内陆省域；南方省域的经济内循环依存度指数均值和经济外循环依存度指数均值一直高于北方省域。这表明，中国各地区的经济增长对国内外市场和资源的依赖程度存在显著差异，其中内陆省域和北方省域对国内市场和资源的依赖程度更高，而沿海省域和南方省域对国外市场和资源的依赖程度更高。因此，在构建"双循环"新发展格局时，需要根据各地区的实际发展情况进行精准布局。沿海省域和南方省域应在深化经济外循环的同时，重点培育经济内循环的增长优势；而内陆省域和北方省域则应在强化经济内循环的基础上，重点培育经济外循环的增长优势，以实现经济内循环与经济外循环的有效衔接和互动。

3.3 双循环分解

形成以国内大循环为主体、国内国际双循环相互促进的新发展格局是未来一个时期内的重要战略发展方向。评估国民经济发展依靠国内和国际循环的程度，有利于更好理解和把握"双循环"新发展格局的发展现状。下文将依据地区投入产出平衡关系分解出国内循环占比与国际循环占比，进而对分解结果展开分析。

3.3.1 分解方法

国内国际双循环涉及境内进出口与境外进出口。根据地区投入产出平衡关系，j 地区总产出（TP_j）等于中间使用（TI_j）加上最终使用（TFU_j），减去省域外流入（OF_j）和进口（IM_j），即

$$TP_j = TI_j + TFU_j - OF_j - IM_j \qquad (3\text{-}3)$$

其中最终使用（TFU_j）又分为地区居民消费支出（RRC_j）、地区政府消费支出（RG_j）、地区资本形成总额（RI_j）、省域外流出（IF_j）和出口（EX_j），即

$$TFU_j = RRC_j + RG_j + RI_j + IF_j + EX_j \qquad (3\text{-}4)$$

将公式（3-4）代入公式（3-3）可得 j 地区总产出（TP_j）最终计算公式，即

$$TP_j = TI_j + RRC_j + RG_j + RI_j + IF_j + EX_j - OF_j - IM_j \qquad (3\text{-}5)$$

其中，j 地区中间使用（TI_j）加上地区居民消费支出（RRC_j）、地区政府消费支出（RG_j）、地区资本形成总额（RI_j）和省域外流出（IF_j）减去省域外流入（OF_j），即构成 j 地区产业境内循环（PIC_j），即

$$PIC_j = TI_j + RRC_j + RG_j + RI_j + IF_j - OF_j \qquad (3\text{-}6)$$

将公式（3-6）代入公式（3-5），可得：

$$PIC_j = TP_j - (EX_j - IM_j) \qquad (3\text{-}7)$$

根据公式（3-7）等号右边的总产出（TP_j）减去净出口（$EX_j - IM_j$）来衡量 j 地区境内循环（PIC_j）水平，以 j 地区净出口（$EX_j - IM_j$）来衡量 j 地区境外循环（PEC_j）水平。因此，j 地区内循环占比（$RPIC_j$）和 j 地区外循环占比（$RPEC_j$）的计算公式分别为式（3-8）和式（3-9）。

$$RPIC_j = \frac{PIC_j}{TP_j} = \frac{TP_j - (EX_j - IM_j)}{TP_j} = 1 - \frac{(EX_j - IM_j)}{TP_j} = 1 - \left(ED_j - ID_j\right) \quad （3-8）$$

$$RPEC_j = \frac{(EX_j - IM_j)}{TP_j} = ED_j - ID_j \quad （3-9）$$

公式（3-8）和公式（3-9）中，ED_j为出口依存度，即j地区出口总额与j地区总产值之比，反映了境外市场对j地区产品需求的贡献；ID_j为进口依存度，即j地区进口总额与j地区总产值之比，反映了境外供给对j地区需求的贡献。因此，j地区内循环占比（$RPIC_j$）根据公式（3-8）计算所得，j地区外循环占比（$RPEC_j$）根据公式（3-9）计算所得。

本研究使用 2003—2022 年中国 31 个省域（不含港澳台）的数据，主要来源于历年《中国统计年鉴》、各省域统计年鉴、中经网统计数据库、国家统计局官网、国务院发展研究中心信息网的国际贸易研究及决策支持系统数据库等。

3.3.2　测算结果

首先，从我国总体层面分析内、外循环占比现状，根据公式（3-8）、公式（3-9）并结合2003—2022年全国相关数据计算得出2003—2022年全国内、外循环占比情况，如表3-6所示。

表 3-6　2003—2022 年全国内、外循环占比

单位：%

年份	内循环	外循环	年份	内循环	外循环
2003	98.6	1.4	2013	96.8	3.2
2004	98.6	1.4	2014	95.7	4.3
2005	96.0	4.0	2015	93.7	6.3
2006	94.1	5.9	2016	95.0	5.0
2007	92.9	7.1	2017	96.3	3.7
2008	93.2	6.8	2018	97.2	2.8
2009	95.9	4.1	2019	96.9	3.1
2010	96.8	3.2	2020	96.2	3.8
2011	97.7	2.3	2021	95.7	4.3
2012	96.9	3.1	2022	94.7	5.3

根据表3-6中数据整体分析可以看出，2003—2022年全国内循环占比均大于90%，而外循环占比均小于10%。这说明我国近二十年来经济发展始终以国内

大循环为主，外循环为辅。根据表3-6中数据从纵向时间序列角度分析可以看出，2003—2022年全国内外循环占比的整体波动不是很明显，这一现象说明2003—2022年我国内外循环发展状况较为稳定。要想加快推进构建国内国际双循环新发展体系的经济发展战略，应当在经济发展方面越来越重视对外开放，越来越积极地向国际经济体系融入，各行业的发展也逐渐重视国际化部分。

依据以上我国总体层面对内、外循环占比情况的分析，我们对2003—2022年全国内、外循环的总体情况有了较为清晰的整体认知。下面从省域层面对内、外循环占比情况进行进一步分析，即依据测度得出的2003—2022年内、外循环占比省域数据分别从时间与空间维度展开分析。根据以上测算所得到的内、外循环占比数据分别绘制了2003年、2007年、2012年、2017年以及2022年的内循环占比空间分布特征图（见图3-5）与外循环占比空间分布特征图（见图3-6）。

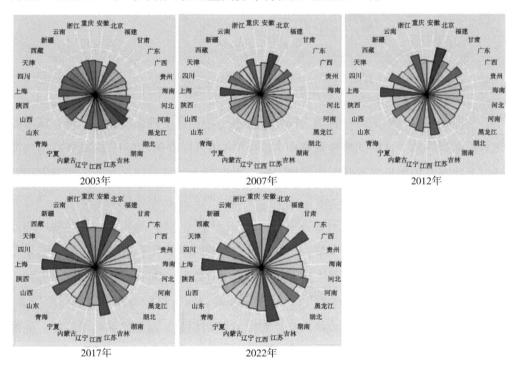

图3-5　主要年份内循环占比

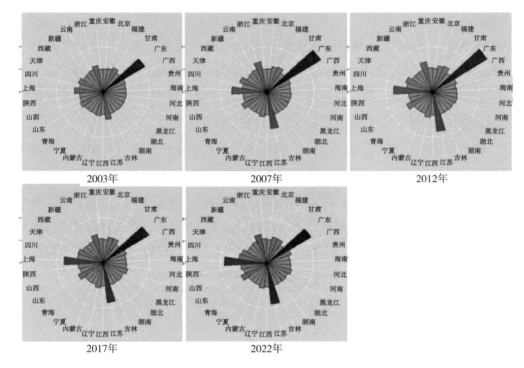

图 3-6　主要年份外循环占比

从图中可以看到我国各省域内循环占比水平均远高于外循环占比水平，这与宏观分析结果一致。从时间维度观察图 3-5 与图 3-6 可以看到 2003—2022 年我国内循环发展状况与外循环发展状况均保持稳定，没有较大的波动情况。从空间维度观察图 3-5 可以发现我国内循环占比在省域间存在一些差异，但这种差异较小。结合时间与空间维度观察发现我国东北、华北地区的内循环占比持续较高，其余地区的内循环发展水平有轻微波动。观察图 3-6 可以发现外循环占比在省域间几乎无明显差异，从时间维度观察可以发现外循环占比情况相对稳定，随时间波动变化不明显。

西部地区在内循环和外循环占比规模上相对较高，可能与其丰富的自然资源、较为完善的基础设施和政府政策的支持等因素密切相关。西部地区地域辽阔，资源丰富，尤其在能源、矿产、农产品等方面具有独特的优势，这为其提供了丰富的物质基础，促进了内循环的发展。同时，西部地区也受益于国家政策的倾斜和支持，例如共建"一带一路"倡议和西部大开发战略等，这些政策为西部地区的外部联系提供了更多的机遇和支持，促进了外循环的发展。

中部地区在内循环和外循环占比规模方面相对较低。这可能与中部地区产业结构相对单一、资源配置相对不足、交通条件相对滞后等因素相关。中部地区相对欠缺的自然资源和产业优势，使得该地区的内循环发展受到一定的制约。同时，中部地区的外循环规模也受到地理位置和交通条件等因素的制约，使得外部联系相对较为薄弱。

东北地区在内、外循环占比规模上排在最后。东北地区曾是中国重要的重工业基地，拥有丰富的煤炭、石油、天然气等资源，这为该地区提供了丰富的物质基础。然而，随着产业结构调整和经济转型，东北地区的重工业逐渐式微，这也对内循环和外循环规模产生了一定的影响。尽管如此，东北地区仍然在内外循环方面保持一定的活力，这得益于政府的扶持政策以及地区自身的产业升级和转型努力。

综上，不同地区内、外循环占比规模的差异主要受资源禀赋、产业结构、地理位置和政策支持等多种因素的影响。对于中部和东北地区而言，需要加强资源整合和产业升级，促进内、外循环占比规模的提升；对于西部地区而言，需要继续推进资源开发和基础设施建设，以更好地发挥地区的内外循环潜力。因此，为实现各地区内外循环规模的均衡发展，需要制定相应的政策措施，促进各地区经济的可持续发展，为全国经济发展做出积极贡献。

3.4　双循环经济增长效应

前文对我国双循环基本特征进行了分析，接下来分析双循环的经济增长效应。

3.4.1　测算方法：多层线性模型

多层线性模型（HLM）又称混合线性模型，又被称为随机系数模型，它最大的特点是能帮助解决观测值分层（分组、嵌套）的问题。

HLM可以允许模型参数（斜率、截距）变化，还可以纳入不同层次的变量解释这些变化，更符合实际情况。如经济指标各省域的国内贸易规模、国际贸易规模，可以考虑区位条件等区域层级的因素。也就是，如果考虑了区位等上一层级间（组间）的固有差异，或者说"基线水平"差异，国内生产总值和贸易值之间的关系就不会受到这些组间因素的影响了。这就是经典的"组内同质、组间异质"的情况。基于此，HLM特别适用于嵌套数据（nested data）。

在本节中，各个省域是个体水平（level1）的分析单元，国内贸易规模、国际贸易规模都是在个体水平上收集的变量，而所属区域是群体水平（level2）的分析单元。我们暂时没有设置区域层面的任何自变量，只是把区域本身当作一个分组变量。

$$level1: \quad Y_{ij} = b_{0j} + w_{1j}X_{ij} + \varepsilon_{ij} \tag{3-10}$$

$$level2: \quad b_{0j} = \gamma_{00} + u_{0j}, \quad \omega_{ij} = \gamma_{10} + u_{1j} \tag{3-11}$$

其中，$level1$ 中 $Var(\varepsilon_{ij}) = \sigma^2$（组内方差），$level2$ 中 $Var(u_{0j}) = \tau_{00}$，$Var(u_{1j}) = \tau_{11}$（组间方差）。$level1$ 是组内／个体水平，1个自变量，i 个样本量；$level2$ 是组间／群体水平，0个自变量，j 个样本量。

在 $level2$ 层级，系数 γ 是组级系数，它们属于所有组，是不变的。所以，它们没有用下标 j 来表示它们属于哪一组。它们被称为固定系数（fixed coefficients），或固定效应（fixed effects）。对于每一组，模型的截距和斜率系数是不同的，而这种不同，是由 u 项（u_{0j}，u_{1j}）造成的，它们是一组随机变量，所以它们统称为随机系数（random coefficients），或随机效应（random effects）。

也就是说，γ_{00} 和 γ_{10} 是所有数据拟合出来的回归线的截距与斜率。u_{0j}、u_{1j} 是可变系数，每一组的值是不同的，它们分别与 γ_{00} 和 γ_{10} 构成了一个新的截距与斜率，这个新的截距与斜率，就是每一组数据单独拟合回归线的截距与斜率。另外，上面所讲只是两层嵌套，事实上HLM支持多层嵌套。

3.4.2 双循环经济增长效应分析

运用Python软件操作，测算2017年的国内国际双循环经济增长效应。本研究采用2017年投入产出表中的国内贸易规模、国际贸易规模数据，运用多层线性模型分析不同地区类型的贸易规模的经济增长效应。

贸易值为自变量，国内生产总值为因变量。将各省域分成了四大区域：$group1$（东部）、$group2$（中部）、$group3$（西部）、$group4$（东北）。

首先，显示组1至组4的数据拟合回归线，可以看到数据的线性关系。除了 $group4$ 东北地区，其他地区的贸易规模的经济增长效应为正，东北地区的拟合结果不符合经济理论，可能是由于样本量较少。由图3-7可以得出不同的区域有不同的经济增长效应。

通过结果信息，我们可以看到固定效应（fixed effects）中，截距（intercept）为5.98，自变量 x 的回归系数为0.66。它们是所有数据回归线的截距和斜率。

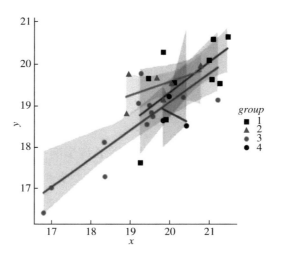

图3-7　组1至组4拟合回归线

表3-7　固定效应参数估计

项	回归系数	标准误	z	p
截距	5.98	2.16	2.76	0.01
总贸易	0.66	0.11	6.06	0.00

发现固定效应项的显著性，如果回归系数呈现出显著性（p值小于0.05或0.01），说明x（ln贸易值）对y（lnGDP）有影响关系，接着具体分析影响关系方向。针对固定效应进行分析，从表3-7可知：总贸易对于GDP有影响时，标准化回归系数值为0.66>0，并且此路径呈现出0.01水平的显著性（z=6.06，p=0.00<0.01），因而说明总贸易会对GDP产生显著的正向影响关系。

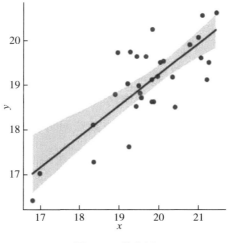

图3-8　散点图

由图3-8散点图可知，将总体数据进行分析得到：GDP与贸易值呈现正向关系。由表3-7可知：数据拟合结果为 $y = 6.03+0.66x$。表示当ln贸易值增加1个单位时，lnGDP平均会增加0.66个单位。这说明贸易值的增加会对GDP产生正向影响，即增加贸易值会带动GDP的增长。这符合经济理论，因为贸易活动可以促进经济增长，增加就业机会，推动技术创新等。

各省域的贸易值的增加对本省的GDP产生正向影响，这一观点符合经济理论，并且在实践中也得到了验证。贸易活动对经济增长具有积极的影响。贸易活动有助于促进资源的有效配置和利用。不同省域在资源禀赋和产业结构上存在差异，通过贸易活动，各省域可以根据自身的比较优势进行专业化生产，从而实现资源的互补和优化配置。这有助于提高生产效率和资源利用效率，进而推动经济的增长。例如，一些省域拥有丰富的自然资源，而另一些省域在技术和人力资源方面具有优势，在贸易活动中双方可以互通有无，实现互利共赢。此外，贸易活动能够促进技术的传播和创新。国际贸易使得不同省域之间的技术和经验可以得到交流和分享，这有助于加速技术的传播和创新。新技术的引入和创新对经济的增长有着显著的促进作用，因为它们能够提高生产率和产品质量，降低生产成本，从而推动经济的发展；还能够促进劳动力和资本的流动。国际贸易使得不同省域之间的劳动力和资本可以自由流动，这有助于资源的高效利用。劳动力和资本的流动可以提高生产要素的利用效率，从而刺激经济增长。从宏观经济的角度看，贸易活动对省域的GDP增长还有着积极的外部性影响。贸易活动能够促进市场的竞争和扩大市场规模，这有助于降低产品价格，提高消费者福利，从而刺激消费需求和经济增长。另外，贸易活动也能够促进省际的投资和金融流动，这有助于提高投资水平和金融市场的发展，进而推动经济的增长。

然而，需要注意的是，贸易对省域GDP的影响也可能受到一些限制因素的制约。例如，国际贸易可能受到贸易壁垒和贸易摩擦的影响，这可能会限制贸易活动的发展和影响贸易对省域GDP的积极作用。另外，国际贸易也可能会带来一些负面影响，比如环境污染、资源枯竭等问题，这些问题可能会对经济增长产生一定的阻碍。

综上所述，贸易对省域的GDP增长有着显著的正向影响。贸易活动能够促进资源的有效配置和利用、技术的传播和创新、劳动力和资本的流动，以及市场的竞争和市场规模扩大，这些都有助于推动经济的增长。然而，我们也需要关注贸易活动可能受到的限制因素和负面影响，以便更好地实现贸易对经济增长的正向影响。

接下来分析随机效应估计结果。它包括各随机效应项的回归系数及显著性检验，以及组内相关系数ICC值。其中，组内相关系数ICC=截距项方差/（截距项方差+残差项方差），即组间方差/（组间方差+组内方差）。

表3-8　随机效应协方差估计结果

项	SD	Variance	标准误	z	p	95% CI
截距	0.26	0.07	0.20	0.34	0.74	−0.32～0.46
Residual	0.56	0.30				

注：组内相关系数ICC：0.18。

由表3-8可知：组内相关系数ICC值为0.18，意味着GDP的变化有18%是由不同四大地区之间的差异导致。我们可以了解到不同地区对于GDP变化的贡献程度。这意味着地区因素对于GDP变化具有显著的影响，不同地区之间的差异在一定程度上决定了GDP的变化。

最后可以计算出每一组回归线的截距与斜率，可视化后如图3-9所示。

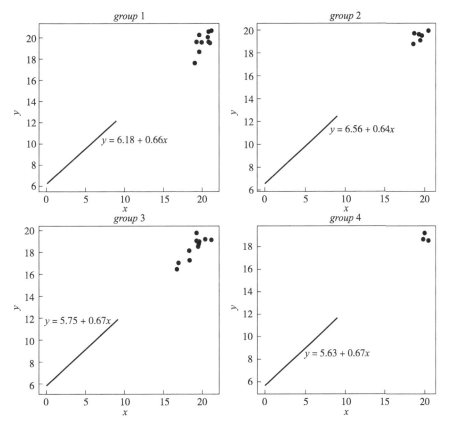

图3-9　四大区域拟合结果

将各省域分成了四大区域：$group1$（东部）、$group2$（中部）、$group3$（西部）、$group4$（东北）。

对于不同地区的贸易值对数值（x）同国内生产总值对数值（y）的线性关系，我们可以通过分析各地区的斜率和截距来了解不同地区之间的差异。首先，我们来分别分析各地区的线性关系方程。

在中部地区，贸易值对数值（x）同国内生产总值对数值（y）的线性关系方程为：$y = 6.56 + 0.64x$；在东部地区，贸易值对数值（x）同国内生产总值对数值（y）的线性关系方程为：$y = 6.18 + 0.66x$；在西部地区，贸易值对数值（x）同国内生产总值对数值（y）的线性关系方程为：$y = 5.75 + 0.67x$；在东北地区，贸易值对数值（x）同国内生产总值对数值（y）的线性关系方程为：$y = 5.63 + 0.67x$。

从这些方程中，我们可以观察到不同地区之间存在一定的差异。首先，斜率的不同表示了不同地区之间贸易值对GDP的影响程度的差异。斜率表示了单位$\ln x$的变化对$\ln GDP$的影响，因此可以看出东部地区和西部地区的斜率较大，分别为0.66和0.67，而中部地区的斜率为0.64，东北地区的斜率为0.67。这表明在东部和西部地区，单位贸易值的变化对GDP的影响略高于中部地区，东北地区则与东部和西部地区相当。

其次，截距的不同可能反映了不同地区之间的起点水平或其他影响GDP的因素。截距表示当$\ln x$为0时，$\ln GDP$的值。中部地区的截距最高，为6.56，东部地区次之，为6.18，然后是西部地区，截距为5.75，东北地区的截距为5.63。这表明即使贸易值为0，东部地区的GDP水平仍然较高，而东北地区的GDP水平相对较低。截距的不同可能反映了不同地区之间的经济发展水平、产业结构、政策支持等方面的差异。

此外，需要注意的是，斜率和截距的不同可能反映了不同地区之间的经济特征和发展差异。东部地区通常是我国经济发展的主要引擎，拥有发达的制造业和服务业，因此贸易值对GDP的影响较大。西部地区则可能更加依赖资源型产业，因此贸易值对GDP的影响也较为显著。中部地区可能具有更加均衡的产业结构，因此贸易值对GDP的影响略低。东北地区可能受到工业结构转型的影响，因此贸易值对GDP的影响与东部和西部地区相当。

通过比较不同地区的线性关系方程来分析不同地区之间的差异。通过比较斜率和截距的差异，我们可以更好地理解不同地区之间的经济发展特征和差异。这有助于我们更好地制定针对性的政策，从而促进不同地区的经济发展。

综上所述，通过分析不同地区的线性关系方程，我们可以了解到不同地区之间在贸易值对 GDP 的影响程度和起点水平上存在一定的差异。这些差异可能反映了不同地区之间的经济特征和发展差异。因此，我们可以通过对不同地区的线性关系方程进行比较，更好地理解不同地区之间的经济发展特征，从而制定更有针对性的政策，促进各地区经济的发展。

3.5 本章小结

本章综合考虑现有的研究测度方法以全面分析双循环发展水平，首先，考虑单一因素对双循环发展水平进行测度与分析，比如进出口额、国内贸易额；其次，从投入产出表、投入产出模型角度对双循环发展现状进行测度与分析；最后，运用多层线性模型分析双循环的经济增长效应。

本章将以中国 31 个省域（不含港澳台）为基本分析单位，计算省际层面的国内贸易和国际贸易，分别用以衡量"国内循环"和"国际循环"，分析"双循环"新发展格局基本特征，得出结论：在内循环角度，大部分省域国内贸易占比达到 70%以上，显示出国内贸易在各个省域的重要性。在外循环角度，大部分省域国际贸易占比为 30%以下，说明国际贸易在各省域的比重相对较低。此外，从全国贸易发展水平角度，全国国际贸易平均占比为 13%，而国内贸易平均占比为 86%，表明国内大循环在我国已经占据主导地位。

接着进行区域分析，计算四大地区的国际、国内贸易规模占总规模比重，发现东部地区的国际贸易、国内贸易都高于中部、西部、东北地区，其进口、出口规模占到了全国的 80%，省域外流入、流出规模比重也占据全国总额一半以上。进一步进行了时间特征分析，利用 2012 年、2017 年的数据，计算得出 2017 年相比于 2012年各指标的增长率。从国内贸易内循环角度分析：大部分省域的增长率为正，很多省域甚至超过了 100%，反映了国内贸易呈现了逐年暴涨的趋势。

第 3.2 节将内循环、外循环进行综合评估，测算内循环与外循环经济依存度。根据面板数据绘制 2003—2022 年内、外循环经济依存度对比图，得出结论：内循环经济依存度与外循环经济依存度波动趋势基本一致，波动主要分为三个阶段，第一阶段为 2003—2007 年，内循环经济依存度与外循环经济依存度均呈现递增趋势，第二阶段为2007—2019年，内循环经济依存度与外循环经济依存度均呈现显著递减趋势，第三阶段为2019—2022年，内循环经济依存度与外循环经济依存度均再次呈现递增趋势。但从数值来看这种波动的程度并不大，这说明近二十年来内、外循环经济依存度有三阶段的增减变化，但这种波动并不大，即内、外循环经济的发展对于国内市场资源与国外市场资源的依赖程度有增减变化，但总体来说相对稳定。此外，根据地区划分，各地区的经济内循环依存度和经济外循环依存度的变化趋势与全国整体情况基本一致。对比发现，沿海省域的经济内循环依存度指数均值和经济外循环依存度指数均值一直高于内陆省域；南方省域的经济内循环依存度指数均值和经济外循环依存度指数均值一直高于北方省域。这表明，中国各地区的经济增长对国内外市场和资源的依赖程度存在显著差异，其中内陆省域和北方省域对国内市场和资源的依赖程度更高，而沿海省域和南方省域对国外市场和资源的依赖程度更高。

根据1999—2022年中国各省域经济双循环规模的排名与集中度，得出结论：从经济内循环规模的角度来看，江苏、浙江、山东、广东等省域一直处于中国经济的前沿阵地。从经济外循环规模的角度来看，上海、江苏、浙江、山东和广东等省域在中国经济的对外循环规模方面一直处于领先地位，并且在过去二十年中保持了稳定的发展态势。

第3.3节进行双循环分解，对我国内、外循环占比进行测算，分析2003—2022年全国内、外循环发展现状，整体分析可以看出，全国内循环发展现状评估值均大于90%，而外循环发展现状评估值均小于10%。这说明我国近二十年来经济发展始终以国内大循环为主，国际循环为辅。这意味着中国经济发展的主要动力来源于国内市场，国际市场只起辅助性的作用。这种发展模式的确在一定程度上反映了中国经济的实际情况，也是中国经济发展的一个重要特点。从纵向时间序列角度分析可以看出，2003—2022年全国内外循环发展现状评估值整体波动不是很明显，这一现象说明2003—2022年我国内外循环发展状况较为稳定。

根据发展现状评估方法所得到的内、外循环发展现状评估值数据分别绘制了2003年、2007年、2012年、2017年以及2022年度的内循环发展图与外循环发展图。得出我国各省域内循环发展水平远高于外循环发展水平，这与宏观分析结果一致。从时间维度可以看到2003—2022年我国内循环发展状况与外循环发展状况均保持稳定，没有较大的波动情况。这一现象反映了中国经济的韧性和稳健性。从空间维度观察可以发现我国内循环发展水平在省域间存在一些差异，但这种差异较小，外循环发展水平在省域间几乎无明显差异。

　　第3.4节分析了国内贸易规模、国际贸易规模与经济发展水平的关系，本研究采用2017年投入产出表中的国内贸易规模、国际贸易规模数据，运用多层线性模型分析不同地区类型的贸易规模的经济增长效应。贸易值为自变量，国内生产总值为因变量。将各省域分成了四大区域：$group1$（东部）、$group2$（中部）、$group3$（西部）、$group4$（东北）。从固定效应得出数据整体的拟合结果为：$\ln GDP = 6.03 + 0.66\ln x$。表示当$\ln x$增加1个单位时，$\ln GDP$会增加0.66个单位。这说明贸易值的增加会对GDP产生正向影响。再接着从随机效应分析四大区域的经济效应的差异性，得出组内相关系数ICC值为0.18，意味着GDP的变化有18%是由不同四大地区之间的差异导致，接着求出了不同地区的贸易值（$\ln x$）与国内生产总值（$\ln GDP$）的线性关系。

4 内、外循环指数与双循环联动水平测度

　　根据第3章对于双循环发展现状的分析，可以发现第3.1节直接测算法测度所考虑到的因素只有进出口额，可见对于内循环指数与外循环指数测算而言这种方式的测度存在片面性。而第3.2节中的投入产出表测度方法也存在较大缺陷，虽然投入产出表所包含的数据已涉及部门级，但是由于投入产出表数据不是连续更新的，即就时间序列角度而言投入产出表数据存在大量缺失值，因此投入产出表测度方法仍然不能保证所涉及数据的准确性。综合考虑，本研究在双循环指数测算部分采用构建指标体系结合纵横向拉开档次法对其进行科学测度。下面关于测度指标选取以及测度方法选取进行详细介绍。

　　在过去的几十年里，中国经济一直备受全球瞩目。中国以其强劲的经济增长、巨大的市场和日益扩大的全球影响力成为世界经济的重要参与者。然而，随着全球化、贸易战、国际贸易不确定性和全球经济形势的变化，中国经济面临着新的挑战。在这样的背景下，如何实现经济的高质量发展、加快产业结构调整和提升全要素生产率成为摆在我们面前的重要课题。在当前全球经济形势下，我国经济发展面临着内外部环境的双重挑战和压力。

　　内循环和外循环作为经济发展的两个重要方面，对于我国经济转型升级和可持续发展具有重要意义。双循环联动水平测度是一种评估经济发展综合效益和环境可持续性的方法，通过分析内循环和外循环的协调程度来评估我国经济发展的整体水平和可持续性。当前，我国正处于全面深化改革、扩大开放的关键时期，面对外部环境的不确定性和变化，内循环经济被提出并被纳入国家发展战略中。内循环经济重点是加强内需，鼓励消费，推动供给侧结构性改革，加快实施创新驱动发展战略，增强国家经济的内生动力。而外循环则强调着眼于全球市场，促进国际合作，扩大对外开放，推动全球资源配置优化，提升国家的国际竞争力。内外循环的协调与联动，将是我国经济发展的关键所在。

4.1 内循环指数测度与分析

对于国内大循环，《中华人民共和国国民经济和社会发展第十四个五年规划和2035年远景目标纲要》中强调：依托强大国内市场，贯通生产、分配、流通、消费各环节形成需求牵引供给、供给创造需求的高水平动态平衡，促进国民经济良性循环。这意味着要通过满足不断增长的居民消费需求，推动供给侧结构性改革，增强供给的灵活性和适应性。为实现这一目标，中国将采取一系列政策举措，包括扩大内需，提高居民收入水平，增强居民消费能力，促进消费结构升级，激发消费潜力，推动形成以消费为主导的经济增长模式。要通过技术创新、产业升级和结构调整，推动产业供给不断满足市场需求，同时促进需求的不断扩大。中国将加大对制造业、高新技术产业、绿色低碳产业等战略性新兴产业的支持力度，推动产业结构的优化升级，提高供给的质量和效益。要通过构建完善的市场体系、优化的产业结构、高效的生产方式，推动国内大循环的有机运行。中国将加快建设现代市场体系，推动市场化改革，提高资源配置效率，促进市场的公平竞争，为国内大循环的畅通无阻提供制度保障和政策支持。

4.1.1 指标体系构建

需求与供给的良性循环是国内大循环系统的核心。生产—分配—流通—消费构成了经济的循环，同时詹花秀（2021）[99]认为国内经济循环畅通的首要条件就是生产与消费的有效对接，光峰涛等（2023）[100]也指出生产、分配、流通、消费环节之间存在的错综复杂的耦合关系会反映经济内循环的发展水平。借鉴詹花秀与光峰涛等学者的研究成果，并综合考虑数据的可得性，遵循指标选取的科学性、代表性、独立性等原则，本研究将从生产、分配、流通和消费四个环节出发，对国内经济大循环进行测度。基于此，构建内循环指数评价指标体系（见表4-1）。各方面所选取的具体指标与指标选取依据为：

（1）在生产环节，生产力是推动经济发展的根本动力，它体现了人类改造自然的能力。在现代经济中，这种能力更多地体现在具有高度技术含量的工业生产上，因此本研究选取规模以上工业企业资产合计和全社会固定资产投资额作为衡量生产规模的关键指标，不仅反映了当前的生产能力，还预示着未来的增长潜力。投资作为拉动经济增长的"三驾马车"之一，其在促进生产规模扩大、技术升级和结构优化等方面具有不可替代的作用。

（2）在分配环节，收入分配是连接生产与消费的桥梁，它关系到社会公平正义和经济发展的可持续性。合理的收入分配不仅能够激发劳动者的积极性，提高生产效率，还能够增强居民的消费能力，为经济内循环提供强大的内驱力。居民人均可支配收入和税收收入是两个重要的收入分配指标。前者直接反映了居民的实际收入水平，后者则通过影响个人可支配收入来间接影响消费和储蓄行为。

（3）在流通环节，流通是连接生产与消费的纽带，它的效率和畅通程度直接影响着经济循环的速度和质量。在现代经济中，物流业作为流通体系的重要组成部分，其发展水平已成为衡量一个国家或地区经济现代化程度的重要标志。交通运输、仓储和邮政业增加值作为衡量物流业发展情况的关键指标，不仅反映了物流业的规模和效率，还体现了其在推动经济循环中的重要作用。

（4）在消费环节，消费是经济循环的终点和起点，它是拉动经济增长的最终动力。在构建国内大循环系统的过程中，激发和满足居民的消费需求至关重要。居民人均消费支出额作为衡量居民消费意愿和消费能力的重要指标，直接反映了居民的消费水平和消费结构。提高居民的消费意愿和消费能力，不仅有利于扩大内需、促进经济增长，还能够推动产业升级和结构调整、提升经济发展的质量和效益。

表4-1　内循环指数评价指标体系

一级指标	二级指标	指标说明	指标方向
生产	规模以上工业企业资产合计	亿元	+
	全社会固定资产投资额	亿元	+
分配	居民人均可支配收入	（元/人）	+
	税收收入	亿元	+
流通	交通运输、仓储和邮政业增加值	亿元	+
消费	居民人均消费支出额	（元/人）	+

4.1.2　测度方法与数据来源

基于以上指标体系，本研究选用2003—2022年省域面板数据对内循环指数进行测度，所涉及数据均来源于《中国统计年鉴》与中经网统计数据库，其中西藏自治区部分年份存在个别数据缺失情况，均运用线性插值法将缺失值补充完整。

目前基于已有研究来看，综合评价方法主要分为主观评价方法与客观评价方法两大类：前者是基于专家的经验对指标进行主观赋权，而后者是基于对数据变动特征的客观赋权。后者较前者而言具有客观测算优势。然而，面对多期动态面板数据，以上两类方法往往会造成评价结果失真。因此，为了能够更科学地测度我国内循环指数，探索内循环发展水平的空间特征，本研究将尝试用郭亚军（2002）[101]提出的逐层纵横向拉开档次法对指标体系进行综合评价。

逐层纵横向拉开档次法是一种用于时序立体数据评价的方法，其特点在于能够全面体现数据的时序特征，并通过对底层数据的逐层加工，使得测度结果更加全面科学。这种方法克服了传统截面数据评价方法在多期动态上的缺陷，并且完全基于数据本身，不含主观色彩地进行评价和排序。

该方法的核心思想是将时序立体数据按照时间和维度进行拉开，形成一个立体的数据表。在这个数据表中，时间构成了数据的不同层次，而各个维度则构成了不同的列。在这个立体的数据表中，我们可以对每个单元格进行评价和排序，以得到全面的时序立体数据评价结果。

逐层纵横向拉开档次法通常包括以下几个步骤：

数据整理和准备：首先，需要整理和准备时序立体数据，将其按照时间和维度进行整合，构建一个立体的数据表。这个数据表应该包括多个时间点上各个维度的数据，形成一个多维度、多时间点的数据矩阵。

逐层评价：从底层开始，我们对单元格进行评价和排序，得到底层的评价结果。然后，基于底层的评价结果，我们逐层向上进行评价，将底层的评价结果作为上一层的输入，得到更高层次的评价结果。

纵向评价：在每个时间点上，我们对各个维度的评价结果进行纵向比较和排序，以得到在特定时间点上各个维度的评价顺序。

横向评价：在每个维度上，我们对不同时间点的评价结果进行横向比较和排序，以得到在特定维度上不同时间点的评价顺序。

总的来说，逐层纵横向拉开档次法是一种有效的时序立体数据评价方法，适用于需要全面考量时序特征的数据评价场景。通过逐层纵横向拉开档次法，我们可以更全面地了解时序立体数据的特征和变化规律，为决策提供更科学的依据。

具体测算公式如下：

（1）对指标进行无量纲化处理：

$$\phi_{ij} = \frac{x_{ij} - \min\left\{x_{1j}, \cdots, x_{nj}\right\}}{\max\left\{x_{1j}, \cdots, x_{nj}\right\} - \min\left\{x_{1j}, \cdots, x_{nj}\right\}} \tag{4-1}$$

（2）构建先行综合评价函数：

$$p_i(t_k) = \sum_{j=1}^{m} w_j \phi_{ij}(t_k), k = 1, 2, \cdots, T; i = 1, 2, \cdots, n \qquad (4\text{-}2)$$

（3）计算 $p_i(t_k)$ 的总离差平方和 e^2：

$$e^2 = \sum_{k=1}^{T} \sum_{i=1}^{n} (\phi_i(t_k) - \bar{\phi})^2 \qquad (4\text{-}3)$$

（4）由于对原始化数据进行了无量纲化处理，因此 $\bar{\phi}$ 为：

$$\bar{\phi} = \frac{1}{T} \sum_{k=1}^{T} (\frac{1}{n} \sum_{i=1}^{n} \sum_{j=1}^{m} w_j \phi_{ij}(t_k)) = 0 \qquad (4\text{-}4)$$

（5）构建各指标权重矩阵：

$$W^T = [W_1, W_2, \cdots, W_m] \qquad (4\text{-}5)$$

（6）构建 m 阶实对称矩阵：

$$H = \sum_{k=1}^{T} H_k \qquad (4\text{-}6)$$

（7）进而由 e^2 公式推导：

$$e^2 = \sum \sum (\phi_i(t_k))^2 = \sum_{k=1}^{T} [W^T H_k W] = W^T \sum_{k=1}^{T} H_k W = W^T H W \qquad (4\text{-}7)$$

（8）假定 $W^T W = 1$，当 W 为矩阵 H 的最大特征值 $\lambda_{\max}(H)$ 所对应的特征向量时，e^2 取得最大值，且有：

$$\max W^T H W = \lambda_{\max}(H) \qquad (4\text{-}8)$$

4.1.3　测度结果与分析

从省域层面对内循环指数进行分析，根据内循环指数评价指标体系收集相关数据，运用纵横向拉开档次法对我国内循环指数进行测度，得出2003—2022年各省域内循环指数测度值面板数据，由于数据量过大，选取2003年、2022年及其间每间隔三年的数据进行列表展示（见图4-1）。

观察图4-1可发现，从总体来看，中国各省域的国内循环指数呈现出不断上升的趋势，这表明各省域在国内经济体系中的参与度不断提高，经济内循环日益活跃。尤其是在2015年之后，多数省域的国内循环指数增长明显加快，这与国家提出的供给侧结构性改革、推动形成全面开放新格局等战略举措密切相关。同时，不同省域之间的指数差异反映了中国经济发展的地域性差异。东部沿海地区由于其较早的经济发展和较高的市场化程度，其国内循环指数普遍较高。而中西部地区，尤其是西部地区，由于其经济基础相对薄弱，市场发育程度相对较低，其指数相对较低。这种差异提醒我们在推动国内经济循环时，需要关注区域协调发展，加大对中西部地区的支持力度。此外，我们还可以看到，尽管整体趋势是上升的，但不同年份之间也存在一定的波动。这可能与国内外经济形势的变化、政策调整等因素有关。因此，在推动国内循环经济发展的过程中，我们需要密切关注国内外经济形势的变化，及时调整政策措施，确保经济平稳健康发展。

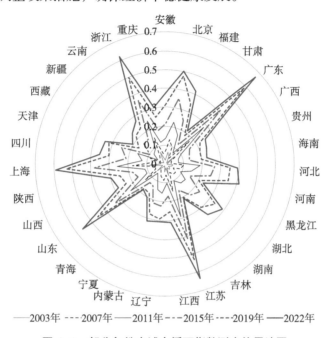

图 4-1　部分年份省域内循环指数测度值雷达图

从区域角度而言，我国东部地区的内循环指数整体高于其他区域，且增幅也较其他区域而言更为明显。首先，我们观察到东部地区（包括北京、天津、河北、上海、江苏、浙江、福建、山东、广东、海南）的国内循环指数普遍较高。这主要得益于东部地区较早的改革开放政策和优越的地理位置，使其成为中国经济发展的先行区和领头羊。从测度值来看，东部地区不仅指数基数高，而且增长速度也较快，显示出强大的经济活力和内需潜力。特别是在2008年全球金融危机之后，东部地区在国内循环经济发展方面的优势更加明显，显示出其强大的经济韧性和自我修复能力。然而，与东部地区相比，西部地区（包括内蒙古、广西、重庆、四川、贵州、云南、西藏、陕西、甘肃、青海、宁夏、新疆）的国内循环指数普遍较低。这主要是由于西部地区经济基础相对薄弱，市场发育程度较低，以及地理环境和资源条件的限制。不过，从测度值的变化趋势来看，西部地区近年来在国内循环经济发展方面取得了一定的进步，指数增长速度逐渐加快，显示出西部地区正在逐步缩小与东部地区的差距。中部地区（包括山西、安徽、江西、河南、湖北、湖南）的国内循环指数则处于东部和西部地区之间，呈现出一定的过渡性特征。中部地区在承接东部地区产业转移和辐射带动方面具有一定的优势，同时也面临着被西部地区追赶的压力。从测度值来看，中部地区在国内循环经济发展方面呈现出稳步上升的趋势，但与东部地区相比仍有一定的差距。最后，东北地区（包括辽宁、吉林、黑龙江）的国内循环指数也相对较低，与西部地区类似。这主要是由于东北地区在过去几十年中过度依赖重工业和资源型产业，导致产业结构单一，经济发展滞后。不过，随着国家振兴东北老工业基地战略的深入实施，东北地区正在加快产业结构调整和创新转型，国内循环指数也在逐步提升。

在具体省域方面，东部沿海地区的省域如北京、上海、江苏、浙江、山东等，其国内循环指数普遍较高，且增长速度较快。这些省域地理位置优越，经济发展水平高，创新能力强，是国内经济体系中的核心区域。其中，北京和上海作为国内一线城市，其国内循环指数一直位居前列，反映了它们在国内经济体系中的领导地位。江苏和浙江作为长三角地区的重要省域，其国内循环指数也相对较高，显示了长三角地区强大的经济活力和辐射效应。山东作为北方的经济大省，其国内循环指数一直保持在较高水平。中部地区的省域如河南、湖北等，其国内循环指数处于中等水平，增长速度也相对稳定。这些省域地理位置相对优越，产业基础扎实，人力资源丰富，是国内经济体系中的重要支撑区域。河南和湖北作为人口大省，其国内循环指数的增长也反映了人口红利对经济发展的积极影响。西部地区的省域如四川、重庆、陕西等，其国内循环指数相对较低，但增长速度较快。这些省域虽然地理位置相对偏远，经济发展水平相对较低，但拥有丰富的自然资源和劳动力资源，具有巨大的发展潜力。随着国家对西部地区的政策扶持和资金投入不断增加，这些省域的国内循环指数有望在未来实现快速增长。东北地区的省域辽宁、吉林、黑龙江，其国内循环指数在过去几年中呈现出一定的波动。这些省域曾经是中国重要的工业基地，但随着经济结构调整和产业升级的推进，这些省域面临一定的转型压力。然而，随着国家对东北振兴战略的深入实施，这些省域的国内循环指数有望在未来实现企稳回升。西南地区的省域如云南、贵州、广西等，其国内循环指数虽然相对较低，但增长速度较快。这些省域拥有丰富的自然资源和旅游资源，具有独特的区域优势。随着国家对西南地区的基础设施建设和产业布局不断优化，这些省域的国内循环指数有望在未来实现跨越式发展。西北地区的省域如甘肃、青海、宁夏等，其国内循环指数相对较低，但增长速度也在加快。这些省域地理位置相对偏远，经济发展水平相对较低，但拥有丰富的能源资源和农业资源。随着国家对西北地区的基础设施建设和生态保护投入不断增加，这些省域的国内循环指数有望在未来实现稳步增长。

4.1.4 Dagum基尼系数及贡献率

基尼系数是国际上通用的、用以衡量一个国家或地区居民收入差距的常用指标。为更好地衡量我国2003—2022年内循环指数区域间差异，对2003—2022年东部、中部、西部及东北地区内循环指数Dagum基尼系数进行测度，测度公式如下：

$$DagumG = \frac{\sum_{j=1}^{k}\sum_{h=1}^{k}\sum_{i=1}^{n_j}\sum_{r=1}^{n_h}\left|y_{ji}-y_{hr}\right|}{2n^2\overline{Y}} \tag{4-9}$$

式中，$DagumG$表示整体基尼系数，$\overline{Y}$是不同区域所有测度对象科技产出能力测度值的平均值，n是测度对象的个数，k是区域划分组数，$y_{ji}(y_{hr})$是$j(h)$地区内任一测度对象的内循环指数，$n_j(n_h)$为$j(h)$区域内测度对象数量。

此外，Dagum基尼系数可以分解成三部分：区域内差异贡献率G_w、区域间差异贡献率G_{nd}、超变密度贡献率G_t，且$G = G_w + G_{nd} + G_t$。计算公式如下：

$$\begin{cases} G_{jj} = \dfrac{\frac{1}{2\overline{Y_j}}\sum_{i=1}^{n_j}\sum_{r=1}^{n_j}\left|y_{ji}-y_{jr}\right|}{n_j^2} \\ G_{\omega} = \sum_{j=1}^{k}G_{jj}p_j s_j \end{cases} \tag{4-10}$$

$$\begin{cases} G_{jh} = \dfrac{\sum_{i=1}^{n_j}\sum_{r=1}^{n_h}\left|y_{ji}-y_{hr}\right|}{n_j n_h\left(\overline{Y_j}+\overline{Y_h}\right)} \\ G_{nd} = \sum_{j=2}^{k}\sum_{h=1}^{j-1}G_{jh}\left(p_j s_h + p_h s_j\right)D_{jh} \end{cases} \tag{4-11}$$

$$G_t = \sum_{j=2}^{k}\sum_{h=1}^{j-1}G_{jh}\left(p_j s_h + p_h s_j\right)\left(1-D_{jh}\right) \tag{4-12}$$

式中，G_{jj}表示j地区的基尼系数，G_{ω}表示j地区内的差异贡献度；G_{jh}表示j地区和h地区之间的基尼系数，G_{nd}表示j地区和h地区间超变净值差距的贡献度；G_t表示j地区和h地区之间超变密度的贡献度。$p_j = n_j/n$；$s_j = n_j\overline{Y_j}/n\overline{Y}$；$j = 1, 2, \cdots, k$；$D_{jh}$为$j$地区和$h$地区之间内循环指数的相对影响程度，其定义如下：

$$D_{jh} = \frac{d_{jh}-p_{jh}}{d_{jh}+p_{jh}} \tag{4-13}$$

根据以上公式计算得出内循环指数Dagum基尼系数及贡献率（见表4-2）。

表 4-2　内循环指数Dagum基尼系数及贡献率结果

年份	基尼系数				贡献率/%		
	总体	组内基尼系数 G_w	组间基尼系数 G_b	超变密度基尼系数 G_t	组内贡献率 G_w	组间贡献率 G_b	超变密度贡献率 G_t
2003	0.349	0.059	0.269	0.021	16.921	76.950	6.129
2004	0.334	0.059	0.253	0.022	17.821	75.649	6.530
2005	0.314	0.053	0.240	0.021	16.760	76.558	6.681
2006	0.310	0.051	0.241	0.018	16.541	77.761	5.698
2007	0.303	0.051	0.233	0.018	16.948	77.157	5.895
2008	0.288	0.049	0.221	0.018	16.919	76.810	6.271
2009	0.276	0.047	0.209	0.020	17.078	75.844	7.078
2010	0.272	0.047	0.206	0.019	17.217	75.745	7.039
2011	0.260	0.045	0.196	0.019	17.509	75.295	7.196
2012	0.246	0.044	0.184	0.018	17.908	74.816	7.276
2013	0.230	0.040	0.173	0.017	17.458	75.215	7.326
2014	0.226	0.040	0.170	0.017	17.698	74.937	7.365
2015	0.221	0.039	0.166	0.016	17.597	75.138	7.265
2016	0.218	0.039	0.163	0.017	17.743	74.495	7.762
2017	0.216	0.038	0.161	0.017	17.715	74.639	7.646
2018	0.212	0.038	0.159	0.016	17.950	74.592	7.458
2019	0.210	0.037	0.157	0.015	17.862	74.778	7.360
2020	0.206	0.037	0.153	0.016	18.060	74.287	7.653
2021	0.209	0.038	0.157	0.014	17.962	75.171	6.867
2022	0.213	0.039	0.159	0.015	18.245	74.622	7.133

　　从表4-2可知，整体上看，2003—2022年我国内循环指数的基尼系数均小于0.4，这意味着区域间的内循环指数差异相对较小。特别是在2020年，基尼系数下降到了0.206，这是近20年来的最低值，说明我国内循环的区域差异正在逐步缩小。这一趋势的出现，与我国政府实施的一系列区域协调发展战略密不可分。例如，推动西部大开发、振兴东北老工业基地、促进中部地区崛起等战略，都在一定程度上缩小了区域间的发展差距。此外，随着国内市场的不断开放和一体化进程的加速，各地区间的经济联系日益紧密，这也为内循环指数的趋同创造了有利条件。然而，

尽管总体差异在缩小，但我们仍需关注内循环指数差异的来源，数据显示，内循环指数差异的主要来源是组间差异 G_b，近20年来组间贡献率值均大于70%，相对来看组内贡献率值约在17%左右。这说明尽管各区域内的经济联系日益紧密，但不同区域之间的发展水平、产业结构、资源禀赋等方面的差异仍然较大。

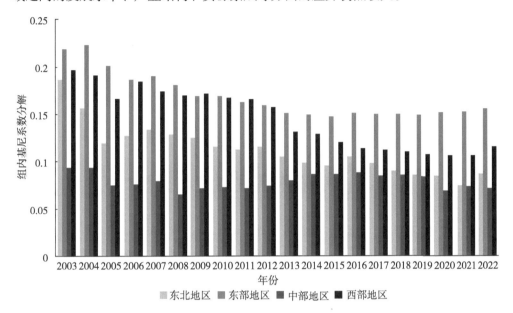

图 4-2　组内内循环指数基尼系数分解

从图4-2可知，在深入探究中国31个省域内循环指数测度值后，我们可以发现一些显著的地域特征和动态变化。首先，从地域分布上看，东部地区组内基尼系数值最高，这明确地指出了东部地区各省域间内循环指数的差异现象最为明显。这一结论不仅反映了东部地区经济活动的活跃度和复杂性，也暗示了该地区在促进经济内循环方面所面临的挑战。东部地区作为中国经济最为发达的区域，其内部各省域的经济结构、资源禀赋和发展路径均存在较大差异，这导致了内循环指数的显著差异。紧随其后的是西部地区，其组内基尼系数值也相对较高。这表明西部地区各省域在内循环发展上也存在明显的差异。西部地区地域广阔，经济发展相对滞后，各省域之间的产业结构、基础设施建设和市场开放程度等方面的差异，共同导致了内循环指数的较大差异。相比之下，中部地区和东北地区这两个区域内部的内循环指数差异较小。中部地区作为中国的经济腹地，各省在产业结构、经济发展水平等方面相对均衡，因此内循环指数的差异较小。而东北地区作为中国的老工业基地，近年来虽然面临一些经济困境，但其内部各省在资源、产业等方面具有一定的相似性，这也使得内循环指数的差异相对较小。值得注意的是，东部地区与西部地区的组内基尼系数值呈现下降趋势，这意味着近20年来，这两个地区各省域内循环指数的差异在逐渐减小。这一趋势可能与区域经济一体化、基础设施互联互通、产业转移等因素有关。随着区域协调发展战略的深入实施，东部地区与西部地区之间的经济联系日益紧密，资源要素流动更加顺畅，这有助于缩小内循环指数的差异。然而，中部地区和东北地区这两个区域内部的内循环指数差异相对稳定，没有明显的变化趋势，这可能与这些地区的经济结构调整、产业转型升级等因素有关。中部地区和东北地区需要进一步加强内部合作，优化产业结构，提升区域整体竞争力，以实现更加均衡的内循环发展。

4.2　外循环指数测度与分析

对于经济外循环，《中华人民共和国国民经济和社会发展第十四个五年规划和2035年远景目标》中强调，促进国内国际双循环，就是要促进内需与外需、进口与出口、引进外资与对外投资协调发展。在促进外循环发展方面，《中华人民共和国国民经济和社会发展第十四个五年规划和 2035 年远景目标》提出了多项政策和措施。其中，加强对外贸易是其中的重要一环。中国将继续深化与国际市场的合作，拓展出口市场，提高出口产品的国际竞争力。同时，将继续推进贸易便利化，降低贸易壁垒，促进贸易自由化和便利化。这些举措将有助于增加中国产品在国际市场的份额，提高外贸发展的质量和效益。需要进一步加强国际合作与交流。中国将继续积极参与国际贸易规则的制定和改革，加强与各国的宏观经济政策协调，推动构建开放型世界经济。同时，也将加强与各国的双边和多边经贸合作，扩大与其他国家的贸易往来，促进全球经济的共同繁荣。

4.2.1　指标体系构建

魏婕和任保平（2021）[102]经研究提出新时代中国应从"内外兼修联动、供需两端发力、改革畅通双循环"的视角和思路构建国内外双循环互动发展模式。即从供给端与需求端出发，加强协调"引进来"与"走出去"。既要不断增强对外资的吸引力进而促进外部技术引进，与此同时也要提高商品出口量进而推动国内资本走向世界，促进我国经济市场加速融入国际市场。基于以上理论基础，分别从直接外商投资、直接对外投资、进口贸易、出口贸易四个方面构建外循环指数评价指标体系（见表4-3）。各方面所选取的具体指标与指标选取依据为：

（1）直接外商投资，不仅是资本流动的一种方式，更是技术、管理和市场知识跨国转移的重要途径。在中国的经济发展历程中，直接外商投资扮演了举足轻重的角色。通过吸引外资，中国不仅缓解了资本短缺的问题，还引进了国外先进的技术和管理经验，推动了产业升级和区域经济的发展。直接外商投资不仅仅是资金的流入，更是一种资源的优化配置。通过吸引外资，中国可以更好地融入全球价值链，提高国际分工中的地位。同时，外资的进入也会带来激烈的市场竞争，促使国内企业提高自身的创新能力和管理水平。故选取指标直接外商投资额来表示直接外商投资水平，反映我国经济增长潜力和国际竞争力。

（2）直接对外投资，随着中国经济的快速发展和对外开放程度的不断提高，直接对外投资成为越来越多企业的重要战略选择。通过对外直接投资，中国企业不仅可以获取国外的资源和市场，还可以提高自身的国际化水平和全球竞争力。直接对外投资是国内资本国际化的重要途径。通过对外直接投资，中国企业可以在全球范围内优化资源配置，实现产业链的全球化布局。同时，对外直接投资也是中国企业参与国际竞争、提高国际地位的重要手段。故选取指标非金融类直接对外投资额来衡量直接对外投资水平，不仅反映了我国国内资本国际化的程度，也体现了我国企业在全球范围内的竞争力和影响力。

（3）进口贸易，通过进口贸易，中国可以获取国外先进的技术、设备和资源，弥补国内市场的不足，推动国内产业的升级和发展。进口贸易不仅是国际资源获取的重要途径，也是国内市场升级的重要动力。通过进口高质量的商品和服务，可以刺激国内市场的竞争和创新，推动国内企业提高产品质量和服务水平。同时，进口贸易还可以促进国内外市场的互联互通，加强国际经济合作和交流。故选取指标进口贸易额占GDP的比重来测度进口贸易水平，这不仅是一个经济指标，更是反映我国国内市场开放程度和国际经济合作水平的重要指标。

（4）出口贸易，通过出口贸易，中国可以将国内生产的商品和服务销往海外市场，实现国内产能的输出和经济的增长。出口贸易是国内产能输出和全球经济贡献的重要渠道。通过出口贸易，中国不仅可以拓展海外市场、增加外汇收入，还可以提高国内产业的国际竞争力和影响力。同时，出口贸易也是推动国内产业结构优化和升级的重要途径。故选取指标出口贸易额占GDP的比重来代表出口贸易水平，这一指标不仅反映了我国出口贸易的规模和水平，也体现了我国在全球经济中的贡献和影响力。

表4-3　外循环指数评价指标体系

一级指标	二级指标	指标说明	指标方向
直接外商投资	直接外商投资额	亿元	+
直接对外投资	非金融类直接对外投资额	亿元	+
进口贸易	进口贸易额占GDP的比重	%	+
出口贸易	出口贸易额占GDP的比重	%	+

4.2.2　测度方法与数据来源

基于以上指标体系，本研究选用2003—2022年省域面板数据对外循环指数进行测度，所涉及数据均来源于《中国统计年鉴》与中经网统计数据库，其中西藏自治区部分年份存在个别数据缺失情况，均运用线性插值法将缺失值补充完整。

关于外循环指数的测度同样是基于面板数据的动态综合测度问题，因此，使用与内循环指数一样的测度方法对外循环指数进行测度，即逐层纵横向拉开档次法，其不仅能够体现时序立体数据特征，还能够通过对底层数据进行自下而上的逐层加工，使得测度结果更加全面科学。

4.2.3　测度结果与分析

从省域层面对外循环指数进行分析，根据外循环指数评价指标体系收集相关数据，运用纵横向拉开档次法对我国外循环指数进行测度，得出2003—2022年各省域外循环指数测度值面板数据，由于数据量过大，选取2003年、2022年及其间每间隔三年的数据进行列表展示（见图4-3）。

观察图4-3可知，首先从整体角度分析可以发现，我国外循环发展水平整体几乎始终保持平稳状态，没有较为明显的增长趋势，这可能与近些年多次较大的外部经济冲击有关。其中，东部沿海地区，特别是京津冀、长三角和珠三角等经济发达区域，其国际循环指数普遍较高，增长速度也较快。这些地区拥有得天独厚的地理位置和资源优势，对外开放程度高，对外贸易和外资利用规模庞大，因此能够更好地融入全球经济循环。相比之下，中西部地区和东北地区的省域，其国际循环指数普遍较低，增长速度也相对较慢。这些地区经济发展相对滞后，产业结构单一，对外开放程度不高，参与全球经济循环的能力有限。此外，一些边疆省域由于地理位置和自然条件的限制，其国际循环指数也相对较低。

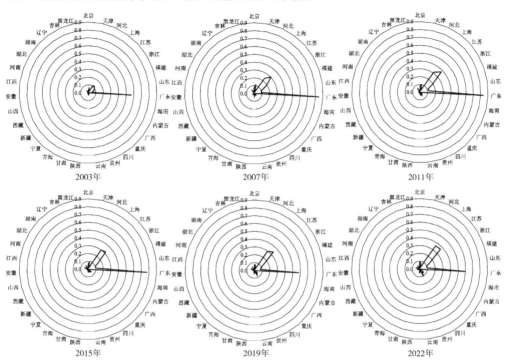

图 4-3　部分年份省域外循环指数测度值雷达图

从区域角度分析来看，东部地区国际循环指数普遍较高，如北京、上海、江苏、浙江等地。这些地区凭借得天独厚的地理位置、丰富的资源禀赋以及长期的政策扶持，形成了较为完善的产业体系和较高的对外开放程度。特别是北京和上海，作为中国的经济中心和国际化大都市，其国际循环指数一直位居前列，显示出强大的国际经济影响力和竞争力。然而，与东部地区相比，西部地区的国际循环指数普遍较低，如贵州、云南、甘肃、青海等地。这些地区地理位置偏远、经济基础薄弱以及对外开放程度较低，导致其在国际经济循环中相对滞后。尽管如此，近年来随着国家西部大开发战略的深入实施，西部地区的国际循环指数也在逐步上升，显示出一定的增长潜力。中部地区的国际循环指数则呈现出较为平稳的态势，如山西、安徽、江西等地。这些地区在经济发展上既不像东部地区那样具有明显优势，也不像西部地区那样面临诸多挑战。它们凭借着自身独特的产业特色和地理位置优势，逐渐在国际经济循环中找到了自己的定位。东北地区作为一个老工业基地，其国际循环指数在过去几年中经历了一定的波动。辽宁、吉林、黑龙江的国际循环指数在2003—2022年有所起伏，这与该地区的产业结构调整和经济转型密切相关。随着国家对东北地区全面振兴战略的深入实施，未来这些地区的国际循环指数有望得到提升。从四个区域的对比来看，中国省域在国际循环指数上呈现出明显的区域性差异。这种差异既受到地理位置、资源禀赋等自然因素的影响，也受到政策扶持、经济发展水平等人为因素的制约。为了缩小这种差异，促进全国各地区的协调发展，政府应加大对西部和中部地区的支持力度，推动这些地区加快开放步伐，提高国际竞争力。同时，对于东北地区而言，应加快产业结构调整和经济转型步伐，以适应全球化发展的新趋势。

在具体省域方面，广东省作为经济大省和外贸强省，其国际循环指数一直处于较高水平。这得益于其强大的制造业基础和外贸出口能力。然而，随着全球贸易环境的变化，广东省需要进一步提升创新能力，优化产业结构，实现高质量发展。江苏和浙江两省也表现出较强的国际竞争力，特别是在制造业和高新技术产业方面。这些地区应继续深化改革开放，加强与国际市场的对接，提升在全球价值链中的地位。四川、重庆等西部地区省域的国际循环指数虽然相对较低，但近年来呈现出快速增长的态势。这主要得益于西部大开发战略的深入实施和国家对西部地区的政策扶持。这些地区应充分利用自身优势，加快发展新兴产业和现代服务业，提升对外开放水平。同时，中部地区的河南、湖北等省域也表现出一定的国际竞争力，但仍有较大提升空间。这些地区应加强与东部地区的合作与联动，共同打造区域经济增长极。辽宁作为东北地区的经济中心，其国际循环指数相对较高，但近年来增长速度有所放缓。这可能与该地区的产业结构调整和经济发展转型有关。辽宁应加快传统产业升级改造，培育新兴产业，提升经济发展的质量和效益。同时，吉林和黑龙江两省也应积极融入全球经济循环，加强与周边地区的合作与交流，实现协同发展。

4.2.4　Dagum基尼系数及贡献率

同样，为更好地衡量我国2003—2022年外循环指数区域间差异，对2003—2022年东部、中部、西部及东北地区外循环指数Dagum基尼系数进行测度，测度结果如下（见表4-4）。

从表4-4可知，整体上看，2003—2022年外循环指数的总体基尼系数始终大于0.6，这揭示了外循环发展在省域间存在较为明显的差异。这一现象背后与各地的地理条件及进出口策略紧密相关。外循环不仅仅是一个经济概念，它更多地体现了地区与国际市场的互动程度和对外开放的策略选择。首先，外循环指数的区域间差异与其说是经济发展的结果，不如说是各地区根据自身地理条件和资源禀赋做出的策略选择。沿海地区因其天然的港口优势和国际贸易通道便利，自然在外循环中占据优势地位。例如，广东、江苏、浙江等省域，凭借丰富的海洋资源和优越的地理位置，早已形成了以外向型经济为主导的发展模式。相比之下，内陆地区由于距离国际市场较远，运输成本较高，其外循环发展相对滞后。然而，值得注意的是，尽管外循环指数的区域间差异存在，但总体基尼系数却呈现出下降趋势，从2003年的0.741下降到2022年的0.673。这表明，随着时间的推移，我国的外循环发展正在逐渐趋于均衡。这一变化的原因是多方面的，其中既包括国家层面推动的共建"一带一路"倡议，也包括各地区积极调整经济结构，提升对外开放水平。特别是内陆地区，通过加强基础设施建设、优化营商环境等措施，正在逐步缩小与沿海地区的差距。进一步分析外循环指数差异的来源发现组间差异G_b的贡献率始终大于65%，而组内差异G_w的贡献率则约为23%。这意味着，外循环指数的主要差异来源于不同区域之间的差异，而非区域内部各省域之间的差异。对于政策制定者来说，这一分析结果具有重要的指导意义。一方面，要继续加大内陆地区的开放力度，推动形成全面开放新格局，缩小区域间外循环发展的差距；另一方面，也要鼓励各地区根据自身条件制定差异化的对外开放策略，充分发挥地理优势和进出口优势，推动外循环指数的整体提升。

表4-4　外循环指数Dagum基尼系数及贡献率结果

年份	基尼系数				贡献率/%		
	总体	组内基尼系数 G_w	组间基尼系数 G_b	超变密度基尼系数 G_t	组内贡献率 G_w	组间贡献率 G_b	超变密度贡献率 G_t
2003	0.741	0.173	0.550	0.018	23.379	74.164	2.457
2004	0.742	0.170	0.553	0.019	22.902	74.570	2.529
2005	0.749	0.170	0.562	0.017	22.719	74.957	2.324
2006	0.748	0.170	0.562	0.017	22.659	75.039	2.302
2007	0.744	0.168	0.558	0.018	22.588	74.967	2.445
2008	0.729	0.163	0.545	0.021	22.299	74.839	2.861
2009	0.747	0.167	0.560	0.020	22.348	74.948	2.703
2010	0.740	0.164	0.558	0.018	22.093	75.409	2.498
2011	0.727	0.161	0.543	0.022	22.206	74.767	3.027
2012	0.713	0.162	0.522	0.029	22.716	73.256	4.028
2013	0.706	0.163	0.511	0.032	23.102	72.340	4.558
2014	0.695	0.161	0.499	0.034	23.151	71.883	4.967
2015	0.704	0.164	0.498	0.042	23.278	70.802	5.920

续　表

年份	基尼系数				贡献率/%		
	总体	组内基尼系数 G_w	组间基尼系数 G_b	超变密度基尼系数 G_t	组内贡献率 G_w	组间贡献率 G_b	超变密度贡献率 G_t
2016	0.706	0.163	0.501	0.042	23.141	70.882	5.978
2017	0.700	0.165	0.486	0.049	23.517	69.466	7.016
2018	0.694	0.165	0.476	0.054	23.704	68.577	7.719
2019	0.689	0.165	0.465	0.058	23.926	67.587	8.487
2020	0.687	0.166	0.456	0.065	24.130	66.383	9.488
2021	0.681	0.161	0.460	0.060	23.643	67.570	8.788
2022	0.673	0.161	0.453	0.059	23.871	67.371	8.759

　　从图4-4可以明显地看出，东部地区作为中国经济发展最为活跃和成熟的区域，一直以来都是对外开放和国际贸易的主要阵地。由于其地理位置优越，临近海洋，交通便利，以及长期以来的经济政策倾斜，东部地区各省域在参与国际分工、吸引外资、发展出口导向型经济等方面具有得天独厚的优势。这种高度的经济活跃度和对外开放程度使得东部地区各省域之间的外循环指数呈现出较大的差异。具体来说，像上海、江苏、浙江等省域由于其强大的经济基础和深度融入全球经济的能力，其外循环指数往往较高。而相比之下，一些经济基础相对薄弱、开放程度较低的省域则可能表现出较低的外循环指数。与此同时，西部地区也呈现出类似的情况。虽然西部地区在经济发展上起步较晚，但近年来在国家政策的大力支持下，其经济增长速度和对外开放程度也在不断提升。然而，由于西部地区地域辽阔、资源分布不均，以及交通等基础设施的相对滞后，使得其各省域在参与外循环时面临着不同的挑战和机遇。这导致了西部地区内部各省域之间的外循环指数也存在较大的差异。相比之下，中部地区和东北地区则展现出相对均衡的外循环指数差异。这两个地区在地理位置、资源禀赋、经济基础等方面相对均衡，因此在参与外循环时，各省域之间的差异相对较小。此外，中部地区和东北地区作为连接东部和西部的重要桥梁，其经济发展策略往往更加注重区域内部的协调与平衡，这也为缩小外循环指数差异提供了有利条件。值得注意的是，从图4-4中我们还可以看到，四个区域内部的外循环指数差异并没有明显的变化趋势。这意味着尽管中国外循环指数在整体上呈现出一定的波动和变化，但各区域内部的差异大小却相对稳定。这一发现对于我们理解中国外循环指数的区域差异及其演变具有重要意义。它表明，在推动中国外循环发展时，我们需要更加注重区域内部的平衡与协调，以缩小各省域之间的

差异，实现更加均衡和可持续的发展。

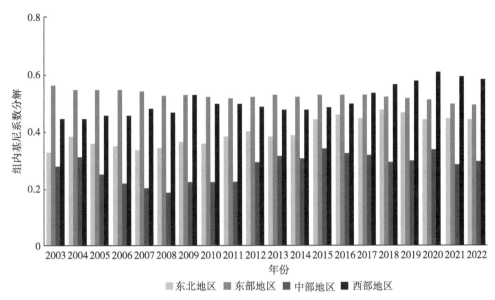

图 4-4　组内外循环指数基尼系数分解

综合以上分析，可以得出从全国总体层面而言我国内循环发展水平高于外循环发展水平，这符合我国要加速构建以国内大循环为主体、国内国际双循环相互促进的新发展格局的战略部署。同时，内循环发展水平省域间差异较小，外循环发展水平省域间差异较大，这与部分地区存在地理位置优势因素相关，因为外循环涉及进出口贸易，所以沿海城市相对内陆城市外循环发展更有优势。此外，还可以得出从省域层面而言我国内循环指数呈显著递增趋势，外循环发展水平整体较平稳，仅有上海市与山东省外循环指数呈递增趋势。这反映出我国外循环发展水平比内循环发展水平相对较弱，应该加大对外循环发展的重视程度，使得外循环发展水平在未来能有显著提升，为加速构建新发展格局奠定坚实基础。

4.3　双循环联动水平测度与分析

新发展格局把国内大循环视为经济持续发展的主要动力来源，同时注重实现国内国际双循环相互促进。因此，新发展格局实际上是内外循环相互联动的整体，在实证过程中不能将内外循环割裂开来进行分析。只有推进国内国际双循环相互促进，才能充分发挥国内国际两个市场两种资源联动效应，更好地在开放发展中赢得主动。随着经济全球化不断演进，人口和资源要素的流动逐步超越国界疆域，各国发挥比较优势参与国际分工协作。显然，世界市场的形成必然决定着一国国内的经济循环与国际经济大循环是相互促进、不可分割的整体。生产要素在更大范围内畅通循环，才能不断拓展经济活动的深度和广度，推动经济循环的螺旋式上升。

从国际上看，主要大国经济体都是通过国内国际双循环相互促进实现发展壮大、争取发展主动权的。美国、德国、日本等发达国家通过本国制造走向世界，借助全球市场消费力量实现了资本、技术和生产之间的互动循环，从而推动工业不断迭代升级。我国作为全球第二大经济体，早已同世界经济和国际经济体系深度融合，内外需市场相互依存、相互促进。发挥强大内需市场潜力，以国内大循环吸引全球资源要素，以国际循环提升国内大循环效率和水平，从而更好地利用国内国际两个市场两种资源，加速我国产业转型升级和技术提升，塑造我国参与国际合作和竞争的新优势，在激烈的国际竞争中赢得战略主动。

4.3.1 指标体系构建

双循环联动水平测度指标体系构建是一个重要的研究领域，它旨在通过综合考虑内循环和外循环的各项指标，建立一个全面有效的评估体系，以评价一个地区、企业或组织的发展水平和联动能力。在这一过程中，我们主要利用的是本章前两节测度所得的内循环指数与外循环指数，以及耦合协调度模型，通过这些工具和方法，本研究构建了双循环联动水平测度指标体系（见表4-5）。

表4-5　经济双循环综合评价指标体系

	一级指标	二级指标	指标说明	指标方向
内循环系统	生产	规模以上工业企业资产合计	亿元	+
		全社会固定资产投资额	亿元	+
内循环系统	分配	居民人均可支配收入	（元/人）	+
		税收收入	亿元	+
	流通	交通运输、仓储和邮政业增加值	亿元	+
	消费	居民人均消费支出额	（元/人）	+
外循环系统	直接外商投资	直接外商投资额	亿元	+
	直接对外投资	非金融类直接对外投资额	亿元	+
	进口贸易	进口贸易额占GDP的比重	%	+
	出口贸易	出口贸易额占GDP的比重	%	+

4.3.2 测度方法

国内国际双循环联动水平体现的是经济发展过程中国内大循环系统与国际大循环系统两者之间的相互作用、动态关联以及协调发展的水平。

4.3.2.1 综合评价模型

$$T = aICI + bOCI \qquad (4-14)$$

其中，a、b为待定参数，分别代表国内循环发展水平和国际循环发展水平在国内国际双循环联动中所占权重，且$a+b=1$；参考赵文举和张曾莲（2022）[103]研究并结合第3章对我国内循环与外循环发展水平的分析，最终将a取0.7、b取0.3表征以国内大循环为主导的双循环联动模式。ICI和OCI分别表示内循环发展水平与外循环发展水平。即运用第4.1节和第4.2节测度所得的内循环指数与外循环指数所代表。

4.3.2.2 耦合协调度模型

耦合协调度模型的基本原理是通过计算各子系统之间的耦合度，即相互影响程度，进而评价整体系统的协调发展程度。这种模型能够帮助我们更好地理解不同系统之间的相互作用，从而指导政府和社会各界在制定政策和规划发展方向时更加全面和科学。在实际应用中，耦合协调度模型可以被用来评价一个地区或社会的整体发展水平，指导政府在资源配置和产业结构调整上的决策，促进各个子系统之间的协调发展，实现可持续发展目标。总的来说，耦合协调度模型作为一种评价工具，能够帮助我们更好地理解和评价不同系统之间的相互关系，为实现整体均衡发展提供科学依据，对于指导社会发展和制定政策具有重要意义。

本研究运用耦合协调度模型这一分析事物的协调发展水平的模型。它通过衡量系统之间的相互作用和相互依赖程度来评估协调状况的好坏。耦合协调度是现有测算系统之间相互作用的联动效应水平的主要测度指标。它能够全面地评估系统之间的相互作用和协调程度。耦合协调度模型可以通过对系统之间的数据传输、信息交换、资源共享等方面进行综合分析，来评估系统之间的联动效应水平。通过对耦合协调度的测算，可以帮助我们更好地了解系统之间的相互作用模式，从而指导我们进行合理的资源配置、决策制定和管理措施实施，提高系统之间的协调性和效率。

因此，本研究将采用耦合协调度测度方法来测度国内循环与国际循环联动水平DFM，用内循环与外循环的耦合协调度指数D代表国内国际双循环联动水平，C为耦合度，在0～1之间取值。T为国内循环和国际循环的综合协调指数。因此，国内国际双循环联动水平 *DFM* 的具体计算公式如下：

$$C = \frac{2 \times \sqrt{ICI \times OCI}}{ICI + OCI} \tag{4-15}$$

$$T = aICI + bOCI \tag{4-16}$$

$$DFM = D = \sqrt{C \times T} \tag{4-17}$$

4.3.3 测度结果与分析

根据公式（4-15）、公式（4-16）、公式（4-17）以及相关数据测度得出2003—2022年我国省域双循环联动水平面板数据。为了对近20年来我国省域双循环联动水平时空动态演变情况有一个清晰把控，故绘制2003—2022年我国省域双循环联动水平热力图。

观察图4-5可知，在深入研究我国2003—2022年省域双循环联动水平时空动态演进情况时，我们观察到了显著的时空差异与发展趋势。这不仅仅体现了各省域在经济发展上的活跃度与响应度，更反映了国家经济发展战略在省域层面的具体落实与成效。首先，从时间维度来看，我国省域双循环联动水平呈现出明显的递增趋势，特别是在近五年内，这种递增趋势变得尤为显著。这一变化不仅反映了各省域在经济发展上的积极努力，也体现了国家关于构建"双循环"新发展格局的战略部署在省域层面得到了有效落实。在这个过程中，各省域纷纷响应国家政策，结合自身实际，制定并实施了一系列旨在促进双循环联动发展的政策措施。这些措施包括但不限于加强基础设施建设、优化营商环境、推动产业升级、深化对外开放等。这些措施的实施，不仅提升了各省域自身的经济发展水平，也为加速构建双循环新发展格局贡献了重要力量。其次，从空间维度来看，广东省、上海市、江苏省、浙江省以及北京市等五个省域的双循环联动水平始终远高于其他省域，且递增趋势也更为显著。这一现象的形成，既与这些地区的地理位置、资源禀赋、经济基础等先天条件有关，也与它们长期以来在对外开放、产业升级、创新驱动等方面所积累的优势密不可分。这些地区作为我国的经济发达地区，拥有较为完善的产业链、较高的科技创新能力以及较强的国际竞争力。在构建"双循环"新发展格局的过程中，这些地区不仅扮演着"领头羊"的角色，更在引领全国经济发展方向、推动经济结构调整、促进内外循环良性互动等方面发挥着关键作用。然而，值得注意的是，虽然这些地区的双循环联动水平较高，但其他省域也在不断努力追赶。随着国家战略的深入实施以及区域协调发展战略的推进，未来我国省域双循环联动水平有望呈现出更加均衡的发展态势。

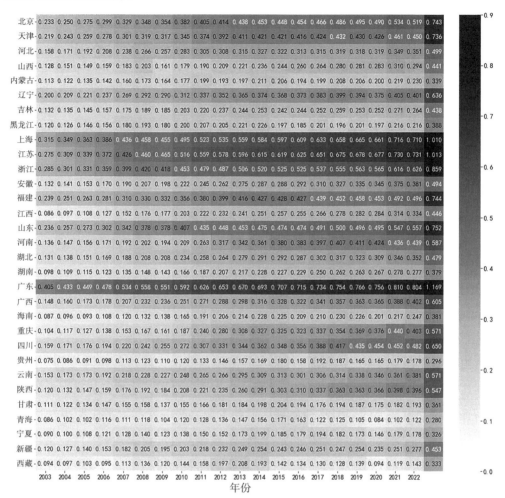

图 4-5　我国 2003—2022 年省域双循环联动水平热力图

4.3.4　核密度估计分析

下面对双循环联动水平的演变做核密度分析，核密度估计法是一种非参数估计方法，分析主要是借助一个移动的单元格对给定区域的点或线格局的密度进行估计。通过密度分析，可以将点或线生成连续表面，从而找出哪些地方比较集中，计算数据的聚集状况。本研究采用核密度分析计算公式：

$$f_n(x) = \frac{1}{nh} \sum_{i=1}^{n} k(x - x_i) / h \qquad (4-18)$$

公式（4-18）中：h 是窗口带宽；n 是窗口中的点数；$(x - x_i)$ 是从估计点 x 到采样

点 x_i 的距离；$k(*)$ 为核函数方程。$f_n(x)$ 值越大，表示核密度越高。本研究使用核密度估计法分析我国 2003—2022 年各省域双循环联动水平均值的变化趋势和分布情况。

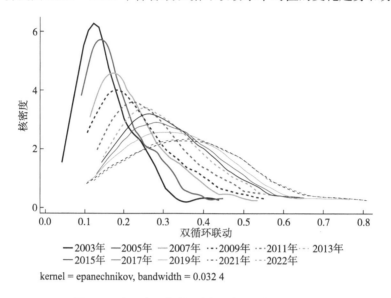

kernel = epanechnikov, bandwidth = 0.032 4

图 4-6 中国主要年份双循环联动核密度曲线图

由核密度图（图 4-6）可知，首先，核密度曲线由"高瘦"型转变为"矮胖"型，这一变化表明双循环联动的分布逐渐从集中走向分散。这种趋势反映出各省域在双循环联动发展上的努力逐渐显现，但各省域之间的发展水平差距也在逐渐增大。这种差距的增大可能源于多种因素，包括地理位置、资源禀赋、产业结构、政策支持等。这也暗示着，我国在推动双循环联动发展的过程中，需要更加注重区域间的协调与平衡，确保发展成果能够惠及更多地区。其次，峰值向右移动表明双循环联动的总体水平在不断增强。这反映了我国在构建"双循环"新发展格局方面所取得的成效。随着国家战略的深入实施，越来越多的省域开始积极参与并响应，通过优化产业结构、扩大对外开放、加强区域合作等方式，推动双循环联动的发展。这种趋势对于提升我国整体经济发展水平、增强国际竞争力具有重要意义。然而，核密度曲线尾部的波动情况也值得我们关注。一些省域的双循环联动数值较高，说明这些地区在双循环联动发展上取得了显著成效，为我国整体"双循环"新发展格局的构建做出了重要贡献。但同时，也有一些省域的双循环联动数值较低，显示出这些地区在双循环联动措施实施上的效果较弱。这种差异性的存在，既体现了各省域在经济发展上的不均衡性，也反映出我国在推动双循环联动发展方面仍需加强的方面。为了更好地推动双循环联动发展，我国在政策制定和实施上需要更加注重针对性和实效性。一方面，要加大对双循环联动发展相对滞后地区的支持力度，通过政策倾斜、资金扶持等方式，帮助这些地区提升双循环联动发展水平；另一方面，要加强对双循环联动发展先进地区经验的总结和推广，通过示范引领、经验分享等方式，推动更多地区实现双循环联动发展的突破。

4.3.5 标准差椭圆分析

下面基于标准差椭圆分析方法对双循环联动水平的空间分布情况展开分析。空间分布方向性分析是指区域经济属性在空间分布上的轮廓和主导方向分析。标准差椭圆法是分析空间分布方向性特征的经典方法之一，使用标准差椭圆法可以从全局的、空间的角度定量解释经济要素空间分布的中心性、展布性、方向性和空间形态等整体性特征，能够描述节点在各个方向上的离散情况，反映节点空间组织的整体轮廓和主要偏移方向。

平均中心：

$$\overline{X_w} = \frac{\sum_{i=1}^{n} w_i x_i}{\sum_{i=1}^{n} w_i}; \quad \overline{Y_w} = \frac{\sum_{i=1}^{n} w_i y_i}{\sum_{i=1}^{n} w_i} \tag{4-19}$$

方位角：

$$\tan\theta = \frac{(\sum_{i=1}^{n} w_i^2 \overset{\circ}{x_i}^2 - \sum_{i=1}^{n} w_i^2 \overset{\circ}{y_i}^2) + \sqrt{(\sum_{i=1}^{n} w_i^2 \overset{\circ}{x_i}^2 - \sum_{i=1}^{n} w_i^2 \overset{\circ}{y_i}^2)^2 + 4\sum_{i=1}^{n} w_i^2 \overset{\circ}{x_i}^2 \overset{\circ}{y_i}^2}}{2\sum_{i=1}^{n} \overset{\circ}{x_i} \overset{\circ}{y_i}} \tag{4-20}$$

X轴标准差：

$$\sigma_x = \sqrt{2} \sqrt{\frac{\sum_{i=1}^{n}(w_i \overset{\circ}{x_i}\cos\theta - w_i \overset{\circ}{y_i}\sin\theta)^2}{\sum_{i=1}^{n} w_i^2}} \tag{4-21}$$

Y轴标准差：

$$\sigma_y = \sqrt{2} \sqrt{\frac{\sum_{i=1}^{n}(w_i \overset{\circ}{x_i}\sin\theta - w_i \overset{\circ}{y_i}\cos\theta)^2}{\sum_{i=1}^{n} w_i^2}} \tag{4-22}$$

式中：(x_i, y_i)代表研究对象的空间区位，w_i为权重，$(\overline{X_w}, \overline{Y_w})$代表加权平均中心；$\theta$表示椭圆的方位角，即正北方向顺时针旋转与椭圆长轴所形成的夹角，$\overset{\circ}{x_i}$、$\overset{\circ}{y_i}$代表各研究对象空间区位到平均中心的坐标偏差；σ_x、σ_y分别代表沿x轴和y轴的标准差。利用标准差椭圆分析法来研究我国双循环联动水平在空间上的差异情况。

表4-6 全国双循环联动水平标准差椭圆参数表

年份	CenterX	CenterY	XStdDist	YStdDist	Rotation/°
2003	113.490	33.320	9.195	12.943	69.569
2005	113.515	33.429	9.162	12.916	69.566
2007	113.548	33.411	9.171	12.893	69.602
2009	113.623	33.374	9.164	12.942	68.156
2011	113.520	33.332	9.095	12.932	67.545
2013	113.265	33.294	9.081	13.106	69.059
2015	113.350	33.258	9.025	12.752	66.565
2017	113.515	33.255	8.920	12.625	64.975
2019	113.506	33.190	8.877	12.606	64.132
2021	113.672	33.192	8.722	12.394	62.154
2022	113.472	33.130	8.872	12.577	64.397

表4-6反映了我国双循环联动水平的标准差椭圆参数变化情况。从表中转角数据可以看到，2003—2021年转角从69.569°缩小到62.154°，东北—西南格局减弱。

从长轴方向上看，2003—2021年的主半轴标准差由12.943缩小到12.394，表明这一时段双循环联动水平在东北—西南格局有收缩趋势。从整体上Y轴的变化来看，研究期内长轴的长度变化不大，这说明我国双循环联动水平在东北—西南的空间变化不大。从短轴方向上来看，2003—2021年短半轴标准差从9.195逐渐缩小到8.722，这表明我国双循环联动水平在西北—东南格局上有收缩趋势。综合分析研究期内标准差椭圆的变化情况，2003—2021年我国整体的双循环联动水平的标准差椭圆面积较大，主要呈现收缩趋势。下面分别对我国东、中、西部双循环联动水平的空间分布情况展开分析。

表4-7 东部地区双循环联动水平标准差椭圆参数表

年份	CenterX	CenterY	XStdDist	YStdDist	Rotation/°
2003	117.272	31.577	3.609	9.248	11.605
2005	117.327	31.767	3.592	9.163	10.967

年份	CenterX	CenterY	XStdDist	YStdDist	Rotation/°
2007	117.331	31.773	3.603	9.157	11.256
2009	117.291	31.817	3.579	9.215	11.381
2011	117.240	31.779	3.602	9.324	12.077
2013	117.209	31.736	3.604	9.386	12.290
2015	117.159	31.689	3.575	9.440	12.504
2017	117.194	31.711	3.550	9.361	12.237
2019	117.172	31.656	3.558	9.398	12.406
2021	117.228	31.764	3.535	9.290	11.750
2022	117.196	31.660	3.562	9.360	12.405

表 4-7反映了我国东部地区双循环联动水平的标准差椭圆参数变化情况。从表中转角数据可以看到在2005年与2015年曾出现较为明显的方向转折，转角度数整体有增大的趋势。2003—2005年转角从11.605°缩小到10.967°，东北—西南格局略有减弱；2005—2015年转角从10.967°增大到12.504°，东北—西南格局略有增强；2015—2022年转角发生多次轻微波动，无明显变动趋势。总体而言东部地区双循环联动水平发展稳定。

从长轴方向上看，2003—2021年的主半轴标准差没有明显的变化趋势，仅呈现微弱的波动。表明这一时段我国东部地区的双循环联动水平发展稳定均衡，无明显的收缩或扩散趋势。从整体上 Y 轴的变化来看，研究期内长轴的长度变化不大，这说明我国东部地区双循环联动水平在东北—西南的空间变化不大。综合分析研究期内标准差椭圆的变化情况，2003—2021年我国东部地区的双循环联动水平的标准差椭圆面积适中，无明显的收缩或扩散趋势。这说明我国东部地区的双循环联动发展均衡稳定。

表 4-8　中部地区双循环联动水平标准差椭圆参数表

年份	CenterX	CenterY	XStdDist	YStdDist	Rotation/°
2003	113.789	32.008	4.825	2.791	171.284
2005	113.811	31.958	4.848	2.790	170.945
2007	113.858	31.898	4.870	2.768	169.822

年份	CenterX	CenterY	XStdDist	YStdDist	Rotation/°
2009	113.913	31.642	4.742	2.792	170.080
2011	113.905	31.600	4.691	2.786	170.821
2013	113.881	31.704	4.691	2.750	171.221
2015	113.872	31.763	4.716	2.723	170.916
2017	113.865	31.771	4.737	2.743	171.334
2019	113.876	31.768	4.736	2.755	171.189
2021	113.911	31.772	4.753	2.765	170.578
2022	113.947	31.688	4.710	2.770	170.409

表 4-8 反映了我国中部地区双循环联动水平的标准差椭圆参数变化情况。从表中转角数据可以看到，2003—2007年转角从171.284°缩小到169.822°，西南—东北格局略有减弱；2007—2013年转角从169.822°增大到171.221°，西南—东北格局略有增强；2013—2022年转角从171.221°缩小到170.409°，西南—东北格局略有减弱。总体而言我国中部地区双循环联动水平发展稳定。

从长轴方向上看，2003—2021年的主半轴标准差没有明显的变化趋势，仅呈现微弱的波动。表明这一时段我国中部地区的双循环联动水平发展稳定均衡，无明显的收缩或扩散趋势。从整体上 Y 轴的变化来看，研究期内长轴的长度变化不大，这说明我国中部地区双循环联动水平在西南—东北的空间变化不大。综合分析研究期内标准差椭圆的变化情况，2003—2021年我国中部地区的双循环联动水平的标准差椭圆面积较小，无明显的收缩或扩散趋势。这说明我国中部地区的双循环联动水平发展聚集且稳定。

表 4-9　西部地区双循环联动水平标准差椭圆参数表

年份	CenterX	CenterY	XStdDist	YStdDist	Rotation/°
2003	102.437	32.837	11.640	8.647	105.837
2005	102.576	32.907	11.593	8.648	106.126
2007	102.555	32.870	11.689	8.634	107.863
2009	102.577	32.672	11.804	8.616	108.777
2011	102.692	32.651	11.632	8.552	106.896
2013	102.497	32.535	11.719	8.268	107.337

年份	CenterX	CenterY	XStdDist	YStdDist	Rotation/°
2015	103.045	32.503	11.253	8.252	110.802
2017	103.305	32.368	11.191	8.178	111.626
2019	103.357	32.252	11.075	8.185	111.208
2021	103.715	32.129	10.760	8.165	112.281
2022	103.396	32.205	11.042	8.220	111.464

表 4-9 反映了我国西部地区双循环联动水平的标准差椭圆参数变化情况。从表中转角数据可以看到，2003—2009年转角从105.837°增大到108.777°，西北—东南格局略有增强；2009—2011年转角从108.777°缩小到106.896°，西北—东南格局略有减弱；2011—2021年转角从106.896°增大到112.281°，西北—东南格局略有增强；2021—2022年转角从112.281°缩小到111.464°，西北—东南格局略有减弱。整体而言，我国西部地区双循环联动水平发展相对稳定。

从长轴方向上看，2003—2021年的主半轴标准差没有明显的变化趋势，仅呈现微弱的波动。表明这一时段我国西部地区的双循环联动水平发展稳定均衡，无明显的收缩或扩散趋势。从整体上 Y 轴的变化来看，研究期内长轴的长度变化不大，这说明我国西部地区双循环联动水平在西北—东南的空间变化不大。综合分析研究期内标准差椭圆的变化情况，2003—2021年我国西部地区的双循环联动水平的标准差椭圆面积较大，无明显的收缩或扩散趋势。这说明我国西部地区的双循环联动水平发展均衡稳定。

4.3.6 空间集聚特征分析

根据前文发现双循环联动水平呈现区域差异性，接下来运用莫兰指数（Moran's I）分析验证各省域双循环联动水平的空间集聚特征。莫兰指数包括全局莫兰指数（Global Moran's I）和局部莫兰指数（Local Moran's I）两类，接下来进行详细介绍。

4.3.6.1 全局莫兰指数

空间自相关是指在同一研究空间内不同变量的观测数据之间存在的潜在相互依赖关系，用以揭示变量空间分布特征。莫兰指数是研究空间自相关性常用的统计量，可定量分析城市的空间集聚性或异质性。莫兰指数有全局莫兰指数和局部莫兰指数之分，全局莫兰指数用来判断整个研究空间中要素的集聚或异质关系，局部莫兰指数用来测度研究空间中某要素单元或某区域的自相关关系。全局莫兰指数的公式为：

$$I = \frac{n}{q_0} \times \frac{\sum\limits_{i=1}^{n}\sum\limits_{j=1}^{n}\omega_{ij}d_id_j}{\sum\limits_{i=1}^{n}d_i^2} \qquad (4-23)$$

式中：I 为全局莫兰指数，n 为空间内要素样本总数，即城市个数；ω_{ij} 为要素 i 与要素 j 间的空间权重，这里若两城市相邻，ω_{ij} 取 1，不相邻则取 0；q_0 为上述所有空间权重的聚合，$q_0 = \sum\limits_{i=1}^{n}\sum\limits_{j=1}^{n}\omega_{ij}$，$d_i$ 为空间中要素 i 的属性值与其均值的差，$d_i = x_i - x$，d_j 同理。莫兰指数需要进行显著性检验，通常采用 Z 检验，全局莫兰指数 Z 检验式为：

$$Z = \frac{I - E(I)}{\sqrt{Var(I)}} \qquad (4-24)$$

全局莫兰指数取值在 –1 到 1 之间，其值大于 0 为正自相关，小于 0 为负自相关，且数值越接近于 0 时，其自相关关系越弱。

分析步骤为：

第一，首先针对全局莫兰指数值的 p 值进行分析，如果该值小于 0.05，则说明具有空间相关关系，反之如果该项 p 值大于 0.05，则说明该项不具有空间相关关系；

第二，如果全局莫兰指数值介于 –1~1 之间，其大于 0 则为空间正相关关系，反之则为空间负相关关系；

第三，空间正相关意味着该区域与其周边区域有着正向协调关系，空间负相关意味着该区域与其周边区域有着负向协调关系；

第四，除此之外，如果全局莫兰指数值呈现出显著性（p 值 <0.05），一般可进一步分析局部莫兰指数值。

4.3.6.2 局部莫兰指数

全局莫兰指数用来测度整个研究空间内的自相关关系，而局部莫兰指数则能够在此基础上找出有空间集聚性的单元或子区域，称为空间联系局域指标。局部莫兰指数的公式为：

$$I_i = \frac{n^2 d_i \sum\limits_{j=1}^{n}\omega_{ij}d_j}{\sum\limits_{j=1}^{n}d_j^2} \qquad (4-25)$$

式中各指标含义同上述全局莫兰指数公式。局部莫兰指数同样需要进行Z检验，显著性检验式为：

$$Z(I_i) = \frac{I_i - E(I_i)}{\sqrt{Var(I_i)}}$$

(4-26)

局部莫兰指数可深入分析研究对象是否存在区域性空间聚集。

第一，首先针对局部莫兰指数值的p值进行分析，如果该值小于0.05，则说明该项具有区域性空间相关关系，反之如果该项p值大于0.05，则说明该项不具有空间相关关系；

第二，如果局部莫兰指数值介于-1~1之间，其大于0则为正向空间相关关系，反之则为负向空间相关关系。

莫兰散点图展示空间离差z值和空间滞后项$Spatial\ Lag$之间的散点关系。

第一，X轴（离差z值）表示数据值与其均值之间的距离，X值越大意味着该地区"水平越高"；

第二，Y轴为空间滞后值，Y值越大代表其周边地区"水平越高"；

第三，莫兰散点图将研究对象划分为四个象限，第一和第三象限为正向空间相关，第二和第四象限为负向空间相关。

第一象限为"高观测值"和"高滞后值"，实际意义为该类地区与其周边地区都是"高水平"地区；第二象限为"低观测值"和"高滞后值"，实际意义为该类地区"水平低"，但其周边为"高水平"地区；第三象限为"低观测值"和"低滞后值"，实际意义为该类地区与其周边地区都是"低水平"地区；第四象限为"高观测值"和"低滞后值"，实际意义为该类地区"水平高"，但其周边为"低水平"地区。

4.3.6.3　空间集聚性分析

本研究先分析了2003年、2009年、2015年、2022年我国31个省域的全局莫兰指数，结果见表4-10。

表4-10　全局莫兰指数

	年份			
	2003	2009	2015	2022
p值	0.409	0.016	0.005	0.001
z值	0.229	2.152	2.610	3.195
Moran's I值	-0.006	0.222	0.276	0.345

发现双循环全局空间自相关呈现阶段性变化特征：2003 年全局莫兰指数的 p 值大于 0.05，空间相关性不显著；2009 年、2015 年以及 2022 年全局莫兰指数的 p 值均小于 0.05，近些年来各省域双循环联动水平空间相关性得到显著提升，各省域双循环联动水平在空间上均存在正向空间依赖性，这意味着从整体上来看，双循环联动水平高和低的省域在空间上各自集聚，彼此连成一片。

对全局莫兰指数进行分析可知：原假设为各项没有空间相关关系，这里 p 值小于 0.05，因而说明拒绝原定假设，即说明具有空间相关关系，接着还可进行局部莫兰指数分析。

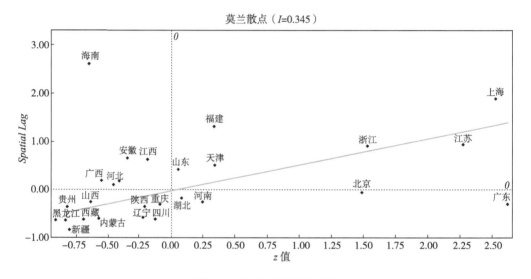

图 4-7　2022 年莫兰散点图

表 4-11　各省域双循环联动水平的集聚模式

年份	HH 象限	LL 象限	LH 象限	HL 象限
2009	北京、天津、上海、江苏、浙江、福建、山东	山西、内蒙古、吉林、黑龙江、河南、湖北、湖南、重庆、四川、贵州、云南、西藏、陕西、甘肃、青海、宁夏、新疆	河北、安徽、江西、广西、海南	辽宁、广东
2015	天津、上海、江苏、浙江、福建、山东	山西、内蒙古、吉林、黑龙江、河南、湖北、重庆、四川、贵州、云南、西藏、陕西、甘肃、青海、宁夏、新疆	河北、安徽、江西、湖南、广西、海南	辽宁、广东
2022	天津、上海、江苏、浙江、福建、山东	山西、内蒙古、辽宁、吉林、黑龙江、重庆、四川、贵州、云南、西藏、陕西、甘肃、青海、宁夏、新疆	河北、安徽、江西、广西、海南、湖南	北京、河南、湖北、广东

通过将局部莫兰指数绘制成散点图（见图 4-7）可以判断出不同省域双循环联

动水平之间的空间关联程度与集聚模式，根据莫兰散点图将各省域双循环指数空间集聚特征分为四个象限，分别为高高（HH）象限、低高（LH）象限、低低（LL）象限和高低（HL）象限。高高（HH）象限表示高双循环联动水平、高双循环联动水平省域集聚区，低高（LH）象限表示低双循环联动水平、高双循环联动水平省域集聚区，低低（LL）象限表示低双循环联动水平、低双循环联动水平省域集聚区，高低（HL）象限表示高双循环联动水平、低双循环联动水平省域集聚区。

空间正相关的高高、低低象限，其分布情况如下：高高象限由2009年的7个省域逐步减少到2022年的6个省域，低低象限由2009年的17个省域逐步减少到2022年的15个省域。其中，天津、上海、江苏、浙江、福建以及山东在2009年、2015年以及2022年始终处于内循环联动水平的高值集聚区。整体来看，我国西部地区绝大多数省域双循环联动水平呈现低低空间集聚特征，东北、中部、西部地区省域内循环联动水平主要呈现低低空间集聚特征。这表明西部地区各省域之间的经济发展模式较为类似，且存在较为明显的空间相关性，即相邻省域之间的双循环联动水平较为相似。

空间负相关的低高、高低象限，其分布情况如下：高低象限由2015年的2个省域增加到2022年的4个省域，处于低高象限的省域由2009年的5个省域增加到2022年的6个省域。其中，河北、安徽、江西、广西、海南始终处于低高象限，河北虽然与北京和天津相邻，但其双循环联动水平相比北京和天津还是有相当大的差距，导致河北的双循环联动水平呈现低高集聚特征。整体来看，处于空间负相关象限的省域数量呈现增加的特征，我国中部地区多数省域内循环联动水平呈现高低空间集聚特征，东北地区省域内循环联动水平主要呈现低高空间集聚特征。

基于以上分析结果，我们可以看出中国不同地区的省域之间存在着较为明显的空间集聚特征，这可能反映了不同地区之间的经济发展模式存在较大差异。具体来说，西部地区的省域之间的双循环联动水平呈现低低空间集聚特征，这可能意味着西部地区整体上的经济发展模式较为类似，且相互之间的影响较为显著。而东北、中部、西部地区内部的省域之间的双循环联动水平也呈现类似的特征，这可能意味着这些地区内部的省域之间的经济联系较为紧密，存在着较为明显的空间相关性。鉴于此，可以通过加强区域间的合作和交流，推动不同省域之间的经济发展模式差异化，促进西部地区省域间的差异化发展，鼓励各地因地制宜地发展产业，减少同质化竞争，促进区域间协同发展。加强东北、中部、西部地区省域之间的合作与交流。推动各省域之间的产业协同发展，促进各地资源的互补与优化配置，实现区域内部的经济协调发展。中部地区需要推动各省域之间的产业协同发展。具体策略包括：加强产业链上下游的衔接与合作，形成优势互补、协同发展的产业格局；推动跨区域的产业转移与承接，优化产业布局；加强区域基础设施互联互通，降低物流成本，提升区域整体的发展效率。东北地区需要加大创新驱动力度，推动传统产业向高端化、智能化、绿色化方向发展。同时，积极培育新兴产业和战略性产业，打造新的经济增长点。此外，东北地区还应加强与其他地区的合作与交流，学习借鉴先进的发展经验和管理模式，提升自身的发展水平和竞争力。

综上所述，通过对中国不同地区双循环联动水平的莫兰指数分析，我们可以看到不同地区之间存在着较为明显的空间集聚特征。针对这一情况，我们提出了促进西部地区差异化发展、加强东北、中部、西部地区省域间的合作与交流、加大政策支持力度和推动跨区域产业协同发展的建议，以期推动中国不同地区的经济协调发展。希望这些建议能够为相关政策制定和实施提供一定的参考。

4.4　本章小结

本章在双循环指数测算部分采用了构建指标体系结合逐层纵横向拉开档次法对其进行科学测度，并对测度指标选取以及测度方法选取进行详细介绍。本研究构建了内循环指数评价指标体系以及外循环指数评价指标体系。对于测度指标的选取，我们聚焦于双循环发展的内外部环境因素，以及经济发展的多个方面。本章从生产、分配、流通、消费四个角度构建了内循环指数评价指标体系，并且从直接外商投资、直接对外投资、进口贸易、出口贸易四个角度构建了外循环指数评价指标体系。这些指标涵盖了双循环发展所需考虑的内外部因素，并且能够全面反映经济发展的多个侧面，从而确保了测度的全面性和准确性。针对测度方法的选取，我们采用了逐层纵横向拉开档次法。这种方法将横向和纵向的因素结合起来进行综合测度。在横向上，我们对不同省域或地区的数据进行对比分析，以确保测度结果的可比性和准确性。在纵向上，我们将不同时间点的数据进行比较，以掌握双循环发展的趋势和变化规律。这种方法能够充分考虑到地区间和时间序列的变化，从而更加科学地反映双循环发展的实际情况。在数据处理上还能够通过对底层数据进行自下而上的逐层加工，使得测度结果更加全面科学。总的来说，在双循环指数测算部分，本章充分考虑了指标体系的全面性和测度方法的科学性，以确保测度结果的客观性和准确性。采用构建指标体系结合逐层纵横向拉开档次法的测度方法，我们期望能够更准确地反映双循环发展的现状，为相关决策提供科学依据。

本章测算出了我国31个省域的内循环指数值以及外循环指数值，不仅从各省域的角度进行分析，也从四大区域角度进行时空分析，并且通过测度内循环指数Dagum基尼系数来衡量我国内循环指数省域间差异。得出结论：在内循环方面，中国各省域国内循环指数总体呈上升趋势，反映经济参与度提升与内循环活跃。地域差异明显，东部较高，中西部较低。2015年后增速加快，与供给侧结构性改革、全面开放战略相关。需关注区域协调，应对波动，确保经济平稳发展。从区域视角审视，我国东部地区的内循环指数显著领先，归因于其早期的改革开放、优越的地理位置和强大的经济基础。特别是在2008年全球金融危机后，东部地区的经济韧性和自我修复能力尤为突出。相比之下，西部地区的内循环指数较低，受限于经济基础、市场发育程度及地理资源条件。但值得注意的是，西部地区近年来在这一领域已有明显进步。中部地区则呈现出过渡性特征，具备承接东部产业转移的优势，同时也需应对西部地区的追赶。而东北地区虽面临产业结构调整的挑战，但随着国家战略的推进，其内循环指数也在逐步改善。在具体省域上，东部沿海地区省域指数普遍较高且增速快，如北京、上海、江苏、浙江、山东等，是国内经济核心区域。中部地区省域指数中等且稳定增长，如河南、湖北等，是重要支撑区域。西部地区省域指数较低但增速快，如四川、重庆、陕西等，拥有巨大发展潜力。东北地区省域指数呈现波动特征，面临转型升级压力，但有望企稳回升。西南地区和西北地区省域指数较低，但增长速度加快，随着国家政策扶持，有望实现跨越式发展。在Dagum基尼系数估计中，发现我国内循环指数的区域差异虽在缩小，但仍存在明显地域特征。东部地区组内基尼系数最高，显示内部差异显著，这与经济活跃度和复杂性相关。西部地区差异也较大，与地域广阔、经济滞后及产业结构多样性有关。中部和东北区域内部差异较小，但应关注经济结构调整和转型升级。整体来看，随着区域经济一体化和协调发展战略的推进，内循环指数差异有望进一步缩小，实现更均衡的发展。

在外循环方面，从整体视角看我国外循环发展水平保持平稳，未出现显著增长，可能与外部经济冲击有关。东部沿海地区，特别是京津冀、长三角和珠三角，因地理、资源和政策优势，国际循环指数高且增长快，深度融入全球经济循环。相反，中西部和东北地区的省域，因经济滞后、产业结构单一和较低的对外开放度，国际循环指数普遍较低，增长较慢。边疆省域则受地理和自然条件限制，指数更低。在区域层面，东部地区如北京、上海等地，凭借地理、资源和政策优势，国际循环指数持续领先。西部地区如贵州、云南等地虽然基础薄弱，但随着西部大开发战略推进，指数也在逐步上升。中部地区如山西、安徽等地，凭借独特产业和地理优势，稳定发展。东北地区如辽宁、吉林等地，虽经历产业结构调整和经济转型的波动，但随着振兴东北战略实施，未来有望提升。在Dagum基尼系数估计中，2003—2022年，中国外循环指数基尼系数始终大于0.6，显示省域间外循环发展存在明显差异，主要源于地理优势和进出口策略。沿海地区因地理和资源优势在外循环中占优势，内陆地区则相对滞后。但总体基尼系数呈下降趋势，表明外循环发展逐渐均衡。这得益于国家层面的开放战略和各地区经济结构调整。内陆地区通过加强基础设施和营商环境建设，逐渐缩小与沿海地区差距。

综上，通过构建指标体系测算内、外循环指数，得出我国内循环发展水平高于外循环发展水平，这符合我国要加速构建以国内大循环为主体、国内国际双循环相互促进的国民经济战略部署与发展思路。内循环发展水平省域间差异较小，外循环发展水平省域间差异较大，这与外循环所涉及地理位置优势因素相关。

进一步在前两节测算的内循环指数、外循环指数基础上运用综合评价模型、耦合协调度模型测算出我国各省域的双循环联动水平。先计算得出各省域双循环综合评价指数，并利用核密度估计法、标准差椭圆分析法以及莫兰指数进行了双循环联动发展的时空变化特征分析。得出结论：时间上，联动水平呈递增趋势，特别是近五年，反映了各省域积极落实国家"双循环"新发展格局战略。空间上，广东、上海、江苏、浙江和北京等省域始终保持较高联动水平，与其地理优势、经济基础和创新能力密切相关。这些地区在经济发展中起到引领作用，其他省域也在努力追赶。随着国家战略和区域协调发展的推进，未来省域双循环联动有望更加均衡。整体而言，我国省域在经济发展上的活跃度和响应度不断提升，体现了国家发展战略的有效落实和各省域的努力。核密度图显示双循环联动分布正由集中走向分散，反映出各省域的发展努力及水平差距的增大。这种趋势表明，我国在推动双循环联动发展时，需注重区域间的协调与平衡，以确保更广泛的发展成果共享。同时，峰值右移显示双循环联动的总体水平在增强，这得益于国家战略的深入实施和各省域的积极响应。然而，核密度图尾部的波动揭示了发展不均衡的问题，部分地区双循环联动数值较低。为此，我国在政策制定和实施上需更具针对性和实效性，加大对滞后地区的支持力度，并推广先进地区的经验。在空间动态上，从2003—2021年我国双循环联动水平在东北—西南方向的格局有所减弱，长轴和短轴的标准差均有所缩小，表明整体呈现收缩趋势。尽管空间变化不大，但双循环联动水平在西北—东南方向上也有收缩倾向。整体而言，双循环联动水平的标准差椭圆面积较大，且呈收缩态势。最后运用莫兰指数分析发现双循环全局空间自相关呈现阶段性变化特征。2003年全局莫兰指数的 p 值大于0.05，空间相关性不显著；2009年、2015年以及2022年全局莫兰指数的 p 值均小于0.05，近些年来各省域双循环联动水平空间相关性得到显著提升，各省域双循环联动水平在空间上均存在正向空间依赖性。通过莫兰指数散点图发现，整体来看，我国西部地区绝大多数省域双循环联动水平呈现低低空间集聚特征，东北、中部、西部地区省域内循环联动水平主要呈现低低空间集聚特征。我国中部地区多数省域内循环联动水平呈现高低空间集聚特征，东北地区省域内循环联动水平主要呈现低高空间集聚特征。

因此，本章通过指标体系构建测算得出我国各省域内循环指数、外循环指数，又继而测算得出双循环联动水平值，得出全国层面、区域层面、时空层面的结论，这为后文的研究做出了铺垫。我们将继续深入探讨双循环发展与数字经济之间的联系，为相关决策提供科学依据。

5 数字经济发展现状分析与发展水平测度

5.1 数字经济发展现状分析

5.1.1 数字经济框架

数字经济是将数字技术作为核心驱动力，以信息网络作为载体，进而实现数字技术与实体经济高度融合的新型经济形态。同时，在当前国民经济遭受多重因素打击的背景下，数字经济成为驱动国民经济高质量发展的"新引擎"。数字经济促使经济社会数字化、智能化转型水平不断提高，为加快重构经济发展体系与加速重建新型治理模式做出了巨大贡献。数字经济具体包括：数字产业化、产业数字化、数字化治理与数据价值化四个部分。这四部分内容分别结合生产要素、生产力、生产关系对数字经济所包含的详细内容进行进一步划分，从而构建出较为清晰的数字经济框架（见图5-1）。

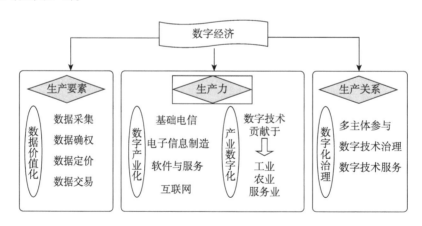

图 5-1 数字经济框架

5.1.2 数据价值化

5.1.2.1 数据采集

数据采集在当今的数字化时代中，扮演着日益重要的角色。随着各行各业对数据的依赖程度不断加深，数据采集已经成为实现数据价值化的关键环节。它就像一个巨大的网络，覆盖了各个领域和行业，通过各种手段不断地从各种来源和设备中捕捉、收集和汇总数据。这些数据来源非常广泛，包括工业设备、环境监测站、医疗仪器、智能手机以及社交媒体等。这些数据源产生的数据量庞大且复杂，需要进行精细的采集和处理。例如，工业设备在运行过程中会产生大量的数据，包括温度、压力、振动、转速等物理量，以及工艺参数、生产计划等数据。这些数据对于工业制造过程的监控、优化和故障诊断等都至关重要。环境监测站则通过各种传感器和仪器收集关于环境参数的数据，如空气质量、温度、湿度、光照等。这些数据对于环境保护、城市规划、气象预测等方面具有重要意义。医疗仪器则通过各种传感器和设备收集患者的生理参数、生化指标等数据，对疾病诊断、治疗和康复等方面具有重要作用。智能手机和平板电脑等移动设备也成为数据采集的重要来源。用户在使用这些设备时会产生各种数据，如位置信息、浏览记录、消费行为等，都可以被采集和分析，为企业提供精准的用户画像和市场分析。社交媒体平台则是另一个重要的数据来源。用户在平台上发布的内容、互动行为等都可以被采集和分析，为企业提供市场调研、品牌监测等服务。数据采集的过程需要借助先进的技术和工具，以确保数据的准确性、完整性和实时性。首先，需要选择合适的传感器和设备，并进行精确的校准和维护，以确保数据的准确性。其次，需要采用可靠的数据传输协议和标准，以确保数据的完整性和一致性。此外，还需要采用实时数据处理技术，以便及时响应和处理数据，为后续的数据分析和决策提供支持。除了硬件设备和软件技术外，数据采集还需要借助各种数据处理和分析工具，如数据库管理系统、数据处理软件、数据分析工具等。这些工具可以帮助人们更好地处理和分析大量数据，提取出有价值的信息和知识，为决策提供科学依据。总之，数据采集已经成为实现数据价值化的重要环节。它通过各种手段不断地从各种来源和设备中捕捉、收集和汇总数据，为各行各业的发展提供强有力的支持。随着技术的不断进步和创新，数据采集的技术和手段也将不断发展和完善，为未来的数字化社会提供更全面、更准确、更实时的数据支持。

在庞大的数据采集过程中，传感器、仪器等设备发挥着至关重要的作用。这些设备被精心设计和配置，以便能够精确地测量和记录各种物理和化学量。这些设备的应用范围非常广泛，涉及各个领域和行业，为数据采集提供了基础支持和保障。以温度传感器为例，它能够监测环境温度的变化，并输出相应的电信号或数字信号。温度传感器被广泛应用于各种工业领域，如化工、钢铁、食品加工等。在化工生产中，温度传感器的测量结果可以及时反馈生产过程中的温度变化，从而确保产品质量和生产安全。压力传感器则可以测量气体的压力。它能够感知气体压力的变化，并将其转换为电信号或数字信号输出。压力传感器在工业自动化、航空航天、医疗等领域都有广泛应用。例如，在航空航天领域，压力传感器可以用于监测飞机或火箭内部的压力变化，以确保飞行安全。pH计则是测量液体酸碱度的仪器。它通过化学反应来测量液体的酸碱度，并将其转换为电信号或数字信号输出。pH计在环保、食品加工、医药等领域都有广泛应用。例如，在环保领域，pH计可以用于检测水体的酸碱度，以评估水体的质量。除了温度传感器、压力传感器和pH计之外，还有许多其他类型的传感器和仪器被广泛应用于数据采集过程中。例如，流量计可以测量流体流量，光学传感器可以测量光线强度，电导率计可以测量溶液的电导率等。这些设备通过不同的工作原理和结构特点，将现实世界中的各种现象转化为可以量化和分析的数据。在数据采集过程中，传感器、仪器等设备的选择和使用至关重要。首先，需要选择适合的设备类型和规格，以确保能够准确测量所需的物理或化学量。其次，需要正确安装和配置设备，以确保其正常工作并输出准确的数据。最后，还需要定期对设备进行校准和维护，以确保其测量准确性和稳定性。总之，传感器、仪器等设备在数据采集过程中发挥着至关重要的作用。它们通过不同的工作原理和结构特点，将现实世界中的各种现象转化为可以量化和分析的数据。随着技术的不断进步和创新，这些设备的功能和应用范围也将不断扩展和完善，为未来的数据采集提供更全面、更准确和实时的支持。

一个完整的数据采集系统通常由多个关键部分组成，这些部分协同工作以确保数据的顺畅流动和有效处理。数据采集器是系统的"前端"，负责从传感器中接收原始数据。它通常具有与传感器对接的硬件和软件，能够接收并处理来自各种传感器的数据。数据采集器可以对接收到的数据进行必要的预处理和格式化，以确保数据的质量和一致性。传感器：传感器是数据采集系统的重要组成部分，负责测量和记录各种物理和化学量。传感器根据其设计和配置，可以测量温度、压力、湿度、流量等各种参数。传感器通过物理或化学反应将现实世界中的现象转化为电信号或数字信号，供数据采集器进一步处理。数据传输模块：数据传输模块担任"桥梁"的角色，将数据从采集器安全、准确地传输到后端的数据处理模块。它通常采用特定的通信协议和格式标准，以确保数据的兼容性和互操作性。数据传输模块还需要确保数据的实时性和稳定性，以便在需要时能够快速传输大量数据。数据处理模块：数据处理模块是系统的"大脑"，负责对接收到的数据进行深度处理和分析。它可能包括数据清洗、整合、转换和挖掘等一系列操作，旨在提取出有价值的信息和知识。数据处理模块还可以对数据进行可视化展示，以便更直观地理解和分析数据。这些部分协同工作，确保数据的顺畅流动和有效处理。每个部分都发挥着独特的作用，并相互依赖，以实现整个系统的功能。随着技术的不断进步和创新，数据采集系统的设计和功能也在不断发展和完善，以满足日益增长的数据需求和应用场景。

数据处理模块作为整个数据采集系统的"大脑"，它的职责是处理和分析数据，以提供有价值的信息和知识。这个模块的功能非常复杂和多样化，需要完成多个方面的数据处理和分析任务。首先，数据处理模块需要进行数据清洗。由于传感器和数据采集器可能存在误差或噪声，导致采集到的数据可能存在异常值或错误。这些异常值和错误数据可能会对后续的数据分析和决策产生负面影响。因此，数据处理模块需要对数据进行清洗，去除异常值和错误数据，确保数据的准确性和可靠性。其次，数据处理模块需要进行数据整合。由于数据可能来自不同的传感器和设备，其格式和结构可能存在差异。这些差异可能导致数据分析困难和不准确。因此，数据处理模块需要将不同来源的数据进行整合，统一格式和结构，以便对后续的数据进行分析和挖掘。此外，数据处理模块还需要进行数据转换。在某些情况下，原始数据可能不适合直接用于分析和决策，需要进行转换或变换。例如，对于时间序列数据，可能需要将其转换为频率域进行分析；对于图像数据，可能需要将其转换为特征向量进行分析。这些转换和变换可以使得数据更易于分析和理解，同时也可以提取出更多的信息和知识。最后，数据处理模块的核心任务是进行数据挖掘。通过对大量数据的深入分析和挖掘，可以提取出有价值的信息和知识。这些信息和知识可以为后续的决策和行动提供有力支持。例如，通过分析销售数据，可以发现产品的销售趋势和消费者行为模式，从而为营销策略的制定提供依据。此外，数据挖掘还可以发现潜在的市场机会、预测未来趋势、优化业务流程等。总之，数据处理模块是整个数据采集系统的核心部分，负责对接收到的数据进行深度处理和分析。通过数据清洗、整合、转换和挖掘等一系列操作，可以提取出有价值的信息和知识，为后续的决策和行动提供有力支持。随着技术的不断进步和创新，数据处理模块的功能和应用范围也将不断扩展和完善，为未来的数字化社会提供更全面、更准确和实时的数据支持。

在数据采集过程中，确保数据的准确性和可靠性是至关重要的。因为数据分析的基础是建立在准确和可靠的数据之上的，没有这些基础，任何分析都将是徒劳的，甚至可能导致错误的决策。为了确保数据的准确性和可靠性，首要任务是选择高质量的传感器和设备。传感器和设备的质量直接影响到数据的准确性和可靠性。低质量的设备可能会导致数据的失真或误差，这些失真或误差可能会对后续的数据分析产生负面影响。因此，在选择传感器和设备时，需要对其进行严格的测试和评估，确保其性能和质量满足数据采集的要求。除了选择高质量的传感器和设备外，定期的校准和维护也是必不可少的。传感器和设备在使用过程中可能会受到各种因素的影响，如温度、湿度、振动等，这些因素可能导致设备的性能下降或出现故障。因此，定期的校准和维护可以确保设备的准确性并减少故障，从而保证数据的准确性和可靠性。除了数据的准确性和可靠性外，数据的实时性在许多应用场景中也是至关重要的。例如，在工业监控中，实时的数据可以让管理者及时了解生产线的状况，及时发现并解决问题。在医疗急救中，实时的生命体征数据可以让医护人员及时了解病人的情况，为抢救生命赢得时间。因此，数据采集系统需要具备快速响应和实时传输数据的能力。为了实现实时传输数据，可以采用高速的数据传输协议和技术。例如，光纤传输可以提供高速、稳定的数据传输，适用于大规模的数据传输场景。此外，5G网络也可以提供高速、低延迟的数据传输，适用于需要实时响应的应用场景。随着物联网、人工智能等技术的发展，数据采集的规模和复杂性也在不断增加。因此，现代的数据采集系统需要具备大规模、高并发处理的能力。这可以通过采用分布式的数据采集架构、云计算等技术来实现。分布式的数据采集架构可以将数据采集任务分散到多个节点上进行处理，从而提高数据处理效率和处理能力。云计算技术可以利用虚拟云的计算资源（如服务器、数据库等）来处理大规模的数据采集任务，从而提供更高效、更可靠的数据采集服务。此外，数据采集系统还需要具备智能化的能力。例如，通过自动识别技术可以自动识别不同类型的数据并对其进行分类存储；通过数据挖掘技术可以发现数据中的关联和模式；通过机器学习技术可以对数据进行预测和分析等。这些智能化的技术可以提高数据处理效率和质量，为后续的数据分析提供更准确、更深入的信息。最后，数据的安全性和隐私保护也是需要考虑的问题。数据采集涉及大量的个人和企业信息，因此必须采取措施保护数据的隐私和安全。这可以通过采用加密技术、访问控制、数据脱敏等技术来实现。同时，也需要建立完善的数据管理制度和法规，规范数据的收集、存储和使用。只有数据的安全性和隐私保护得到充分保障，才能让人们更加信任并依赖于数据分析的结果。

随着数字化时代的来临，数据的隐私和安全性问题已经成为公众和企业关注的焦点。在日常生活和工作中，数据采集、存储和使用变得越来越普遍，而随之而来的是对个人隐私和企业数据安全的担忧。在采集和使用数据时，无论是个人还是企业，都必须严格遵守相关的隐私政策和法律法规。这意味着，在收集、处理和使用数据之前，必须明确告知数据主体（即数据的所有者）相关的数据收集目的、使用范围、存储期限等，并获得其明确的同意。此外，还需要确保所收集的数据与所告知的目的相符，避免数据的滥用和非法交易。为了确保个人和企业数据的安全与合规，仅仅依靠法律和政策是不够的，还需要采取一系列的技术和管理措施来防止数据泄露和滥用。其中，数据加密是一种非常有效的技术手段，它可以对存储和传输的数据进行加密处理，使得未经授权的人员无法获取和利用这些数据。同时，访问控制也是一种重要的安全措施，它可以限制不同人员对数据的访问权限，确保只有被授权的人员才能访问相关数据。除了技术手段外，加强员工的数据安全意识和培训也是非常重要的。员工是企业数据的第一道防线，只有让他们充分了解和认识到数据安全的重要性，才能有效地防止数据泄露和滥用。因此，企业需要定期开展数据安全培训，提高员工的安全意识，并制定相关的数据安全管理制度和流程，确保员工在日常工作中能够严格遵守。另外，对于涉及敏感数据的应用场景，如金融、医疗等，需要采取更加严格的数据安全措施。例如，可以采用多因素认证、生物识别等技术手段来提高数据的安全性；同时，也需要建立完善的数据备份和恢复机制，以防止数据丢失或损坏。总之，在数字化时代，数据的隐私和安全性问题已经成为不可忽视的挑战。为了确保个人和企业数据的安全与合规，需要从法律、技术和管理等多个方面进行综合考虑和应对。只有这样，才能让数据在推动社会进步的同时，也能得到充分的保护。

展望未来，我们正处于一个技术飞速进步和持续创新的时代。在这个时代，数据采集系统正经历着前所未有的变革。随着技术的不断演进，这些系统将变得越来越自动化和智能化，从而极大地改变处理和使用数据的方式。通过利用先进的机器学习算法和人工智能技术，未来的数据采集系统将能够自动识别和处理各种复杂的数据模式。这意味着系统可以自主学习并优化其数据处理能力，而无须人工干预。这种自动化的数据处理方式将大大提高数据价值化的效率和质量，使得企业和组织能够更快地获取有价值的信息和知识。随着数据采集系统的自动化和智能化程度不断提高，企业和组织将能够更准确地把握市场趋势和客户需求，从而制定更加精准的业务策略。这将有助于降低决策风险，提高运营效率，并最终转化为更大的竞争优势和商业价值。此外，随着数据采集系统的不断发展，将能够更好地利用大数据的力量。大数据已经成为当今社会的宝贵资源，而智能化的数据采集系统可以帮助人们更有效地挖掘和利用这些数据。通过对大数据的深入分析和挖掘，可以发现隐藏在其中的价值，为社会的各个领域带来新的发展机遇。这将进一步推动社会的数字化进程不断向前发展。数字化已经成为当今社会发展的重要趋势，而智能化的数据采集系统将在其中发挥关键作用。它们将帮助人们更好地理解和利用数据，推动各个行业的创新和发展，为社会的可持续发展做出贡献。总之，展望未来，随着技术的不断进步和创新，数据采集系统将变得越来越自动化和智能化。这将为企业和组织带来更大的竞争优势和商业价值，推动社会的数字化进程不断向前发展。相信在技术的引领下，人们将能够充分利用数据的力量，创造更加美好的未来。

在数据采集过程中，需要注意以下几点：

（1）数据采集的准确性和可靠性是数据价值化的基础，这是因为在数据分析过程中，如果数据本身存在误差或失真，那么任何基于这些数据的分析和决策都可能产生错误的结果。因此，确保数据采集的准确性和可靠性是至关重要的。为了实现数据采集的准确性和可靠性，首先需要选择高质量的传感器和设备。传感器和设备的质量直接影响到数据的准确性和可靠性，因此需要选择经过严格测试和评估的高质量产品。此外，还需要确保传感器和设备的安装和配置正确，以避免由于设备问题导致的数据采集误差。除了选择高质量的传感器和设备外，定期的校准和维护也是必不可少的。传感器和设备在使用过程中可能会受到各种因素的影响，如温度、湿度、振动等，这些因素可能导致设备的性能下降或出现故障。因此，需要定期对传感器和设备进行校准和维护，以确保其准确性和可靠性。同时，还需要建立完善的数据采集和管理制度，规范数据的采集、存储和使用过程。这包括对数据进行严格的审核和校验，以确保数据的准确性和可靠性；对数据进行备份和恢复，以防止数据丢失或损坏；对数据进行加密和访问控制，以防止数据泄露和滥用。

（2）数据采集的实时性是现代数据处理过程中至关重要的特征之一。在许多应用场景中，数据的实时性对于决策的及时性和准确性具有决定性的影响。因此，数据采集系统需要具备快速响应和实时传输数据的能力。首先，数据采集系统的设计需要考虑实时性的要求。这包括选择高性能的硬件设备、优化软件算法和数据处理流程等。这些措施可以确保数据采集系统在面对大量数据时，仍然能够快速响应并实时传输数据。其次，数据采集系统需要具备智能化处理的能力。通过利用先进的算法和模型，数据采集系统可以自动识别和处理各种复杂的数据模式。这不仅可以提高数据处理的效率，还可以减少人工干预和错误的可能性。此外，数据采集系统需要与数据使用部门进行紧密的合作和沟通。实时数据的分析和处理需要不同部门之间的协同工作。因此，建立有效的沟通机制和共享平台，可以促进数据的实时共享和分析，从而提高整个组织的效率和竞争力。同时，数据采集的实时性也需要考虑安全性和隐私保护的问题。在采集和使用实时数据的过程中，必须严格遵守相关的隐私政策和法律法规，确保个人和企业数据的安全与合规。此外，还需要采取一系列的安全措施，如数据加密、访问控制等，防止数据泄露和滥用。

（3）数据采集的安全性和隐私性是数据采集过程中需要高度重视的问题。随着数字化时代的到来，数据的隐私和安全性问题日益凸显，因此，在数据采集过程中，必须采取一系列措施来保护数据的隐私和安全性。首先，需要采取措施防止数据泄露和滥用。数据泄露和滥用可能导致个人隐私和企业数据泄露，给个人和企业带来严重的损失。因此，在数据采集过程中，需要采取一系列的安全措施，如数据加密、访问控制等，确保数据的安全性和保密性。其次，需要遵守相关法律法规和规定。在采集和使用数据时，必须严格遵守相关的隐私政策和法律法规，确保个人和企业数据的安全与合规。这包括遵守相关法律法规的要求，如个人信息保护法、网络安全法等，以及相关行业规定和标准，如ISO 27001等。此外，还需要建立完善的数据安全管理制度和流程。这包括制定严格的数据采集、存储和使用规范，明确各个部门和人员的职责和权限，建立完善的数据备份和恢复机制等。同时，还需要加强员工的数据安全意识和培训，提高员工的安全意识和技能水平。

（4）随着技术的不断进步和创新，数据采集系统正在经历着前所未有的变革。传统的数据采集方式往往需要人工参与，效率低下且容易出错。然而，随着技术的发展，数据采集系统正在逐渐实现自动化和智能化，这为数据价值化提供了更加高效和准确的方式。数据采集的自动化和智能化是通过采用先进的算法和模型来实现的。这些算法和模型可以对数据进行自动处理和分析，从而大大提高了数据价值化的效率和质量。例如，利用机器学习算法可以对大量数据进行自动分类和标注，从而为后续的数据分析和挖掘提供更加准确和可靠的数据基础。除了机器学习算法外，人工智能技术也在数据采集系统中发挥着越来越重要的作用。通过利用人工智能技术，数据采集系统可以具备更加智能化的数据处理和分析能力。例如，利用深度学习技术可以对图像、语音等复杂数据进行自动识别和处理，从而为医疗、金融等领域提供更加高效和准确的数据服务。此外，随着物联网、云计算等技术的不断发展，数据采集系统的自动化和智能化程度也将不断提高。例如，物联网设备可以自动采集各种传感器数据，并通过云计算平台进行自动处理和分析。这种自动化的数据处理方式将大大提高数据价值化的效率和质量，为企业等组织带来更大的竞争优势和商业价值。

总之，数据采集是数据价值化的重要步骤之一，它涉及从各种来源和设备中自动收集数据，并将其传输到适当的数据存储或处理系统中。在数据采集过程中，需要注意数据的准确性和可靠性、实时性、安全性和隐私性以及自动化和智能化等方面的问题。数据的准确性和可靠性是数据价值化的基础，因此需要选择高质量的传感器和设备，并进行定期的校准和维护。同时，还需要建立完善的数据采集和管理制度，规范数据的采集、存储和使用过程。实时性是数据采集的重要特征之一，需要确保数据采集系统能够快速响应并实时传输数据，以便及时进行分析和处理。在数据采集过程中，需要注意保护数据的隐私和安全性。需要采取措施防止数据泄露和滥用，并遵守相关法律法规和规定。随着技术的发展，数据采集系统正在逐渐实现自动化和智能化。通过采用先进的算法和模型，可以实现数据的自动处理和分析，提高数据价值化的效率和质量。

5.1.2.2 数据清理

数据价值化中的数据清理是一个至关重要的步骤，它直接影响到后续的数据分析和决策的准确性和可靠性。数据清理的主要目的是去除数据集中的噪声数据和无关数据，处理遗漏数据，以及去除空白数据和知识背景下的白噪声。这些操作可以确保数据的准确性和完整性，为后续的数据分析和决策提供更加可靠的基础。在数据清理过程中，需要对数据进行清洗、整理和预处理。数据清洗是指对数据进行清洗、格式转换、异常值处理、缺失值填充等操作，以便更好地利用数据进行后续的分析和决策。数据整理是指对数据进行分类、排序、合并等操作，以便更好地管理和使用数据。数据预处理是指对数据进行标准化、归一化等操作，以便更好地进行比较和分析。在数据清理过程中，需要注意以下几点：（1）确定数据清理的目标和范围，明确需要清洗和处理的字段和数据类型。（2）对数据进行清洗和整理，去除噪声数据和无关数据，处理遗漏数据，以及去除空白数据和知识背景下的白噪声。（3）对数据进行标准化和归一化等操作，以便更好地进行比较和分析。（4）对数据进行异常值处理和缺失值填充等操作，确保数据的准确性和完整性。（5）建立完善的数据管理制度和流程，确保数据的清洗、整理和预处理过程符合相关规定和标准。

具体来说，数据清理主要包括以下几个步骤：

重复数据清洗是数据清理中的一项重要任务，它旨在去除数据集中的重复冗余数据。这些重复数据可能来源于不同的数据源、不同的时间序列或者不同的采集设备。它们对于数据分析来说是没有价值的，甚至可能引入误差和干扰。为了有效地进行重复数据清洗，可以采用以下几种方法。相同关键信息匹配去重：这种方法是通过比较数据集中相同字段或属性的值来识别重复数据。例如，如果两个记录具有相同的姓名、地址和出生日期，那么它们可以被视为重复数据。通过匹配这些关键信息，可以删除重复的数据行，只保留一个唯一的记录。主键去重：对于具有唯一标识符的数据集，可以使用主键进行去重。主键是唯一标识每个记录的字段或属性。通过比较主键的值，可以确定哪些记录是重复的，并删除重复的数据行。除了以上两种方法外，还可以采用其他技术进行重复数据清洗，如基于距离的相似度度量、聚类算法等。这些方法可以根据数据的特性和分布情况选择合适的算法进行去重操作。在实施重复数据清洗时，需要注意以下几点：确定重复数据的定义和识别标准，明确哪些数据被认为是重复的。选择合适的去重方法和技术，确保去重过程的准确性和效率。在去重过程中要保留原始数据的备份，以防意外删除重要数据。建立完善的数据管理制度和流程，确保重复数据清洗的规范化和标准化。

　　缺失数据清洗是数据预处理过程中的一项关键任务，它涉及对缺失数据的识别、分析和处理。在数据采集和存储过程中，由于各种原因，可能出现一些应该有的信息发生缺失的情况。这种情况一般分为三种：设备采集的数据发生缺失、人工录入数据发生缺失和Excel导入数据发生缺失。针对第一种情况，即设备采集的数据发生缺失，可能的原因包括设备故障、传感器损坏、采集软件漏洞等。为了确保数据的完整性和准确性，需要对设备进行改进或对采集软件进行优化。这可能涉及对设备进行维护和升级，修复传感器或改进采集算法等。通过这些措施，可以减少设备采集过程中的数据缺失问题，提高数据的质量。对丁第二种情况，即人工录入数据发生缺失，可以通过在录入数据页面进行必填项控制来避免。在数据录入界面，可以设置某些字段为必填项，确保在提交数据之前必须填写这些关键信息。此外，还可以对数据的有效性进行验证，例如通过正则表达式、数据范围限制等方式来确保输入的数据符合要求。通过这些措施，可以减少人工录入数据过程中的缺失问题，提高数据的完整性。针对第三种情况，即Excel导入数据发生缺失，通常需要进行人工补录。在导入Excel数据时，可能会出现格式错误、数据不一致等问题，导致数据缺失。为了解决这些问题，可以对导入的Excel数据进行仔细检查，识别出缺失的数据项，并进行手动补录。在补录数据时，需要注意数据的准确性和一致性，确保补录的数据与原始数据集保持一致。除了以上针对特定情况的缺失数据处理方法外，还可以采用一些通用的缺失数据处理技术，如插值法、回归分析法、多重插补法等。这些方法可以根据数据的特性和分布情况选择合适的算法对缺失数据进行填补或预测。

错误数据清洗是数据预处理中一项至关重要的任务，它涉及对格式错误、内容错误和逻辑错误的数据进行识别、分析和处理。这些错误数据可能来源于不同的数据源、不同的采集方式或者人为因素，它们会对后续的数据分析和决策产生负面影响。对于格式错误数据，可以通过格式转化规则自动进行处理。格式错误通常指的是数据格式不符合预期或标准的情况，例如日期格式错误、数值格式错误等。为了处理这些错误，可以制定一套格式转化规则，将不符合标准的格式自动转化为正确的格式。这些规则可以使用正则表达式、条件语句等技术实现，确保数据格式的一致性和准确性。对于内容错误数据，可以通过页面规则设定方式进行限制，减少内容错误。内容错误通常指的是数据内容与实际情况不符或存在歧义。为了避免这类错误，可以在数据录入或采集页面设定相应的规则，例如输入限制、数据校验等。这些规则可以确保用户输入的数据符合预期的范围和格式，减少内容错误的发生。对于逻辑错误数据，则需要编写与业务相关的判读规则来实现数据的确认或剔除。逻辑错误通常指的是数据之间存在矛盾或不合理的情况，例如某个字段的值与其他字段的值不匹配、数据之间的关联性不符合业务逻辑等。为了处理这些逻辑错误，需要深入了解业务背景和规则，制定相应的判读规则来识别和处理这些错误数据。这些规则可以基于业务规则、统计方法、机器学习算法等技术实现，对数据进行自动或半自动的清洗和处理。在实施错误数据清洗时，需要注意以下几点：（1）深入了解数据源和数据特性，明确可能出现的错误类型和原因。（2）制定详细的清洗计划和流程，包括错误识别、处理方法和结果验证等步骤。（3）选择合适的清洗工具和技术，确保清洗过程的准确性和效率。（4）建立完善的数据质量监控机制，及时发现并处理新出现的错误数据。

关联性验证在数据清理过程中扮演着重要的角色，特别是在数据来自多个来源的情况下。当数据从不同的渠道、系统或平台汇聚时，往往存在数据重复、不一致或相互矛盾的情况。为了确保数据的准确性和一致性，进行关联性验证变得至关重要。关联性验证的主要目的是确认不同来源的数据之间是否存在合理的关联和逻辑关系。它涉及对数据间的关联性、一致性和合理性的检查和分析。通过比较不同来源的数据，并验证它们之间的关联关系，可以识别和纠正潜在的数据错误、重复或不一致性。在实施关联性验证时，可以采用以下方法。数据匹配：通过比较不同来源数据中的关键字段或标识符，确认它们是否匹配或一致。这有助于识别重复数据或不一致性，并进行相应的处理。逻辑验证：根据业务规则或领域知识，对数据进行逻辑验证。例如，检查日期字段的合理性、数值范围的有效性等。这有助于发现潜在的逻辑错误或不合理数据。数据对比：将不同来源的数据进行对比分析，寻找差异和矛盾之处。这可以通过可视化工具、统计方法或算法实现，帮助发现数据的不一致性和其中的问题。专家评审：利用领域专家的知识和经验，对数据进行评审和验证。他们可以提供对数据的深入理解和判断，帮助识别和纠正潜在的错误或不合理之处。除了关联性验证外，数据清理还包括字段冗余的剔除和归一化处理等重要步骤。字段冗余指的是数据集中存在的不必要或重复的字段。这些字段可能增加数据的复杂性和处理成本，但对数据分析没有实际价值。因此，在数据清理过程中，需要仔细审查数据集，并剔除这些冗余字段，以简化数据结构并提高处理效率。另外，归一化处理是数据预处理中常用的技术之一。它的目标是将不同尺度或范围的数据转换到相同的标准范围内，以便更好地进行比较和分析。归一化处理可以帮助消除数据间的量纲影响，使得不同特征在数据分析中具有相同的权重和重要性。常见的归一化方法包括最小–最大归一化、Z-score归一化等，选择合适的方法取决于数据的特性和分析需求。

总之，数据清理是数据价值化的重要步骤之一。在数据驱动的现代社会，数据已经成为企业和组织的核心资产，而数据的准确性和可靠性对于决策和业务运营至关重要。因此，数据清理成为数据价值化过程中不可或缺的一环。数据清理的目的是通过对数据进行清洗、整理和预处理，提高数据的准确性和可靠性。这个过程涉及对数据的全面审查和处理，以确保数据的质量和一致性。通过数据清理，可以去除噪声数据、纠正错误数据、填补缺失数据，以及优化数据结构，从而提高数据的可用性和价值。数据清理对于后续的数据分析和决策具有重要意义。准确和可靠的数据是进行准确分析和决策的基础。通过数据清理，可以确保数据分析的结果更加准确和可靠，从而提高决策的准确性和有效性。同时，数据清理也有助于提高数据的可解释性和可理解性，使得数据分析的结果更容易被理解和应用。在实施数据清理时，需要采用一系列技术和方法，包括对数据进行清洗、格式转换、异常值处理、缺失值填充等操作，以及进行关联性验证、字段冗余剔除和归一化处理等。这些技术和方法的选择和使用需要根据数据的特性和分析需求进行灵活调整。

5.1.2.3　数据标注

数据标注是指对原始数据进行一系列的人工处理，使其能够被机器学习算法更好地理解和处理的过程。这个过程包括对数据进行标记、分类、注释等操作，使得机器学习算法能够从这些数据中学习到正确的模式，从而在特定的任务上表现得更好。数据标注的目的是使用标注后的数据来训练机器学习算法，以便实现自动化的数据处理和分析。数据标注对于机器学习和人工智能的发展至关重要。一种机器学习算法的准确性很大程度上取决于它所使用的数据的质量。如果数据标注不准确，机器学习算法就会学习到错误的模式，导致结果不准确。因此，数据标注需要高度精确和可靠，以确保机器学习算法能够学习到正确的模式。在现实世界中，数据标注通常是一项耗时且耗费人力和资源的工作，需要大量的人工参与。为了提高效率和准确性，一些自动化的数据标注技术正在不断发展。例如，可以利用图像识别技术自动将图像中的物体进行分类和标注，或者利用文本处理技术自动识别并标注文本中的关键信息。这些自动化的标注工具可以辅助人工标注，提高工作效率和准确性。然而，数据标注也面临着一系列挑战和问题。首先，数据标注需要考虑数据的隐私性和保密性，确保个人信息或商业机密不被泄露。其次，一些数据标注任务需要特定的领域知识和专业技能，例如医学、法律等领域的数据标注就需要具备相应的专业知识。再次，数据标注还需要遵循相关的标准和规范，确保标注的一致性和可比性。最后，数据标注成本通常很高，需要大量的人工和时间成本，因此需要综合考虑资源投入和标注效果等因素。为了有效地利用数据标注的价值，需要探索新的标注方法和工具，建立标准化的标注流程，提高标注效率和准确性。同时，也需要保障数据隐私和保密性，确保个人信息和商业机密不被泄露。此外，还需要加强领域知识和专业技能的培训，提高数据标注的质量和效率。总之，数据标注是机器学习和人工智能发展的重要基础，但也面临着各种挑战和问题。只有通过不断研究和实践，才能更好地利用数据标注的价值，推动机器学习和人工智能的进一步发展。

5.1.2.4　数据分析

数据分析是现代商业和科学决策的核心。它不是对数据的简单收集和整理，而是通过运用适当的统计分析方法，对数据进行深入的挖掘、整理、分析和解读，以提取有价值的信息并形成结论的过程。在数据价值化的过程中，数据分析是至关重要的一环。因为只有通过有效的数据分析，才能从海量的数据中提取出有用的信息，为企业的决策和发展提供支持和参考。数据分析的过程通常包括以下步骤：（1）数据收集：这是数据分析的第一步，需要从各种来源收集需要的数据。这些来源可能包括数据库、报表、社交媒体、市场调查等。数据收集需要考虑到数据的全面性、准确性和时效性。（2）数据清洗：在收集到数据后，需要进行数据清洗，去除重复、错误或不完整的数据，确保数据的准确性和可靠性。数据清洗是数据分析的重要环节，它能够提高数据分析的准确性和效率。（3）数据转换：将数据转换成适合分析的形式是数据分析的关键步骤之一。这可能包括数据挖掘、数据分组、数据合并等。通过数据转换，可以更好地理解和利用数据，为后续的分析打下基础。（4）数据分析：运用统计分析方法、数据挖掘技术等对数据进行处理和分析，以提取有价值的信息。数据分析是数据分析的核心环节，它需要借助各种工具和技术，如描述性分析、预测性分析和规范性分析等。（5）数据解释：将分析结果以易于理解的方式呈现出来是数据分析的重要环节之一。这可能包括图表、报告等。通过数据解释，可以将复杂的数据分析结果转化为易于理解的视觉化信息，为决策者提供更好的参考和支持。数据分析的目的是深入了解数据的内在规律和价值，从而为业务决策提供支持和参考。通过数据分析，可以发现市场趋势、客户行为、销售情况等有价值的信息，帮助企业更好地制定战略和决策。在数据分析过程中，选择合适的数据分析工具和技术非常重要。常用的数据分析工具包括Excel、Python、R等，而数据分析技术则包括描述性分析、预测性分析和规范性分析等。这些工具和技术可以帮助使用者更好地处理和分析数据，提取有价值的信息。总之，在数据价值化的过程中，数据分析是至关重要的一环。通过科学、合理、有效的数据分析方法和技术，可以更好地挖掘数据的内在价值，为企业的决策和发展提供支持和参考。同时，企业也需要不断学习和掌握新的数据分析方法和工具，以适应不断变化的市场环境和业务需求。

5.1.2.5 数据挖掘

数据挖掘（Data Mining，DM）是一个跨学科的领域，它利用算法和统计方法从大量的数据中提取有价值的信息和知识。这个过程涉及对数据的收集、清洗、转换和分析，以发现数据中的模式、趋势和关联。数据挖掘通常与计算机科学密切相关，因为它是通过计算机技术和工具来实现的。数据挖掘的方法包括统计方法、在线分析处理、情报检索、机器学习、专家系统等。这些方法可以单独或结合使用，以便从数据中提取有用的信息和知识。数据挖掘是一个交叉学科，涉及多个领域，包括数据库技术、人工智能、机器学习、模式识别、高性能计算、知识工程、神经网络、信息检索和信息的可视化等。这些领域的知识和技术在数据挖掘中发挥着重要作用，可帮助使用者更好地理解和利用数据。近年来，随着大数据时代的到来，数据挖掘引起了信息产业界的极大关注。大量的数据被收集和存储，但如何从中提取有用的信息和知识是一个挑战。因此，数据挖掘成为一个热门领域，吸引了众多学者和企业的关注。数据挖掘的目标是从大量数据中提取有用的信息和知识，以支持决策制定、市场分析、产品开发等各种应用。获取的信息和知识可以广泛用于商务管理、生产控制、市场分析、工程设计和科学探索等领域。例如，在商务管理中，数据挖掘可以帮助企业了解客户行为和市场趋势，以制定更有效的营销策略；在生产控制中，数据挖掘可以优化生产流程和提高效率；在市场分析中，数据挖掘可以帮助企业了解竞争对手和市场趋势，以制定更好的市场策略；在工程设计中，数据挖掘可以帮助工程师优化设计方案和提高产品质量；在科学探索中，数据挖掘可以帮助科学家发现新的规律和趋势，推动科学研究的进步。总之，数据挖掘是一个非常重要的领域，可以帮助使用者从大量数据中提取有用的信息和知识，以支持各种应用。随着大数据时代的不断发展，数据挖掘将会发挥更加重要的作用。

5.1.2.6　数据可视化

数据可视化是一种强大的技术，它能够将大量复杂的数据转化为易于理解和使用的图表、图形和图像。这种技术的目的是帮助人们更快地理解和分析数据，从而更好地挖掘数据中的有价值信息。数据可视化不仅可以提高数据的可读性和易用性，还可以帮助人们更好地理解和分析数据的特征和趋势。在商业领域中，数据可视化被广泛使用。例如，公司可以使用数据可视化来分析销售数据、客户数据和市场份额等，以便更好地了解市场趋势和客户需求。数据可视化还可以帮助公司制定更有效的营销策略和销售计划，以及优化产品设计和改进生产流程。除了商业领域，数据可视化还被广泛应用于医学、科学、工程等领域。例如，医生可以使用数据可视化来分析病人的医疗数据，以便更好地了解病人的病情和制定诊疗方案。科学家可以使用数据可视化来分析实验数据，以便更好地了解实验结果和发现新的规律。工程师可以使用数据可视化来分析工程数据，以便更好地了解项目进展和优化设计方案。数据可视化是一个非常广泛的领域，它包括各种不同的图表类型和设计方式。每种图表类型都有其适用的场景和特点，因此选择合适的图表类型对于更好地呈现数据非常重要。例如，折线图可以用来显示数据的变化趋势，柱状图可以用来显示不同类别数据之间的比较，饼图可以用来显示数据的比例和占比。在数据可视化过程中，还需要注意图表的设计细节，如颜色、字体、布局等。这些细节可以直接影响图表的易读性和美观性。例如，使用鲜艳的颜色可以使图表更加突出和引人注目，使用清晰的字体可以使图表更容易阅读和理解。总之，数据可视化是数据价值化的重要环节，它能够将复杂的数据转化为直观的图表和图形，提高数据的可读性和易用性，使人们能够更快速、更准确地理解数据。同时，数据可视化还可以帮助人们更好地理解和分析数据的特征和趋势，为决策提供更准确、更有力的支持。未来随着大数据时代的不断发展，数据可视化将会发挥更加重要的作用。

5.1.2.7 数据应用

数据价值化中的数据应用是指将收集到的数据进行清洗、处理、分析和挖掘，以提取出有价值的信息和知识，并将其应用于实际业务场景中，以提升业务效率和效果。数据应用的主要目的是解决实际业务问题，提高业务效率和效果。通过数据应用，可以深入了解客户行为、市场需求、竞争态势等方面的情况，为企业的决策和业务发展提供有力支持。数据应用的具体领域非常广泛，包括但不限于以下几个方面：（1）营销领域：通过数据应用，可以分析客户的行为和偏好，制定更精准的营销策略，提高营销效果。例如，可以通过分析客户的购买历史和浏览行为，推荐个性化的产品和服务，提高客户满意度和忠诚度。（2）金融领域：在金融领域，数据应用可以帮助银行、券商等金融机构更好地了解客户的需求和风险偏好，制定更合理的信贷和投资策略。同时，数据应用还可以帮助金融机构进行风险管理和欺诈检测，保障金融市场的稳定和安全。（3）医疗领域：在医疗领域，数据应用可以帮助医生更好地了解病人的病情和制定诊疗方案，提高医疗质量和效率。例如，通过分析大量的医疗数据，可以发现新的疾病模式和治疗方案，为医学研究和临床实践提供有力支持。（4）交通领域：在交通领域，数据应用可以帮助交通管理部门更好地了解交通流量和路况信息，优化交通规划和调度，提高交通效率和安全性。同时，数据应用还可以帮助共享单车、出租车等交通服务提供更合理的路线规划和调度。

总之，数据应用是数据价值化的重要环节之一，它能够将收集到的数据进行清洗、处理、分析和挖掘，提取出有价值的信息和知识，并将其应用于实际业务场景中，以提升业务效率和效果。随着大数据技术的不断发展，数据应用将会发挥更加重要的作用。

5.1.3　数字产业化

5.1.3.1　基础电信

数字产业化中的基础电信业务，指的是那些以语音通话、数据传输等为主要内容的电信业务。这些业务是电信产业的基本组成部分，它们随着信息技术的发展而不断发展和演变。基础电信业务主要包括固定通信业务和移动通信业务。固定通信业务是指基于固定网络（如电话线、光纤等）的通信服务，如固定电话、互联网接入等，通常为家庭、办公室和其他公共场所提供服务，满足人们基本的通信需求。固定通信业务还包括一些更复杂的通信服务，如视频会议、在线游戏等。移动通信业务则是指基于移动网络的通信服务，如手机通话、短信、移动网络接入等。这些服务通过无线电波和卫星信号传输信息，使用户能够在任何地方随时进行通信。随着智能手机和移动互联网的普及，移动通信业务已经成为人们日常生活中不可或缺的一部分。在固定通信业务方面，目前主要有以下几种类型：（1）固定网本地通信业务：这是在本地固定网络中提供的通信服务，包括固定电话、互联网接入等。这些服务通常由电信运营商提供，以满足当地用户的通信需求。（2）固定网国内长途通信业务：这是在固定网络中提供的长途通信服务，如固定电话长途通话、互联网长途传输等。这些服务使得用户能够进行跨地区的通信。（3）固定网国际长途通信业务：这是在固定网络中提供的国际长途通信服务，如国际电话、国际互联网接入等。这些服务使得用户能够与世界其他地区的用户进行通信。（4）国际通信设施服务业务：这是为其他国家或地区提供的固定通信设施服务，如租用线路、卫星通信服务等。

这些服务通常由专业的电信服务提供商提供。在移动通信业务方面，目前主要有以下几种类型：（1）第二代数字蜂窝移动通信业务：这是基于数字信号的移动通信服务，如GSM、CDMA等。这些技术使得移动通信成为可能，并且随着技术的发展，它们仍在不断演进和改进。（2）第三代数字蜂窝移动通信业务：这是基于3G网络的移动通信服务，如WCDMA、TD-SCDMA等。这些技术使得移动通信更加高效和可靠，同时提供了更多的服务，如视频通话、移动互联网接入等。（3）LTE/第四代数字蜂窝移动通信业务：这是基于4G网络的移动通信服务，如LTE、TD-LTE等。这些技术进一步提高了移动通信的效率和速度，使得用户能够享受更快速的网络连接和更丰富的服务。

随着信息技术的发展，基础电信业务逐渐向数字化、高速化、安全化、多样化等方向发展。数字化技术使得电信服务更加高效和可靠；高速化技术使得用户能够享受更快速的网络连接；安全化技术保障了用户的信息安全和服务质量；多样化服务则满足了用户不断增长的需求和服务种类。同时，随着5G技术的普及和应用，未来基础电信业务也将更加注重网络覆盖和信号质量，提供更加高效、安全、便捷的通信服务。5G技术具有更高的频谱利用率和更低的延迟，能够提供更快速的网络连接和更好的服务质量；同时，5G技术还支持更多的设备连接和更广泛的网络覆盖范围，能够满足未来智能社会的各种需求和服务。

5.1.3.2　电子信息制造

数字产业化中的电子信息制造是指在电子科学技术发展和应用的基础上，通过制造电子设备、电子元件、集成电路等产品，推动电子信息产业的发展。电子信息制造是国民经济的战略性、基础性、先导性产业，是加快工业转型升级及国民经济和社会信息化建设的技术支撑与物质基础，也是保障国防建设和国家信息安全的重要基石。电子信息制造主要有以下几个细分领域：(1)电子元器件制造包括电子元件、电子器件的制造。其中，电子元件主要包括电阻、电容、电感、变压器等，电子器件主要包括半导体分立器件、集成电路等。(2)电子专用设备制造包括广播电视设备、通信设备、雷达设备等的制造。这些设备是电子信息产业的基础设施，对于通信、广播电视、雷达等领域的发展至关重要。(3)计算机及配套设备制造包括计算机整机制造、计算机零部件制造、计算机外围设备制造等。计算机及配套设备的制造是信息社会的基础，对于推动信息化建设和数字化转型具有重要作用。(4)其他电子信息制造包括电子测量仪器、电子专用材料等的制造。这些产品在电子信息产业中也有着广泛的应用。

电子信息制造的发展受到多方面的影响，包括生产技术的提高和加工工艺的改进，集成电路的更新换代，以及通信技术的发展等。随着数字化时代的到来，电子信息制造的技术水平和服务模式也在不断升级和变革。未来，随着新技术的发展和应用，电子信息制造将会更加注重智能化、绿色化、服务化等方面的发展。同时，随着数字化转型的深入推进，电子信息制造将会在国民经济和社会信息化建设中发挥更加重要的作用。

5.1.3.3　软件与服务

数字产业化中的软件与服务是一个广泛而复杂的领域，它涵盖了基于软件技术和互联网技术的各种产品和服务。这些服务旨在帮助企业实现数字化转型，提高业务效率和竞争力。软件服务是数字化产业的重要组成部分，它包括多个方面，如软件开发、软件测试、软件维护和软件咨询等。这些服务旨在帮助企业更好地管理和运营其业务，提高效率和竞争力。在软件开发方面，主要包括应用软件、系统软件和嵌入式软件等。应用软件是为特定行业或领域提供解决方案的软件，如企业资源规划（ERP）、客户关系管理（CRM）软件等。这些软件可以帮助企业更好地管理其业务流程和客户信息。系统软件则是为计算机系统提供基础功能的软件，如操作系统、数据库管理系统等。嵌入式软件则是嵌入硬件中的软件，如智能家居设备中的控制软件。这些软件可以与硬件设备配合工作，实现更加智能化的功能。在软件测试方面，主要是对软件开发过程中产生的代码进行测试，以确保软件的质量和稳定性。测试人员会对软件的各个功能进行测试，以确保其正常运行和满足用户需求。在软件维护方面，主要是对已经运行的软件进行维护和升级，以确保软件的正常运行和安全性。维护人员会对软件的各个部分进行检查和修复，以确保其稳定性和安全性。在软件咨询方面，主要是为企业提供关于软件技术的解答和建议，帮助企业制定合适的数字化转型战略。咨询人员会对企业的业务需求进行分析和评估，为其提供定制化的解决方案和建议。除了软件开发服务外，数字产业化中的软件服务还包括云计算、大数据、人工智能等新兴技术的应用服务。这些技术可以帮助企业实现更加高效、智能化的运营和管理，提高企业的竞争力和创新能力。例如，云计算可以为企业提供更加灵活、可靠的计算和存储服务；大数据可以帮助企业更好地分析和处理海量数据；人工智能则可以帮助企业实现更加智能化的决策和预测。总之，数字产业化中的软件与服务是数字化产业的重要组成部分，对于推动企业数字化转型和提高业务效率具有重要作用。随着数字化时代的到来，软件与服务行业发展将会更加繁荣，为企业的数字化转型提供更加全面、高效的服务和支持。

5.1.3.4 互联网

数字产业化中的互联网是一个庞大而复杂的领域，涵盖了基于互联网技术的各种产品和服务。它不仅是数字化产业的基础设施，也是连接全球各地计算机和设备的重要网络。通过互联网，人们可以快速传递和共享信息，实现远程办公、在线教育、电子商务等新兴应用。在数字产业化中，互联网发挥着至关重要的作用。首先，互联网为企业提供了更加高效、便捷的沟通方式。在过去，企业与客户的沟通通常需要电话、邮件或面对面交流，而现在企业可以通过互联网与客户进行实时沟通和协作。无论是文字、语音还是视频通话，互联网都能帮助企业快速响应客户的需求，提高工作效率和客户满意度。此外，企业还可以通过互联网与供应商、合作伙伴等进行沟通和协作，共同开展业务。其次，互联网为企业提供了更加广泛的市场和商业机会。通过互联网，企业可以打破地域限制，将产品或服务推广到全球范围。企业可以通过建立自己的网站、电商平台或社交媒体账号来宣传自己的产品和服务，吸引更多的潜在客户。同时，互联网也为消费者提供了更多的选择和便利，消费者可以在线比较不同产品的价格、性能、口碑等信息，实现更加智能化的购物决策。最后，互联网还为企业提供了更加智能化的运营和管理方式。通过收集和分析各种数据，企业可以更好地了解市场需求和消费者行为，实现更加精准的决策和预测。例如，企业可以通过分析网站访问量、用户行为等数据来优化产品设计和营销策略；同时还可以通过员工的工作效率和协作情况等数据来提高组织效率和管理水平。除了上述方面外，互联网还涉及许多其他领域的发展，如网络安全、数据保护、云计算等。随着互联网的普及和应用范围的不断扩大，网络安全问题也日益突出。企业需要采取有效的措施来保护自己的网站和数据安全，防止黑客攻击和数据泄露等事件的发生。同时，在数字化转型的过程中，企业需要加强数据保护和管理，确保数据的合规性和安全性。此外，云计算技术的发展也为互联网应用提供了更加高效、灵活的计算和存储资源，帮助企业降低成本和提高业务连续性。总之，数字产业化中的互联网是数字化产业的基础设施和核心组成部分。它不仅为企业提供了更加高效、便捷、智能化的运营和管理方式，也为消费者带来了更好的体验和选择。随着互联网技术的不断发展和应用范围的不断扩大，互联网将在未来继续发挥更加重要的作用，推动全球经济的数字化转型和发展。

5.1.4　产业数字化

5.1.4.1　数字技术贡献于工业

数字技术对工业的贡献主要体现在以下几个方面：

（1）生产效率提升是数字技术在工业领域中最重要的贡献之一。数字技术能够实现生产过程的自动化和智能化，提高生产效率，为企业带来更多的竞争优势。首先，数字技术可以提供自动化生产流程，减少人工操作。在传统的生产过程中，许多操作都需要人工完成，这不仅效率低下，而且容易出错。而数字技术可以通过引入先进的生产管理系统和制造执行系统，实现生产流程的自动化。这些系统可以自动控制生产设备、监测生产过程、调整生产参数等，减少人工干预，提高生产效率。其次，数字技术可以智能化地管理生产过程。通过引入先进的生产管理系统和制造执行系统，企业可以对生产过程进行实时监控和调整。这些系统可以自动收集和分析生产数据，发现潜在的问题和改进空间，及时调整生产计划和调度，避免浪费和延误。同时，这些系统还可以对设备进行智能化的维护和管理，提高设备的利用率和维护效率。再次，数字技术还可以提高产品质量和交货期。通过引入先进的生产管理系统和制造执行系统，企业可以对生产过程进行精细化管理，实现生产过程的可追溯性和可控制性。这有助于提高产品质量和交货期的稳定性，降低客户投诉和退货率。最后，数字技术还可以降低成本。通过实现生产过程的自动化和智能化，企业可以减少人力成本和材料成本。同时，数字技术还可以优化库存管理、物流管理和供应商管理等方面，以降低库存成本和运输成本。这些成本的降低有助于企业提高竞争力，实现可持续发展。

（2）设备互联互通是数字技术在工业领域中的另一个重要贡献。通过数字技术，设备之间可以实现信息的共享和协同工作，从而提高设备的利用率和维护效率，降低设备故障率，提高生产稳定性。首先，数字技术可以实现设备之间的互联互通。传统的工业设备之间通常是独立的，无法实现信息的共享和协同工作。而数字技术可以通过互联网、物联网等技术手段，将设备连接在一起，实现设备之间的信息交互和协同工作。这使得设备之间可以相互通信、相互协作，提高设备的利用率和维护效率。其次，数字技术可以实现设备之间的信息共享。通过数字技术，设备可以实时传输和共享生产数据、运行状态、故障信息等。这使得设备的管理和维护人员可以及时了解设备的运行状态和故障情况，及时采取措施进行维护和维修，避免设备故障对生产造成影响。再次，数字技术还可以提高设备的维护效率。通过数字技术，设备的管理和维护人员可以远程监控设备的运行状态和故障情况，及时发现潜在的问题和故障，避免设备故障对生产造成影响。同时，数字技术还可以实现设备的自动化维护和维修，减少人工干预和操作，提高设备的维护效率。最后，数字技术还可以提高生产的稳定性。通过数字技术，设备之间可以实现信息的共享和协同工作，避免设备之间的冲突和干扰。同时，数字技术还可以实现生产过程的自动化和智能化，减少人工干预和操作，提高生产的稳定性和可靠性。

（3）智能化决策支持是数字技术在工业领域中的另一个重要应用。通过数字技术，企业可以收集和分析大量的生产数据，为企业管理者提供决策支持，帮助企业发现潜在的问题和改进空间，优化生产计划和调度，提高生产效益。首先，数字技术可以收集大量的生产数据。在传统的工业生产中，数据的收集和分析通常需要人工完成，不仅效率低下，而且容易出错。而数字技术可以通过自动化设备、传感器等工具，实时收集生产过程中的各种数据，包括设备运行状态、产品质量、生产效率等。这些数据的收集可以为企业管理者提供更加全面、准确的生产情况。其次，数字技术可以对收集到的数据进行挖掘和分析。通过对数据的挖掘和分析，企业可以发现潜在的问题和改进空间。例如，通过对设备运行数据的分析，可以发现设备的故障规律和维修周期，及时进行维护和维修，避免设备故障对生产造成影响。同时，通过对生产数据的分析，可以发现生产过程中的瓶颈和浪费环节，优化生产流程和调度，提高生产效益。再次，数字技术还可以为企业管理者提供决策支持。通过对数据的挖掘和分析，企业管理者可以了解生产的实际情况和趋势，及时调整生产计划和调度。同时，数字技术还可以为企业管理者提供预测和预警功能，预测未来的生产情况和趋势，及时发现潜在的问题和风险，采取措施进行预防和控制。最后，数字技术还可以提高企业的竞争力和创新能力。通过对数据的挖掘和分析，企业可以发现新的市场需求和趋势，开发出更加符合市场需求的产品和服务。同时，数字技术还可以帮助企业实现数字化转型和创新发展，提高企业的竞争力和创新能力。

（4）定制化生产是数字技术在工业领域中的另一个重要应用。通过数字技术，企业可以实现个性化定制生产，满足消费者的多样化需求，提高市场竞争力。首先，数字技术可以实现个性化定制生产。传统的工业生产通常是批量生产，无法满足消费者的个性化需求。而数字技术可以通过引入先进的CAD/CAM技术，快速设计出个性化的产品。这些产品可以根据消费者的需求和偏好进行定制，满足消费者的个性化需求。其次，数字技术可以通过数字孪生技术进行仿真测试。数字孪生技术是一种基于数字技术的仿真技术，可以对产品的设计和制造过程进行仿真测试。通过数字孪生技术，企业可以在产品开发初期就对产品的性能、结构、制造过程等进行仿真测试，及时发现潜在的问题和风险，缩短产品开发周期和减少成本。此外，数字技术还可以提高产品的质量和性能。通过数字技术，企业可以对产品的设计和制造过程进行精细化管理，实现生产过程的可追溯性和可控制性。这有助于提高产品的质量和性能，降低客户投诉和退货率。最后，数字技术还可以降低成本。通过实现个性化定制生产，企业可以减少库存成本和运输成本。同时，数字技术还可以优化供应链管理、降低原材料成本等，进一步降低成本。

（5）供应链优化是数字技术在工业领域中的另一个重要应用。通过数字技术，企业可以实现供应链的透明化和可视化，提高供应链的响应速度和灵活性，优化库存管理、物流管理和供应商管理，降低库存成本和运输成本，提高客户满意度。首先，数字技术可以实现供应链的透明化和可视化。传统的供应链管理通常缺乏透明度和可视性，导致企业无法及时了解货物的状态和位置，无法及时应对市场变化和客户需求。而数字技术可以通过引入先进的供应链管理系统，实时监控货物的状态和位置，实现供应链的透明化和可视化。这使得企业可以及时了解货物的状态和位置，及时掌握市场需求和客户需求，提高供应链的响应速度和灵活性。其次，数字技术可以优化库存管理。通过数字技术，企业可以实现库存的实时监控和调整，避免库存积压和缺货现象。同时，数字技术还可以实现库存预测和分析，根据市场需求和客户需求预测未来的库存情况，及时调整生产和采购计划，降低库存成本。再次，数字技术可以优化物流管理。通过数字技术，企业可以实现物流的实时监控和调整，提高物流的效率和质量。同时，数字技术还可以实现物流预测和分析，根据市场需求和客户需求预测未来的物流情况，及时调整运输计划和路线，降低运输成本。最后，数字技术可以优化供应商管理。通过数字技术，企业可以实现与供应商的实时沟通和协作，及时掌握供应商的生产情况和交货周期。同时，数字技术还可以实现供应商评估和分析，根据供应商的业绩和质量进行评估和分析，选择更加合适的供应商，降低采购成本并提高产品质量。

5.1.4.2　数字技术贡献于农业

数字技术对农业的贡献主要体现在以下几个方面：

（1）提高农业生产效率：数字技术对农业的贡献体现在多个方面，精准农业和智能农业是其中的重要应用。精准农业是指通过现代信息技术和农业技术的结合，实现农业生产过程的精准化和智能化。数字技术可以通过卫星遥感、无人机技术、物联网技术等手段，对农田进行全面、实时、准确的监测和管理。例如，通过无人机技术进行土壤分析和播种，可以大大提高播种效率和质量。无人机可以快速、准确地获取土壤数据，根据数据调整播种参数，确保种子均匀分布在农田中。同时，无人机还可以进行播种后的监控和管理，及时发现并处理问题，确保农作物的正常生长。智能农业是指通过现代信息技术和人工智能技术，实现农业生产过程的自动化和智能化。数字技术可以通过机器学习、深度学习等技术，对农业生产过程中的数据进行分析和预测，为农民提供及时的信息反馈和决策支持。例如，通过实时监测作物的生长情况，数字技术可以预测作物的生长趋势和产量，为农民提供及时的信息反馈。农民可以根据数字技术的预测结果，及时调整施肥、灌溉等管理措施，确保农作物的正常生长和高产。此外，数字技术还可以通过大数据分析和预测，帮助农民提前了解天气变化、市场需求等信息，从而更好地应对自然灾害和市场风险。例如，通过气象监测和预测技术，可以预测干旱、洪涝等自然灾害的发生，为农民提供及时的预警和应对措施建议。同时，数字技术还可以促进农业废弃物的回收和处理，减少农业废弃物对环境的污染。

（2）提升农产品质量：数字技术在农产品质量提升方面有着广泛的应用。通过精准农业和智能农业等手段，数字技术能够实现对农作物生长环境的精准调控，从而提高农产品的品质和产量。首先，精准施肥和灌溉技术是数字技术在农业领域的重要应用之一。传统的施肥和灌溉方式往往存在过度施肥和灌溉的问题，不仅浪费了资源，还可能对环境造成污染。而通过数字技术，可以精确地监测土壤的养分和水分含量，根据作物的需求进行精准施肥和灌溉。这样不仅可以确保作物获得适量的养分和水分，还能够减少化肥和农药的使用量，降低环境污染。其次，数字技术可以实时监测作物的生长情况。通过安装传感器、摄像头等设备，可以实时监测作物的生长情况、病虫害情况等信息。一旦发现病虫害等问题，可以及时采取措施进行防治，避免病虫害对农作物造成损失。同时，通过实时监测作物的生长情况，还可以及时发现并处理生长过程中的问题，确保农产品的质量和安全。最后，数字技术还可以对农产品的生长环境和生产过程进行全程监控和记录。通过建立农产品质量追溯系统，可以实现对农产品从生产到销售的全过程监控和管理。消费者可以通过扫描二维码等方式，了解农产品的生产过程、质量等信息，从而更加放心地购买和使用农产品。

（3）增强农业抗风险能力：数字技术利用大数据分析和预测的能力，为农民提供了更加全面和精准的信息，帮助他们更好地应对自然灾害和市场风险。首先，通过气象监测和预测技术，可以预测干旱、洪涝等自然灾害。这种预测不仅基于传统的气象数据，还结合了现代的卫星遥感、物联网等技术，使得预测结果更加准确和可靠。当预测到自然灾害可能发生时，数字技术会及时向农民发出预警，并提供相应的应对措施建议。这样，农民就可以提前采取措施，如调整农田灌溉、加固农田设施等，以减少自然灾害对农作物的影响。这种预警系统可以在短时间内覆盖广大农田，使农民有足够的时间采取应对措施，从而有效地保护农作物，保证农产品的产量和质量。其次，除了应对自然灾害，数字技术还通过分析市场需求和竞争情况，为农民提供更加精准的市场信息和决策支持。大数据分析可以整合来自不同地区、不同品种农产品的市场需求和价格走势信息。基于这些数据，数字技术可以为农民提供个性化的种植和销售策略建议。例如，对于那些市场价格较高的农产品，建议农民增加种植面积和产量；而对于那些市场价格较低的农产品，建议农民减少种植或寻找其他销售渠道。这些建议不仅可以帮助农民提高收益，还可以优化农业资源配置，提高农业整体效率。此外，数字技术还可以帮助农民了解竞争对手的情况。通过分析竞争对手的种植品种、销售渠道和价格策略等信息，数字技术可以为农民提供相应的经营策略建议。这使得农民能够及时调整自己的经营策略，如改变种植品种、寻找新的销售渠道或制定更具竞争力的价格策略等，以提高市场竞争力。

（4）促进农业可持续发展：数字技术可以通过智能化、信息化的方式，实现农业生产的精细化和资源利用的高效化。首先，通过精准施肥和灌溉技术，数字技术可以帮助减少化肥和农药的使用量，降低环境污染和资源浪费。在传统的农业生产中，农民往往依赖经验进行施肥和灌溉，这容易导致过量使用化肥和农药，对环境造成污染。而通过数字技术，可以精确地监测土壤的养分和水分含量，根据作物的需求进行精准施肥和灌溉。这样不仅可以确保作物获得适量的养分和水分，还能够减少化肥和农药的使用量，降低环境污染。同时，精准施肥和灌溉技术可以提高肥水和农药的利用率，减少浪费，进一步提高资源利用效率。其次，数字技术可以促进农业废弃物的回收和处理，减少农业废弃物对环境的污染。在农业生产过程中，会产生大量的废弃物，如农作物秸秆、畜禽粪便等。这些废弃物如果处理不当，会对环境造成污染。而通过数字技术，可以建立废弃物回收和处理系统，对废弃物进行分类、收集和处理。例如，农作物秸秆可以通过生物技术转化为有机肥料或生物燃料，畜禽粪便可以通过厌氧发酵等技术转化为沼气等可再生能源。这样不仅可以减少废弃物对环境的污染，还可以将废弃物转化为有价值的资源，实现资源的循环利用。最后，数字技术还可以通过智能化、信息化的方式，提高农业生产效率和质量。例如，通过智能化的农业机械和设备，可以实现自动化、精准化的农业生产。这些设备可以根据作物的生长情况和环境条件进行自动调节和控制，确保作物正常生长和高产。同时，通过信息化技术，可以实现农业生产过程的实时监控和管理，及时发现并处理问题，提高农业生产效率和质量。

数字技术对农业的贡献是多方面的，它不仅提高了农业生产效率，还提升了农产品质量，增强了农业抗风险能力，并促进了农业可持续发展。首先，数字技术通过智能化、信息化的手段，使农业生产过程更加精准和高效。通过精准施肥和灌溉技术，农民可以精确控制肥水和农药的使用量，减少浪费，提高资源利用效率。同时，智能化的农业机械和设备可以实现自动化、精准化的农业生产，提高生产效率和质量。其次，数字技术还可以提升农产品的质量。通过精准施肥和灌溉技术，可以确保作物获得适量的养分和水分，提高农产品的品质和产量。此外，数字技术还可以实时监测作物的生长情况，及时发现并处理病虫害等问题，保证农产品的质量和安全。在增强农业抗风险能力方面，数字技术也有着重要作用。通过大数据分析和预测，农民可以提前了解天气变化、市场需求等信息，从而更好地应对自然灾害和市场风险。例如，通过气象监测和预测技术，可以预测干旱、洪涝等自然灾害，为农民提供及时的预警和应对措施。最后，数字技术还有助于促进农业可持续发展。通过促进农业废弃物的回收和处理，可以减少废弃物对环境的污染。同时，数字技术还可以帮助农民了解市场需求和竞争情况，提供更加合理的种植和销售策略，优化农业资源配置，提高农业整体效率。随着数字技术的不断发展，其在农业领域的应用也将越来越广泛和深入。未来，可以期待数字技术在农业领域发挥更大的作用，推动农业现代化和可持续发展。

5.1.4.3　数字技术贡献于服务业

数字技术对服务业的贡献主要体现在以下几个方面：

（1）提升服务业的劳动生产率：数字技术的出现，对服务业产生了深远的影响。它不仅改变了服务业的传统属性，还扩大了服务范围，使得服务业的发展迎来了新的机遇。首先，数字技术的进步发明了存储介质，使得服务可以像其他商品一样进行存储和交易。在传统服务业中，服务通常是面对面地提供，而数字技术则使得服务可以存储在有形物体之中，如电子书籍、音乐、电影等。这些数字化的服务不仅方便了消费者的获取，也降低了服务的成本，扩大了服务的范围。其次，数字技术还打破了服务的"同步性"制约。在传统服务业中，服务的提供通常是实时的，消费者需要亲自到场才能享受服务。而数字技术则可以实现服务的远程提供，消费者可以通过网络随时随地地享受服务。这种远程服务不仅打破了服务的时空限制，也使得服务更加便捷和高效。再次，数字技术促进了服务业的商业模式创新。借助电视和网络等数字化媒体，服务业发展呈现出全新的产业性质和商业模式。例如，电子商务、在线教育、远程医疗等新兴业态的出现，都是数字技术推动下的产物。这些新兴业态不仅提供了更加便捷、高效的服务方式，也促进了服务业的转型升级和高质量发展。最后，数字技术还为服务业的全产业链带来了变革。通过以信息网络为媒介的数字经济，几乎可以实现服务业全产业的远距离传输和全球化服务。这种全球化服务不仅扩大了服务的范围，也提高了服务的效率和质量。同时，数字技术还促进了服务业与其他产业的融合发展，推动了产业结构的优化升级。总之，数字技术对服务业的影响是深远的。它不仅改变了服务业的传统属性，扩大了服务范围，还打破了服务的"同步性"制约，促进了商业模式创新和全球化服务的发展。随着数字技术的不断发展，其在服务业领域的应用也将越来越广泛和深入。

（2）促进服务业向提质扩容和转型升级的目标迈进：近年来，随着科技的飞速发展，服务业与科技的融合越来越紧密。这种融合不仅推动了服务业的提质扩容和转型升级，还促进了中国服务业的整体成长。首先，工业互联网平台的出现是服务业与科技融合的重要成果之一。工业互联网平台通过连接设备、人员和服务，实现了生产过程的数字化和智能化。它不仅提高了生产效率，还降低了成本，为制造业和服务业提供了更加高效、精准的服务。其次，新零售模式的兴起是服务业与科技融合的成果。新零售模式通过线上线下融合，实现了商品和服务的快速流通和便捷获取。它不仅满足了消费者的个性化需求，还提高了销售效率，为零售业和服务业带来了新的增长点。最后，在线教育模式的普及也是服务业与科技融合的体现。在线教育通过互联网技术，实现了教育资源的共享和优化配置。它不仅打破了地域限制，还提高了教育效率和质量，为教育服务业带来了新的发展机遇。在服务业的成长过程中，产业规模不断扩大、产业结构优化升级、实现提质增效、增进民生福祉和自主创新能力不断提升五个方面表现得尤为突出。首先，产业规模不断扩大。随着服务业与科技的融合，服务业的规模不断扩大，涵盖了更多的领域和行业。同时，服务业的产值也在不断增加，成为经济增长的重要推动力。其次，产业结构优化升级。随着服务业与科技的融合，服务业的产业结构也在不断优化升级。新兴业态和新模式不断涌现，传统服务业也在不断向数字化、智能化方向转型。再次，实现提质增效。服务业与科技的融合使得服务的质量和效率得到了大幅提升。数字化、智能化的服务模式使得服务更加精准、便捷，提高了消费者的满意度。从次，增进民生福祉是服务业与科技融合的重要成果之一。随着服务业的发展，人们的生活质量得到了提高，公共服务也得到了更好的保障。例如，在线医疗、在线教育等服务的普及使得人们能够更加便捷地获取医疗服务和学习资源。最后，自主创新能力不断提升。随着服务业与科技的融合，服务业的自主创新能力也在不断提升。企业开始注重研发和创新投入，推动技术进步和创新成果转化。这种自主创新能力的提升不仅有助于提升服务业的整体竞争力，也为未来的发展奠定了坚实的基础。总之，近年来服务业与科技的融合推动了产业的提质扩容和转型升级，促进了中国服务业的整体成长。这种融合不仅表现在新兴业态和新模式的涌现上，还体现在产业规模扩大、产业结构优化升级、实现提质增效、增进民生福祉以及自主创新能力提升等多个方面。随着科技的不断发展，相信服务业与科技的融合将更加紧密、深入，为中国的经济社会发展注入新的动力和活力。

（3）打破服务业的局限性：数字技术以其独特的优势，打破了传统服务业的"同步性"制约，为服务业的发展带来了全新的产业性质和商业模式。首先，数字技术可以实现服务的远程提供。在传统服务业中，服务的提供通常是面对面的，消费者需要亲自到场才能享受服务。然而，数字技术的出现使得服务可以远程提供，消费者可以通过网络随时随地地享受服务。这种远程服务不仅打破了服务的时空限制，也使得服务更加便捷和高效。其次，数字技术可以实现服务的个性化定制。在传统服务业中，服务的提供通常是标准化的，消费者只能被动地接受服务。然而，数字技术的出现使得服务可以个性化定制，消费者可以根据自己的需求和偏好选择服务内容和方式。这种个性化服务不仅提高了消费者的满意度，也提高了服务的附加值。再次，数字技术可以促进服务业的商业模式创新。借助电视和网络等数字化媒介，服务业发展呈现出全新的产业性质和商业模式。例如，电子商务、在线教育、远程医疗等新兴业态的出现，都是数字技术推动下的成果。这些新兴业态不仅提供了更加便捷、高效的服务方式，也促进了服务业的转型升级和高质量发展。最后，数字技术还可以实现服务业全产业的远距离传输和全球化服务。通过信息网络为媒介的数字经济，几乎可以实现服务业全产业的远距离传输和全球化服务。这种全球化服务不仅扩大了服务的范围，也提高了服务的效率和质量。同时，数字技术还促进了服务业与其他产业的融合发展，推动了产业结构的优化升级。总之，数字技术以其独特的优势打破了传统服务业的"同步性"制约，为服务业的发展带来了全新的产业性质和商业模式。随着数字技术的不断发展，其在服务业领域的应用也将越来越广泛和深入。

（4）促进自主创新能力的提升：数字技术对服务业的自主创新能力的提升有着显著的促进作用。借助大数据分析和预测，服务业能够更好地把握市场需求和价格走势，从而为消费者提供更加精准的服务。同时，数字技术还可以帮助服务业了解竞争对手的情况，及时调整自己的经营策略，提高市场竞争力。首先，数字技术可以通过大数据分析和预测了解不同地区、不同品种农产品的市场需求和价格走势。通过对市场数据的收集和分析，服务业可以预测未来市场对某种农产品的需求量，从而为农民提供更加合理的种植和销售策略。这不仅可以提高农产品的销售量和价格，还可以帮助农民更好地规划农业生产，提高农业效益。其次，数字技术可以帮助服务业了解竞争对手的情况。通过监测和分析竞争对手的营销策略、产品定价等信息，服务业可以及时调整自己的经营策略，提高市场竞争力。例如，在旅游行业中，通过分析游客的行为和偏好，旅游公司可以为游客提供更加个性化的旅游线路和服务，提高游客的满意度和忠诚度。再次，数字技术可以促进服务业的商业模式创新。通过结合大数据、人工智能等技术，服务业可以开发出全新的服务模式和商业模式。例如，在金融行业中，互联网金融平台的兴起使得金融服务更加便捷和高效，同时也为消费者提供了更多的金融产品选择。最后，数字技术还可以帮助服务业提高服务质量和效率。通过数字化工具和平台的应用，服务业可以优化服务流程、提高服务效率，同时也可以更好地收集和分析消费者反馈，不断改进服务质量。例如，在医疗行业中，通过电子病历和远程医疗等技术，医疗服务可以更加便捷和高效，同时也能够提高医疗服务的质量和安全性。

总之，数字技术对服务业的贡献是多方面的，它不仅提高了服务业的劳动生产率，还促进了服务业向提质扩容和转型升级的目标迈进，克服了服务业的局限性，并促进了自主创新能力的提升。随着数字技术的不断发展，其在服务业领域的应用也将越来越广泛和深入。

5.1.5　数字化治理

5.1.5.1　公共安全领域

数字化治理中的公共安全领域是一个广泛而复杂的领域，它涉及社会治安、应急管理和信息安全等多个方面。在这个领域中，数字技术发挥着越来越重要的作用，通过信息感知、反馈、分析、决策和干预等环节，对公共安全治理产生深远的影响。首先，社会治安是数字化治理中公共安全领域的重要一环。数字技术可以通过智能监控、人脸识别等技术手段，提高社会治安的监控能力，有效预防和打击犯罪行为。同时，数字技术还可以通过大数据分析，对犯罪行为进行预测和预警，为警方提供更加精准的打击犯罪的线索和信息。其次，应急管理是数字化治理中公共安全领域的重要组成部分。在自然灾害、事故灾难等突发事件中，数字技术可以提供实时的数据监测和预警，帮助政府和救援机构快速响应和处置突发事件。同时，数字技术还可以通过模拟演练和数据分析，提高应急管理的科学性和有效性。最后，信息安全也是数字化治理中公共安全领域的重要一环。随着互联网的普及和数字化进程的加快，信息安全问题越来越突出。数字技术可以通过加密、防火墙等技术手段，保护个人信息和数据的安全，防止网络攻击和数据泄露等事件的发生。具体来说，数字技术可以通过以下方式赋能公共安全治理：

（1）实现多维板块覆盖是数字化治理在公共安全领域的重要目标之一。通过将数字技术应用于各个领域，可以构建更加智能、高效和安全的城市管理系统。在智慧交通领域，数字技术可以构建城市地图，通过智能化的交通信号灯、交通监控设备和导航系统等设施，缓解城市交通拥堵和减少交通事故。例如，通过实时监测交通流量和路况信息，智能信号灯可以自动调整红绿灯的时间和配时方案，从而优化交通流，减少拥堵现象。同时，交通监控设备可以实时监测道路状况和车辆行驶情况，及时发现交通事故和其他交通问题，以便相关部门快速响应和处理。在智慧医疗领域，数字技术可以通过电子病历、远程医疗和智能医疗设备等工具，提高医疗服务的效率和质量。例如，电子病历系统可以方便医生快速查阅患者的病史和治疗方案，提高诊断的准确性和效率。远程医疗技术可以让医生通过互联网为患者提供远程诊疗服务，减少患者往返医院的次数和时间成本。智能医疗设备可以实时监测患者的生理指标和病情变化，为医生提供更加全面和准确的数据支持。在智慧教育领域，数字技术可以通过在线教育、智能教学系统和虚拟实验室等工具，提高教育教学的效果和质量。例如，在线教育平台可以让学生随时随地进行学习，打破时间和空间的限制。智能教学系统可以根据学生的学习情况和需求，提供个性化的教学方案和资源推荐。虚拟实验室可以让学生通过虚拟现实技术进行实验操作，提高实验教学的安全性和效率。

（2）提升城市公共安全保障水平是数字化治理在公共安全领域的重要任务之一。通过利用数字技术实时收集和分析大数据，可以大大提高城市公共安全的风险评估、前置预警、及时回复、应急处置和后续分析等能力。首先，数字技术可以帮助城市管理者收集各种数据，包括交通流量、气象信息、公共设施运行状况等，为风险评估提供更加全面和准确的数据支持。通过对这些数据的分析，城市管理者可以及时发现潜在的安全风险和隐患，采取相应的预防措施，避免或减少安全事故的发生。其次，数字技术可以实时监测城市的各种异常情况，如交通事故、火灾、疫情等，及时发出前置预警，提醒相关部门和人员采取措施，防止事态扩大。同时，数字技术还可以提供实时的信息反馈，帮助城市管理者及时了解事态的发展情况，做出正确的决策和调度资源。在应急处置方面，数字技术可以提高城市管理者快速响应和处置突发事件的能力。通过数字技术和智能化设备的应用，可以快速获取现场情况，制定应急预案，协调各方资源，确保应急处置的高效和准确。最后，数字技术还可以对城市公共安全事件进行后续分析，总结经验教训，为未来的公共安全管理工作提供参考和借鉴。通过对历史数据的挖掘和分析，可以发现城市公共安全的规律和趋势，为城市管理者提供更加科学和有效的决策依据。

（3）建立科学预测模型和实时监测系统是数字化治理在公共安全领域的重要手段。这些系统可以帮助识别潜在的安全风险和漏洞指标，并采取相应的预防措施，以预防和减少安全事故的发生。首先，科学预测模型可以通过对历史数据和实时数据的分析，预测未来可能发生的安全事件。这些模型可以基于机器学习和人工智能等技术，通过学习历史数据中的模式和规律，预测未来的发展趋势。通过建立科学的预测模型，可以提前发现潜在的安全风险，及时采取预防措施，避免或减少安全事故的发生。其次，实时监测系统可以实时监测城市的各种异常情况，及时发现潜在的安全风险和漏洞指标。这些系统包括视频监控、传感器网络、数据分析平台等，可以实现对城市各个领域的全面监控和数据分析。通过实时监测系统的应用，可以及时发现潜在的安全风险和漏洞指标，采取相应的预防措施，避免或减少安全事故的发生。再次，在采取预防措施方面，可以根据科学预测模型和实时监测系统的结果，采取相应的预防措施。这些措施包括加强安全防范、提高应急处置能力、加强宣传教育等。通过采取相应的预防措施，可以提高城市公共安全的管理水平和公众的安全意识。最后，还需要建立完善的监测和预警机制，及时发现和处理各种异常情况。这些机制可以包括快速响应机制、信息报告机制、紧急处置机制等，可以实现对城市公共安全的全面管理和保障。

（4）实现城市公共服务的信息化和智能化是数字化治理在公共安全领域的重要目标之一。通过应用数字技术和智能化设备，可以提升政府的公共管理水平，提高城市公共服务的效率和质量，满足公众的需求和期望。首先，实现城市公共服务的信息化可以优化服务流程，提高服务效率和质量。通过建设电子政务平台和公共服务平台，可以将传统的线下服务逐步转移到线上，实现政务服务的在线办理和查询。公众可以通过互联网、移动设备等渠道获取政府提供的各种服务，包括证件办理、流程审批、政策咨询等，大大提高了服务的便捷性和效率。同时，信息化还可以实现数据的共享和整合，促进政府部门之间的协作和沟通。通过数据共享和交换平台的建设，政府部门之间可以相互协作，实现信息共享和业务协同，避免重复工作和浪费资源。其次，实现城市公共服务的智能化可以提高服务的质量和个性化程度。通过应用人工智能、大数据等技术，可以对公众的需求进行智能分析和预测，提供更加精准和个性化的服务。例如，智能交通系统可以通过交通流量监测和数据分析，实现交通信号的智能控制和路况信息的实时发布，提高交通管理的效率和公众出行的安全性。智能化的公共服务还可以为公众提供更加便捷的体验和服务，例如智能化的公共交通系统可以通过实时车辆定位和信息发布，为乘客提供更加准确和及时的公交信息和服务。最后，实现城市公共服务的信息化和智能化还可以促进城市管理和公共安全工作的创新和发展。通过数字技术和智能化设备的应用，可以推动城市管理和公共安全工作的转型升级和创新发展。例如，智能化监控系统和预警机制的建立可以加强对城市公共安全的管理和保障能力；智能化消防系统可以通过实时监测和数据分析提高火灾防控的能力；智能化应急系统可以通过快速响应和协同处置提高应急救援的效率和水平。

总的来说，数字技术在公共安全领域的应用，通过促进各参与主体间基于信息和数据进行互动，为公共安全治理带来了革命性的变革。这种变革不仅提升了政策协同程度，还实现了公共安全系统治理、精细治理、源头治理、智能治理、高效治理、敏捷治理等目标。首先，数字技术促进了各参与主体之间的信息共享和协同工作。在传统的公共安全治理中，各参与主体之间的信息交流往往存在障碍，导致政策协同程度不高。而数字技术的应用，使得各参与主体可以基于共享的数据和信息进行互动，打破了信息壁垒，提高了政策协同的效率和准确性。其次，数字技术推动了公共安全系统治理的实现。通过建立数字化平台和智能化系统，可以将公共安全治理的各个环节紧密连接起来，形成一个完整的系统。这个系统可以实现对公共安全问题的全面监测、预警、处置和评估，确保公共安全治理的高效和精准。此外，数字技术还推动了公共安全治理的精细化和源头治理。通过大数据分析和人工智能技术的应用，可以对公共安全问题进行深入分析和预测，找出问题的根源和规律，从而采取更加精准和有效的措施进行源头治理。这种精细化治理和源头治理的方式，可以大大减少公共安全问题的发生，提高治理的效率和效果。同时，数字技术还推动了公共安全治理的智能化和高效化。通过应用智能化设备和算法，可以实现公共安全问题的自动监测、预警和处置，大大提高了治理的效率和准确性。此外，数字技术还可以通过优化算法和模型，提高治理的智能化水平，为公共安全治理提供更加科学和有效的决策依据。最后，数字技术还推动了公共安全治理的敏捷化。在面对突发公共安全事件时，数字技术可以快速响应并提供解决方案，确保公共安全得到及时保障。此外，数字技术还可以通过对历史数据的挖掘和分析，为未来公共安全事件提供预测和防范建议，确保公共安全得到持续保障。综上所述，数字技术在公共安全领域的应用，通过促进各参与主体间基于信息和数据进行互动，提升了政策协同程度，实现了公共安全系统治理、精细治理、源头治理、智能治理、高效治理、敏捷治理等目标。这种变革不仅提高了公共安全治理的效率和效果，还为公众提供了更加安全和便捷的生活环境。

5.1.5.2 公共服务领域

数字化治理中的公共服务领域包括智慧政务、数字乡村、新型智慧城市、数字化转型和数字化创新能力等方面。

（1）智慧政务：在数字化时代，智慧政务成为政府工作的重要方向。通过数字化平台，政府机构得以实现信息的共享与协同工作，极大地提高了工作效率和决策能力。这一变革不仅使政府机构更加高效地运转，还为公众提供了更为便捷的服务，提升了政府的公信力。首先，数字化平台为政府机构的信息共享提供了有力支持。在传统的政府工作中，信息传递往往受限于纸质文件的形式，不仅传输速度慢，还容易造成信息的丢失或泄露。而数字化平台则通过电子化的方式实现了信息的快速传递和共享，各部门之间可以实时获取所需信息，避免了信息的延误和误传。其次，数字化平台促进了政府机构之间的协同工作。通过数字化的协同工具，各部门之间可以实现任务的分配、进度跟踪和结果反馈。这种协同方式大大提高了政府工作的效率和质量，减少了重复劳动和资源浪费。再次，数字化平台还提升了政府工作的透明度。政府工作的透明度是公众监督和参与的重要保障。数字化平台使得政府工作的各个环节和流程都得以公开，公众可以随时了解政府工作的进展和成果，增强了政府工作的公信力。最后，智慧政务还提供了方便快捷的在线服务渠道。通过数字化平台，公众可以随时随地访问政府网站、App 等平台，获取各类公共服务信息和进行服务申请。这种在线服务方式不仅提高了服务效率，还改善了政府机构和公共服务的用户体验，提高了服务质量和满意度。

（2）数字乡村：数字乡村建设是乡村振兴战略中的重要一环，旨在通过数字化技术手段，提升农村管理和服务水平，改善农民生活条件，推动农业现代化和农村经济发展。首先，数字乡村建设中的农村管理服务数字化是提升农村公共服务水平的关键。通过建立数字化平台和智能化系统，可以实现农村政务、村务、财务等管理服务的数字化，提高管理效率和服务质量。例如，数字化平台可以提供在线政务服务，方便农民办理各类事务，节省办事时间和成本；同时，数字化平台还可以实现村务公开和财务透明，增强农民对村级事务的参与度和信任度。其次，数字乡村建设中的农民生活数字化服务是改善农民生活条件的重要途径。通过提供数字化教育、医疗、文化等服务，可以满足农民日益增长的精神文化需求，提高农民的生活品质。例如，数字化教育可以提供在线课程和学习资源，方便农民子女接受优质教育；数字化医疗可以提供远程诊疗和健康管理服务，保障农民的健康权益；数字化文化可以提供丰富的文化活动和娱乐内容，丰富农民的精神生活。最后，数字乡村建设中的网络扶贫是推动农村经济发展的重要手段。通过建立互联网扶贫平台和电子商务系统，可以促进农村电商的发展，拓宽农产品销售渠道，增加农民收入。同时，网络扶贫还可以提供在线教育和职业培训等服务，帮助农民提高自身素质和就业能力，增强其脱贫致富的能力。

（3）新型智慧城市：新型智慧城市是一种以信息化技术为支撑的城市形态，通过数字化平台和智能化设备的应用，提升城市精细化管理水平，优化城市公共服务和社会治理能力。数字技术为城市管理者提供了更加全面、精准的信息和数据支持，使得城市各个领域的管理和服务更加智能化、高效化和精细化。在智能交通领域，数字技术可以帮助城市管理者实现交通信号的智能控制和交通数据的实时监测与分析，提高交通运行效率和管理水平。同时，数字技术还可以为市民提供更加便捷的公共交通服务，例如智能公交站牌、智能停车系统等，让市民出行更加方便、快捷和舒适。在智能安防领域，数字技术可以实现视频监控的智能化分析和人脸识别等应用，提高城市的安全防范水平。同时，数字技术还可以为市民提供更加个性化的安全服务，例如智能门禁系统和家庭安全监控等，让市民生活更加安心、放心和舒心。在智能环保领域，数字技术可以实现环境数据的实时监测和分析，为环境保护提供更加精准的数据支持。同时，数字技术还可以帮助城市管理者实现能源的智能化管理和利用，例如智能电网和智能建筑等，让城市更加环保、节能和可持续。

（4）数字化转型：数字化转型包括农业、工业、服务业与能源等领域数字化转型，以及数字化生活和服务产业的发展。数字技术可以帮助企业提高生产效率和质量，实现产业升级和转型。对于个人用户而言，数字技术也可以帮助他们实现生活方式的数字化转型，提高生活便利度和质量。

（5）数字化创新能力：数字化创新能力是推动社会创新的重要力量，包括数字技术基础研发能力、数据要素整合共享能力、数字产业核心竞争力等方面。政府可以通过政策引导和支持，促进企业和个人提高数字化创新能力，推动经济发展和社会进步。

总之，数字化治理中的公共服务领域是数字化时代的重要发展方向，可以提高政府工作效率和公信力，优化城市管理和服务水平，促进产业升级和经济社会发展。

5.1.5.3 城市管理领域

数字化治理中的城市管理领域是一个综合性的领域，涵盖了城市规划、建设、管理和服务等各个方面。以下是数字化治理在城市管理领域的详细介绍。城市规划与设计：数字化治理在城市规划与设计方面发挥了重要作用。通过利用地理信息系统（GIS）等技术，可以对城市空间进行精细化管理和规划。这包括对城市土地利用、交通网络、公共设施布局等方面的规划，以及城市景观和建筑设计的数字化模拟和评估。城市基础设施建设与管理：数字化治理在城市基础设施建设与管理方面也发挥了重要作用。通过数字化平台和智能化设备，可以对城市基础设施进行实时监测和管理，确保其正常运行和安全。例如，利用物联网技术对城市供水、排水、燃气等基础设施进行监测和管理，提高其运行效率和安全性。城市交通管理：数字化治理在城市交通管理方面具有显著优势。通过智能交通系统（ITS）的应用，可以对城市交通进行实时监测和调度，提高交通运行效率和管理水平。例如，利用大数据和人工智能技术对城市交通流量进行预测和优化，减少交通拥堵和事故发生率。城市环境管理：数字化治理在城市环境管理方面也发挥了重要作用。通过数字化平台和智能化设备，可以对城市环境进行实时监测和分析，为环境保护提供更加精准的数据支持。例如，利用遥感技术对城市空气质量、水质等进行监测和分析，为环境保护决策提供科学依据。城市公共服务与管理：数字化治理在城市公共服务与管理方面也具有显著优势。通过数字化平台和智能化设备，可以为市民提供更加便捷的公共服务和管理服务。例如，利用移动应用和在线平台为市民提供政务服务、公共文化服务、社区服务等，提高市民的生活质量和幸福感。

总之，数字化治理在城市管理领域具有广泛的应用前景和巨大的潜力。通过数字化平台和智能化设备的应用，可以提高城市的管理和服务水平，优化城市的公共服务和社会治理能力，推动城市的可持续发展。

5.1.5.4 环境保护领域

数字化治理在环境保护领域的应用主要体现在以下几个方面。环境监测与数据采集：数字技术可以实时监测环境要素，如空气、水质、噪声等，以及采集环境数据，如污染物排放量、生态质量等。通过传感器和互联网技术，可以实现环境数据的在线监测和远程采集，为环境保护决策提供准确可靠的数据支持。环境影响评价：数字技术可以通过虚拟现实、增强现实等技术，帮助环保工作者更好地了解环境状况，预测和评估人类活动对环境的影响，为环境保护提供科学依据。环境管理：数字技术可以通过数字化地图和卫星遥感技术，实现对环境污染源的快速定位和监测，进而精准地实施治理措施。例如，利用GIS技术进行土壤污染状况调查和风险评估，为土壤污染治理提供科学依据。生态保护与修复：数字技术可以帮助环保部门和企业建立信息共享和协同管理机制，提高资源利用效率，减少环境污染和生态破坏。例如，利用数字技术进行生态保护和修复项目的监测和管理，确保项目的实施效果和生态效益。环境教育与公众参与：数字技术可以促进环境教育与公众参与的发展。通过数字化平台和社交媒体等渠道，可以传播环保知识，提高公众的环保意识和参与度。例如，利用数字技术制作环保宣传片和互动游戏，提高公众对环保问题的认识和参与度。

总之，数字化治理在环境保护领域的应用具有广阔的前景和巨大的潜力。通过数字化平台和智能化设备的应用，可以提高环境保护的效率和效果，推动环境保护事业的发展。

5.1.5.5 医疗卫生领域

数字化治理在医疗卫生领域的应用非常广泛，以下是详细的介绍。电子病历系统：通过数字技术，将患者的病历信息整合到电子病历系统中，实现电子病历的建立、存储、查询和管理。这有助于提高医疗服务的效率和质量，同时确保病历信息的安全和隐私。医疗信息化平台：建立医疗信息化平台，实现医疗信息的集成、共享和互通，促进医疗机构之间的协同。这有助于提高医疗资源的利用效率，降低医疗成本，提升医疗服务的质量和效率。智能医疗设备：运用智能化技术对医疗设备进行升级改造，实现医疗设备的自动化、智能化和网络化。这有助于提高医疗设备的运行效率，减少医疗差错，提升医疗服务的智能化水平。移动医疗：通过移动设备和应用，实现远程医疗、在线咨询、健康管理等服务的提供。这有助于扩大医疗服务的覆盖范围，提高医疗服务的可及性，满足公众的多元化需求。数据共享与分析：通过数据共享与分析，实现医疗数据的挖掘和应用，为医学研究、临床决策等提供支持。这有助于提高医疗服务的科学性和精准性，推动医疗卫生领域的创新和发展。

总之，数字化治理在医疗卫生领域的应用有助于提高医疗服务的质量和效率，降低医疗成本，提升医疗卫生领域的智能化水平。同时，也有助于推动医疗卫生领域的创新和发展，满足公众的多元化需求。

5.1.6 数字产业化与产业数字化

在以上对数字经济概念较为清晰掌握的基础之上，下面结合国家信通院综合测度所得的数字经济规模数据从数字产业化与产业数字化角度对数字经济发展现状进行分析。根据2015—2022年数字经济规模数据绘制数字产业化与产业数字化规模堆叠柱形图（见图5-2）。

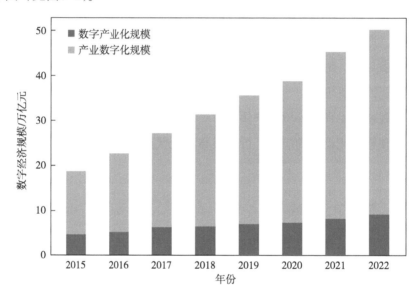

图 5-2　全国数字经济规模堆叠柱形图

根据图5-2可以对数字经济有一个较为明晰的认知。整体而言2015—2022年我国数字经济规模呈递增趋势。这说明我国数字经济在飞速发展，充分发挥着其作为我国国民经济发展新引擎新动能的作用。从数字产业化与产业数字化角度分析，可以发现2015—2022年产业数字化规模增长幅度远大于数字产业化规模的增长幅度。数字经济与实体经济深度融合是数字经济发展的必然选择，产业数字化规模增长幅度远大于数字产业化规模的增长幅度，说明近些年我国在产业数字化转型方面充分关注到了不同产业的特点与差异，精确把握产业数字化发展方向，进而促进产业数字化稳步发展，使得产业数字化发展大幅增长。而数字产业化增幅较缓，说明近些年我国在人工智能、大数据、区块链等数字经济核心产业的发展方面仍存在较大提升与发展空间。未来可以在数字产业化方面投入更大的经济支撑与多方面精力。

总体而言，数字产业化和产业数字化是一个相互促进、协同发展的过程。面向未来，要协同推进数字产业化和产业数字化，侧重加强对数字产业化发展的关注，给予数字产业化发展更多的经济支撑。与此同时也不能忽视产业数字化的发展，不断拓展实体经济内涵和外延，将为数字经济与先进制造业深度融合创造更加广阔的空间，也将为经济发展注入强劲动能。

5.2 省域数字经济发展水平测度

5.2.1 数字基础设施建设

5.2.1.1 宽带网络建设

数字基础设施建设中的宽带网络建设是推动数字经济发展的重要基础。宽带网络覆盖：要实现宽带网络的全覆盖，确保所有地区都能接入高速、稳定的网络。这包括城市、乡村、偏远地区等，以保障所有居民都能够享受到宽带服务。网络速率提升：宽带网络建设的一个重要目标是提高网络速率。通过采用先进的技术和设备，如光纤网络、5G等，可以大幅提升网络速度，满足高带宽、低时延的需求。网络安全保障：在宽带网络建设过程中，网络安全是一个不可忽视的问题。要采用先进的网络安全技术和设备，确保网络系统的稳定和安全，防止数据泄露和网络攻击。智能化升级：随着技术的发展，宽带网络也需要不断进行智能化升级。这包括采用人工智能、大数据等技术，对网络进行智能管理和优化，提高网络的运行效率和稳定性。共建共享：在宽带网络建设过程中，要积极推动共建共享，避免重复建设和资源浪费。通过与电信运营商、设备厂商等合作，共同推进宽带网络的建设和发展。

总之，数字基础设施建设中的宽带网络建设是推动数字经济发展的重要基础。通过全覆盖、速率提升、安全保障、智能化升级和共建共享等措施，可以打造高速、稳定、安全的宽带网络，为数字经济发展提供有力支撑。

5.2.1.2　移动通信网络建设

数字基础设施建设中的移动通信网络建设是实现全面数字化社会的重要基础设施之一。网络架构：移动通信网络通常采用蜂窝网络架构，包括宏蜂窝、微蜂窝和微微蜂窝等不同层次的网络。这些网络通过基站和核心网相连，实现语音、数据和多媒体等通信服务。基站建设：基站是移动通信网络的重要组成部分，负责无线信号的接收和发送。在移动通信网络建设中，需要建设大量的基站，以确保信号覆盖范围广、信号质量稳定。频谱资源：移动通信网络需要使用频谱资源进行信号传输。不同的频谱资源具有不同的传输速率和覆盖范围。在移动通信网络建设中，需要合理规划频谱资源，确保网络的性能和稳定性。设备升级：随着技术的发展，移动通信网络的设备也在不断升级。新的设备具有更高的传输速率、更低的时延和更好的安全性。在移动通信网络建设中，需要不断升级设备，以适应不断增长的业务需求。网络优化：移动通信网络是一个复杂的系统，需要不断进行网络优化以提升性能。网络优化包括频率规划、功率控制、干扰协调等多个方面。通过不断的网络优化，可以提升网络的覆盖范围、传输速率和稳定性。

总之，数字基础设施建设中的移动通信网络建设是实现全面数字化社会的重要基础设施之一。通过合理的网络架构、基站建设、频谱资源规划、设备升级和网络优化等措施，可以打造高效、稳定、安全的移动通信网络，为人们的日常生活和工作提供便利的通信服务。

5.2.1.3　云计算基础设施建设

数字基础设施建设中的云计算基础设施建设是云计算服务的重要基础。计算资源：云计算基础设施的核心是计算资源，包括服务器、刀片服务器、GPU等硬件设备。这些设备通过虚拟化技术进行整合，实现资源的共享、管理和优化。网络资源：云计算基础设施包括网络资源、局域网、广域网和互联网等。这些网络资源需要具备高速、稳定和可靠的性能，以满足云计算服务的需要。存储资源：云计算基础设施还需要具备存储资源，包括分布式存储、块存储、文件存储等。这些存储资源需要具备高可用性、高可扩展性和高可靠性等特点，以满足云计算服务的需要。基础设施即服务：在云计算架构中，基础设施即服务（IaaS）是一种云模型，它通过互联网给用户提供IT基础设施组件（包括计算、存储和网络）。用户可以通过租赁方式使用这些资源，实现按需使用、按量计费，从而降低IT成本和提高效率。公共云和私有云：在云计算基础设施中，公共云和私有云是两种主要的服务模式。公共云是由第三方提供商拥有和管理的云基础设施，用户可以通过互联网访问和使用其中的资源。私有云则是由企业或组织自己拥有和管理的云基础设施，通常部署在组织内部或企业数据中心内。云管理平台：云管理平台是云计算基础设施的重要组成部分，它负责基础设施的部署、管理和监控。云管理平台还提供一系列的自动化工具，帮助用户管理和运行、维护云计算基础设施，包括计算、存储、网络等资源的分配和管理。

总之，数字基础设施建设中的云计算基础设施建设是实现云计算服务的重要基础。通过计算、网络、存储等资源的整合和管理，以及基础设施即服务（包括公共云和私有云等模式）的提供，可以为用户提供高效、稳定、可靠的云计算服务，满足不断增长的业务需求。

5.2.2　数字创新

5.2.2.1　人工智能的发展和应用

人工智能的发展和应用在数字创新中起到了关键作用。人工智能的发展有，技术进步：人工智能技术经历了多年的发展，从早期的专家系统到现在的深度学习、机器学习等，其技术不断进步，为各领域的应用提供了更强大的支持。跨学科融合：人工智能涉及计算机科学、数学、心理学、哲学等多个学科，这种跨学科的融合为人工智能的发展提供了更广阔的视野和更多的可能性。

人工智能的应用有，医疗领域：在医疗领域，人工智能可以应用于医学影像和检查领域，辅助医生进行疾病的诊断、治疗和预防。例如，通过深度学习技术，可以辅助医生进行癌症检测，提高诊断的准确性和效率。金融领域：在金融领域，人工智能可以基于大数据分析信息，帮助企业进行营销决策和客户管理，从而获得更大的市场份额和利润。例如，通过机器学习技术，可以对客户的行为进行分析，为客户提供更加个性化的服务。教育领域：在教育领域，人工智能可以提供全球教育资源、教育互动与交流等更加丰富的学习方式，提高学习效率和更好地促进学生的创新思维。例如，智能教学系统，可以根据学生的学习进度和理解能力，提供个性化的教学方案。制造业：在制造业中，人工智能可以应用于生产过程的自动化和智能化，提高生产效率和质量。例如，通过机器人技术和自动化设备，可以实现生产线的自动化和智能化，减少人工干预，提高生产效率和质量。服务业：在服务业中，人工智能可以应用于客户服务、市场营销等方面，提高服务质量和效率。例如，通过智能客服系统，可以自动回答客户的问题，提高客户服务的质量和效率。

总之，人工智能在数字创新中有着广泛的应用和发展前景。随着技术的不断进步和应用场景的不断扩展，人工智能将在未来发挥更大的作用，推动各领域的数字化转型和创新发展。

5.2.2.2 大数据的发展和应用

数字创新中的大数据的发展和应用是当前信息技术领域的重要趋势。大数据的发展有，技术进步：随着计算机技术和互联网的快速发展，大数据技术得到了迅速发展。大数据技术包括数据采集、存储、处理和分析等方面，这些技术不断得到改进和完善，为大数据的应用提供了更强大的支持。数据规模扩大：随着互联网和物联网的普及，数据的规模不断扩大，包括结构化数据和非结构化数据。大数据技术的不断发展可帮助处理和分析这些大规模的数据，从而挖掘出更大的价值。

大数据的应用有，商业智能：大数据技术可以应用于商业智能领域，通过对大量数据的分析和挖掘，帮助企业做出更明智的决策。例如，通过分析客户的购买行为和消费习惯，可以预测市场趋势和产品需求，从而调整生产和销售策略。医疗健康：大数据技术可以应用于医疗健康领域，通过对大量医疗数据的分析和挖掘，帮助医生进行疾病诊断和治疗方案的制定。例如，通过分析患者的基因数据和病历数据，可以预测患者患某种疾病的风险，从而提供个性化的治疗方案。金融领域：大数据技术可以应用于金融领域，通过对大量金融数据的分析和挖掘，帮助金融机构进行风险评估和投资决策。例如，通过分析股票市场的历史数据和实时数据，可以预测股票价格的走势，从而为投资者提供投资建议。公共服务：大数据技术可以应用于公共服务领域，通过对大量公共数据的分析和挖掘，帮助政府机构提供更优质的服务。例如，通过分析交通数据和气象数据，可以预测交通拥堵和气象灾害的发生，从而为政府机构提供预警和应对措施。

总之，大数据在数字创新中有着广泛的应用和发展前景。随着技术的不断进步和应用场景的不断扩展，大数据将在未来发挥更大的作用，推动各领域的数字化转型和创新发展。

5.2.2.3 物联网的发展和应用

数字创新中的物联网的发展和应用是一个广泛而深入的领域。物联网的发展有，技术进步：物联网是基于互联网、传统电信网等信息承载体，让所有能行使独立功能的普通物体实现互联互通的网络。随着技术的不断进步，物联网在传输速度、覆盖范围、安全性等方面都得到了显著提升。应用领域扩展：物联网的应用领域非常广泛，包括智能家居、工业制造、城市管理、农业等多个领域。随着技术的不断发展，物联网的应用领域也在不断扩展，为各个行业带来了更多的创新和发展机会。

物联网的应用有，智能家居：物联网技术使得家居设备能够互相连接和智能化，实现了智能家居的概念。通过智能家居系统，可以远程控制家电、安防设备、照明等，提高生活的便利性和舒适度。工业领域：物联网在工业领域的应用被称为工业物联网。通过将设备、传感器和生产线连接起来，实现了智能制造和自动化生产，提高了生产效率和质量。城市管理：物联网技术可以应用于城市管理领域，构建智慧城市。通过连接城市中的各种设备和系统，实现了智能交通、智慧能源、智慧环境监测等功能，提升了城市的可持续发展水平和居民的生活质量。农业领域：物联网在农业中的应用被称为智慧农业。通过传感器和监测设备，实现了对土壤湿度、气候条件、作物生长等的实时监测和控制，提高了农业生产的效率和产量。

总之，物联网在数字创新中有着广泛的应用和发展前景。随着技术的不断进步和应用场景的不断扩展，物联网将在未来发挥更大的作用，推动各领域的数字化转型和创新发展。

5.2.3 数字化应用普及

5.2.3.1 电子商务的应用普及

电子商务是指利用互联网、移动通信等数字技术，实现商品或服务的交易、支付等商业活动。它是一种基于互联网的商业活动，具有全球性、实时性、互动性等特点。电子商务的应用有许多方面，例如，线上购物：电子商务是线上购物的核心应用。通过电子商务平台，消费者可以在任何时间、任何地点进行购物，选择范围广泛，且可以享受更多的优惠和便利。在线支付：电子商务促进了在线支付的发展。消费者可以通过各种支付方式，如支付宝、微信支付等，方便快捷地完成支付，提高了购物的便利性。供应链管理：电子商务还可以应用于供应链管理。通过电子商务平台，企业可以实现与供应商、分销商、物流公司等的协同工作，提高供应链的透明度和效率。跨境电商：随着全球化的加速，跨境电商成为电子商务的一个重要应用领域。通过电子商务平台，企业可以拓展海外市场，将产品销售到全球各地。移动电商：随着移动设备的普及，移动电商成为电子商务的一个重要应用领域。通过手机App、微信小程序等移动应用，消费者可以在任何时间、任何地点进行购物，享受更多的便利。并且电子商务的普及带来了诸多好处，例如，促进经济发展：电子商务的发展促进了商品和服务的流通，提高了市场效率，为经济发展带来了新的动力。提高生活便利性：电子商务为消费者提供了更广泛的商品和更便捷的购物方式，提高了生活的便利性。推动数字化转型：电子商务的发展推动了企业的数字化转型，提高了企业的效率和竞争力。

5.2.3.2 在线教育的应用普及

在线教育是指利用互联网、数字技术等手段，实现远程教育、在线学习、在线培训等教学活动。它打破了传统教育模式的限制，为学习者提供了更加灵活、便捷的学习方式。在线教育的普及有多种形式，例如，在线课程：在线课程是在线教育的主要形式之一。通过在线课程，学生可以在任何时间、任何地点进行学习，不受时间和地点的限制。同时，在线课程还可以提供更加丰富的学习资源，如视频、音频、文本等，满足不同学习者的需求。在线培训：在线培训是企业、机构等组织进行员工培训的重要方式。通过在线培训，组织可以节省大量的时间和成本，同时还可以为学习者提供更加灵活、便捷的学习方式。在线考试：在线考试是数字化教育的重要组成部分。通过在线考试，学生可以在任何时间、任何地点进行考试，不受时间和地点的限制。同时，在线考试还可以提供更加公正、客观的考试环境，提高考试的准确性和效率。在线辅导：在线辅导是为学生提供个性化学习支持的重要方式。通过在线辅导，学生可以随时向老师请教问题并得到及时的解答和指导。同时，在线辅导还可以为学生提供更加个性化的学习方案，提高学生的学习效果。在线教育的普及产生了许多有利的影响，例如，促进教育公平：在线教育打破了传统教育模式的限制，为学习者提供了更加灵活、便捷的学习方式。同时，在线教育还可以为偏远地区、贫困地区等提供更加优质的教育资源，促进教育公平。提高学习效率：在线教育可以为学生提供更加丰富的学习资源和多种学习方式，提高学生的学习效率和学习效果。同时，在线教育还可以为学生提供更加个性化的学习支持，满足不同学习者的需求。推动数字化转型：在线教育是数字化教育的重要组成部分，推动了教育的数字化转型。同时，在线教育还可以为企业、机构等组织提供更加高效、便捷的培训和学习方式，推动组织的数字化转型。

5.2.3.3 远程医疗的应用普及

远程医疗是指利用现代通信技术、信息技术和医疗技术，为患者提供远程诊断、治疗和健康管理等服务。它突破了传统医疗模式的限制，为患者提供了更加便捷、高效和个性化的医疗服务。远程医疗的应用普及有多个方面，其中有，远程诊断：通过远程医疗系统，医生可以远程对患者进行诊断和治疗。患者可以通过远程医疗平台上传自己的病历、检查结果等，医生可以通过远程医疗平台查看患者的病情，并给出相应的诊断和治疗建议。远程治疗：通过远程医疗系统，医生可以远程对患者进行治疗。例如，对于一些需要特殊治疗的患者，医生可以通过远程医疗系统指导患者进行正确的治疗操作，确保治疗的有效性和安全性。远程健康管理：通过远程医疗系统，医生可以远程对患者进行健康管理。患者可以通过远程医疗平台上传自己的健康数据，医生可以通过远程医疗平台对患者的健康状况进行监测和管理，及时发现并处理潜在的健康问题。远程健康教育：通过远程医疗系统，医生可以远程对患者进行健康教育。患者可以通过远程医疗平台学习疾病预防、保健知识等，提高自己的健康意识和自我保健能力。

远程医疗的普及带来的影响有，提高医疗服务效率：通过远程医疗系统，医生可以更加高效地诊断和治疗患者，减少患者的等待时间和治疗时间，提高医疗服务效率。降低医疗成本：通过远程医疗系统，患者可以更加便捷地获得医疗服务，减少往返医院的交通费用和住宿费用等，降低医疗成本。促进医疗资源共享：通过远程医疗系统，医生可以更加便捷地共享医疗资源，提高医疗资源的利用效率。同时，患者也可以更加便捷地获得优质医疗服务，促进医疗资源的公平分配。提高患者满意度：通过远程医疗系统，患者可以更加便捷地获得医疗服务，减少往返医院的麻烦和不便。同时，医生也可以更加全面地了解患者的病情和治疗情况，提供更加个性化、精准的医疗服务，提高患者的满意度。

总之，数字化应用普及中的远程医疗应用普及是现代医疗领域的重要发展趋势。它为患者提供了更加便捷、高效和个性化的医疗服务，提高了医疗服务效率、降低了医疗成本、促进了医疗资源共享、提高了患者满意度。同时，它也推动了医疗行业的数字化转型和创新发展。

5.2.4　数字化治理能力

5.2.4.1　数字化的政策制定

数字化政策制定是指将数字技术应用于政策制定过程中，通过数据收集、数据分析、数据挖掘等技术手段，为政策制定提供更加全面、准确、及时的信息支持，提高政策制定的科学性和有效性。数字化政策制定的应用有，数据收集：数字化政策制定需要大量的数据支持。通过数字技术，可以更加便捷地收集各种数据，包括政府数据、企业数据、社会数据等，为政策制定提供更加全面、准确的信息支持。数据分析：数字技术可以对收集到的数据进行快速、准确的分析，为政策制定提供更加科学、准确的数据支持。同时，数字技术还可以对历史数据进行分析，发现数据之间的关联和规律，为政策制定提供更加深入的洞察。数据挖掘：数字技术可以对大量数据进行挖掘，发现数据之间的潜在联系和规律，为政策制定提供创新思路和方案。同时，数字技术还可以对政策执行过程中的数据进行实时监测和分析，及时发现和解决问题，提高政策执行的效果。公众参与：数字技术可以为公众提供更加便捷的参与渠道，让公众更加积极地参与到政策制定过程中。通过数字化平台，公众可以提出自己的意见和建议，为政策制定提供更加广泛的社会支持。

数字化政策制定的优势有，提高政策制定的科学性和有效性：数字技术可以为政策制定提供更加全面、准确的信息支持，提高政策制定的科学性和有效性。降低政策制定的成本：数字技术可以降低数据收集和分析的成本，提高政策制定的效率和质量。促进公众参与和社会监督：数字技术可以为公众提供更加便捷的参与渠道，促进公众参与和社会监督，提高政策制定的民主性和透明度。

总之，数字化治理能力中的数字化政策制定是提高政策制定科学性和有效性的重要手段。通过数字技术的应用，可以更加全面、准确、及时地收集和分析数据，为政策制定提供更加科学、准确的信息支持。同时，数字技术还可以促进公众参与和社会监督，提高政策制定的民主性和透明度。

5.2.4.2　数字化的监管措施

数字化监管措施是指利用数字技术，对市场行为、市场主体和市场活动进行监督和管理的一系列措施。这些措施旨在确保市场秩序的稳定和公平，保护消费者权益，促进市场健康发展。数字化监管措施的应用有，数字化监管平台建设：建立数字化监管平台，整合各类监管资源，实现信息共享和协同监管。该平台可以提供在线监测、预警分析、信息公示等功能，提高监管效率和精准度。智能化监测技术应用：利用物联网、大数据、人工智能等技术手段，对市场主体和市场活动进行智能化监测。通过对市场数据的实时采集和分析，及时发现和预警潜在的风险和问题，为监管部门提供决策支持。跨部门协同监管：加强各监管部门之间的信息共享和协同合作，实现跨部门、跨领域的协同监管。通过建立统一的数字化监管体系，打破部门壁垒，提高监管效率和效果。公众参与和透明度提升：通过数字化平台，加强与公众的互动和沟通，提高监管的透明度和公众参与度。公众可以通过平台了解监管政策和措施，参与监督和建议，推动监管工作的科学化和民主化。

数字化监管措施的优势有，提高监管效率和精准度：数字技术可以实现对市场行为和市场主体的全面、实时、精准的监测和分析，提高监管效率和精准度。促进跨部门协同合作：数字技术可以打破部门壁垒，促进各监管部门之间的信息共享和协同合作，提高监管效率和效果。提高公众参与度和透明度：数字技术可以加强与公众的互动和沟通，提高监管的透明度和公众参与度，推动监管工作的科学化和民主化。

总之，数字化治理能力中的数字化监管措施是提高监管效率和精准度、促进跨部门协同合作、提高公众参与度和透明度的重要手段。通过数字技术的应用，可以实现对市场行为和市场主体的全面、实时、精准的监测和分析，提高监管效率和效果，为市场的稳定和健康发展提供有力保障。

5.2.4.3 数字化的数据安全

数字化数据安全是指利用数字技术对数据进行保护、管理和监控的一系列措施，以确保数据的机密性、完整性和可用性。数字化数据安全是数字化治理能力的重要组成部分，对于保护个人隐私、企业机密和国家安全具有重要意义。数字化数据安全的措施有，数据加密：对数据进行加密处理，确保数据在传输和存储过程中的机密性。加密技术可以防止数据被未经授权的人员获取和利用。数据备份：建立完善的数据备份机制，确保数据在遭受攻击或意外丢失后能够及时恢复。备份数据可以存储在安全的位置，如云端或离线存储设备。数据访问控制：对数据进行访问控制，确保只有被授权人员能够访问和使用数据。访问控制可以通过身份验证、权限管理等手段实现。数据监控和审计：建立数据监控和审计机制，实时监测数据的访问和使用情况，及时发现和应对潜在的安全威胁。同时，审计记录可以作为数据安全事件的证据和追溯依据。数据脱敏和匿名化：对于敏感数据，如个人隐私、财务信息等，需要进行脱敏处理或匿名化处理，以减少数据泄露的风险。

数字化数据安全的意义有，保护个人隐私和企业机密：数字化数据安全可以保护个人隐私和企业机密不被泄露，避免因数据泄露造成损失和不良影响。保障国家安全：数字化数据安全对于国家安全具有重要意义。一些敏感信息可能涉及国家利益和国家安全，加强数字化数据安全可以防止这些信息被窃取或滥用。促进数字化经济发展：数字化数据安全可以保障数字经济的健康发展。随着数字经济的快速发展，数据的价值越来越重要。加强数字化数据安全可以保护数据的价值和权益，促进数字经济的可持续发展。

总之，数字化治理能力中的数字化数据安全是保护个人隐私、企业机密和国家安全的重要手段。通过采取必要措施，确保数据处于有效保护和合法利用的状态，以及具备保障持续安全状态的能力，可以为数字经济的健康发展提供有力保障。

5.2.5 数字经济发展效益

5.2.5.1 数字经济发展与经济增长

数字经济的发展推动了经济增长。数字技术的广泛应用，如大数据、云计算、人工智能等，为各行各业提供了更高效、更便捷的服务，推动了生产力的提高和生产效率的提升。数字经济模式的创新，如电子商务、共享经济、平台经济等，为经济增长提供了新的动力。这些新的商业模式不仅创造了更多的就业机会，还带动了相关产业的发展。数字基础设施的建设，如5G网络、数据中心等，为数字经济的发展提供了有力的支持。这些基础设施的建设不仅提高了数据传输的速度和效率，还降低了运营成本，进一步推动了经济增长。

经济增长为数字经济的发展提供了基础。经济增长带来了更多的市场需求：随着经济的增长，人们对各类产品和服务的需求也在不断增加。这为数字经济的发展提供了广阔的市场空间，推动了数字技术的不断创新和应用。经济增长为数字技术研发提供了资金支持：经济的增长使得政府和企业有更多的资金用于数字技术的研发和创新。这些投入不仅推动了数字技术的进步，也为数字经济的发展提供了强有力的支持。经济增长为数字经济人才培养提供了条件：经济的增长使得教育部门更加重视数字经济人才的培养。这为数字经济的发展提供了充足的人力资源，为数字经济的持续发展提供了保障。

总之，数字经济发展与经济增长之间存在着相互促进的关系。数字经济的发展推动了经济增长，而经济增长又为数字经济的发展提供了基础和支持。在未来的发展中，应该继续推动数字经济的发展，同时也要注重经济增长的持续和稳定，实现两者之间的良性互动和共同发展。

5.2.5.2　数字经济发展与就业水平

数字经济发展促进就业增长。数字经济的发展创造了新的就业岗位：随着数字技术的广泛应用和数字经济模式的创新，新行业和新业态不断涌现，为就业市场提供了更多的岗位。例如，电子商务、大数据分析、人工智能等领域的发展，为就业市场提供了大量的就业机会。数字经济的发展提高了就业质量：数字经济的发展推动了产业升级和转型，使得就业市场对高素质人才的需求增加。同时，数字技术的应用也提高了生产效率，使得企业能够提供更好的工作环境和福利待遇，从而提高了就业质量。

数字经济发展对就业结构的影响。数字经济发展促进高端就业岗位的增长：随着数字技术的不断进步和应用，高端就业岗位的需求不断增加。例如，数据分析师、软件开发工程师等高端职业的就业机会不断增多，推动了就业市场的结构升级。数字经济发展促进跨行业就业：数字经济的发展使得不同行业之间的联系更加紧密，促进了跨行业就业的发展。例如，互联网行业的发展推动了传统行业的数字化转型，为传统行业提供了更多的就业机会。

数字经济发展对区域就业的影响。数字经济发展促进区域经济协调发展：数字经济的发展推动了区域经济的协调发展，使得不同地区的就业机会更加均衡。例如，一些地区通过发展数字经济，吸引了更多的投资和企业入驻，从而带动了当地的经济发展和就业增长。数字经济发展促进城乡就业协调发展：数字经济的发展促进了城乡之间的交流和合作，使得城乡之间的就业机会更加均衡。例如，农村地区可以通过发展数字经济，提高农业生产效率和质量，从而增加农民的收入和就业机会。

总之，数字经济发展与就业水平之间存在密切关系。数字经济的发展促进了就业增长和结构升级，同时也对区域就业产生了积极影响。在未来的发展中，应该继续推动数字经济的发展，同时也要注重提高就业质量和促进区域经济协调发展，实现数字经济与就业水平的良性互动和共同发展。

5.2.5.3　数字经济发展与社会福利

提高社会福利的效率。打破时间和空间限制：数字经济的发展通过互联网、信息技术、大数据等数字化手段，打破了传统经济活动的时间和空间限制。例如，现在人们可以通过电子商务平台随时随地购买所需的商品，节省了传统购物过程中的时间和精力。提升公共服务水平：数字技术的应用也推动了公共服务水平的提升。政府通过数字化手段提供更加便捷、高效的服务，如在线政务服务、电子病历等，提高了公共服务的效率和覆盖面。

优化就业结构。创造新的就业岗位：数字经济的发展催生了大量新的就业岗位，如数据分析师、软件开发工程师等。这些岗位为就业市场提供了更多的选择，使得人们可以根据自己的兴趣和技能找到合适的职业。促进劳动力流动：数字经济的发展促进了劳动力的流动，使得不同地区之间的就业机会更加均衡。人们可以通过互联网平台寻找工作机会，实现跨地区就业，从而增加了就业的灵活性和多样性。

提升社会公平。促进信息公平：数字经济的发展推动了信息公平的实现。人们可以通过互联网获取各种信息，了解社会动态和政策变化，从而更好地维护自己的权益。缩小数字鸿沟：数字经济的发展也有助于缩小数字鸿沟，使得更多的人能够享受到数字技术的便利。政府和社会组织通过提供数字化培训和普及服务，帮助那些缺乏数字技能的人们掌握必要的技能，从而更好地融入数字化社会。

总之，数字经济发展对社会福利产生了积极的影响，提高了社会福利的效率、优化了就业结构并提升了社会公平。在未来的发展中，应该继续推动数字经济的发展，同时也要关注社会福利的提升和社会公平的维护，实现数字经济与社会福利的良性互动和共同发展。

5.2.5.4　数字经济发展的可持续性

环境可持续性。推广节能环保的数字技术：数字经济的发展需要使用大量的能源和资源，因此需要推广节能环保的数字技术，如绿色计算、清洁能源等，以降低对环境的负面影响。促进资源循环利用：数字经济的发展需要大量的数据和信息，因此需要促进资源的循环利用，如数据共享、信息再利用等，以减少资源的浪费。

社会可持续性。促进数字包容性发展：数字经济的发展需要考虑不同人群的需求和利益，促进数字包容性发展，如提供数字化服务、普及数字化技能等，以缩小数字鸿沟。推动数字治理体系建设：数字经济的发展需要建立完善的数字治理体系，包括数据安全、个人信息保护、网络监管等方面，以保障社会的稳定和安全。

经济可持续性。推动产业升级和转型：数字经济的发展需要推动传统产业的升级和转型，以适应数字化时代的需求。同时，也需要发展新兴产业，如人工智能、大数据等，以促进经济的持续增长。提高生产效率和质量：数字技术的应用可以提高生产效率和质量，降低成本和风险，从而促进经济的可持续发展。

总之，数字经济发展的可持续性需要综合考虑环境、社会和经济等多个方面，通过推广节能环保的数字技术、促进资源循环利用、促进数字包容性发展、推动数字治理体系建设以及推动产业升级和转型等措施，实现数字经济的可持续发展。

5.3　指标体系构建

目前，由于数字经济行业界定尚不明确，因此对于数字经济发展水平还未形成统一的测度标准。当前该领域学者们对于数字经济发展水平的测度主要采用直接测算法与指标测算法。本研究根据2021年5月14日国家统计局第10次常务会议通过的《数字经济及其核心产业统计分类（2021）》，在明确的数字经济行业界定下，结合对于数字经济领域相关研究的深度剖析，兼顾指标体系科学性与数据可得性，从数字经济基础、数字产业化、产业数字化以及数字经济普及度四个方面构建较为全面科学的数字经济发展水平评价指标体系。具体各方面所选取的指标与指标选取依据为：

（1）数字经济基础。数字经济基础是指在数字经济发展过程中所依赖的基础设施状况，因此在选取指标时尽可能全面地将数字经济发展所需要的基础设施考虑到。故数字经济基础方面所选指标包括互联网普及率、互联网域名数、移动电话基站数、人均光缆线路长度、互联网宽带接入端口数、网站数、智慧城市个数、移动电话普及率8个指标。

（2）数字产业化。数字产业化主要是衡量数字技术的发展情况，以及数字技术的产业化发展状况，因此在数字产业化方面选取指标时重点考虑数字化产业发展情况以及数字化产品研发情况。故数字产业化方面所选指标包括电信业务总量，软件和信息技术企业数目，广播电视行政事业、企业单位网络收入，广播电视从业人员数，信息传输计算机服务和软件业，数字电视用户数，全社会固定资产投资，软件业务收入，技术合同成交总额，专利申请授权数，R&D经费，计算机、通信和其他电子设备主营业务收入，电子信息制造业主营业务收入，信息服务业产值14个指标。

（3）产业数字化。产业数字化主要是指数字技术与传统行业融合程度，即重点衡量数字技术的发展对传统行业发展的促进与改善程度和传统行业的数字化转型程度。故产业数字化方面选取的指标包括每百家企业拥有网站数、农业数字经济渗透率、工业数字经济渗透率、服务业数字经济渗透率、有电子商务交易活动企业比重、互联网百强企业数、企业拥有网站数、规模以上工业企业专利申请数、规模以上企业技术改造经费支出、新产品开发项目数、电子商务交易额11个指标。

（4）数字经济普及度。数字经济普及度主要是权衡数字经济的发展为广大普通企业以及普通群众所带来的便捷程度，度量是否能够利用数字经济的发展为自身发展提供支持。基于这个思路，数字经济普及度所选取的指标包括数字金融覆盖广度、数字金融使用深度、数字金融数字化程度、数字普惠金融指数、网上移动支付水平5个指标。

基于以上分析，本研究构建的我国数字经济发展水平评价指标体系共包含4个一级指标和38个二级指标，各项指标的具体说明如表5-1所示。

表5-1 数字经济发展水平评价指标体系

一级指标	二级指标	指标说明	一级指标	二级指标	指标说明
数字经济基础	互联网普及率	%	数字产业化	电信业务总量	亿元
	互联网域名数	万个		软件和信息技术企业数目	个
	移动电话基站数	万个		广播电视行政事业、企业单位网络收入	万元
	人均光缆线路长度	公里/万人		广播电视从业人员数	万人
	互联网宽带接入端口数	万个		信息传输计算机服务和软件业	
	网站数	万个		数字电视用户数	万户
	智慧城市个数	个		全社会固定资产投资	亿元
	移动电话普及率	%		软件业务收入	万元
产业数字化	每百家企业拥有网站数	万个		技术合同成交总额	万元
	农业数字经济渗透率			专利申请授权数	件
	工业数字经济渗透率			R&D经费	亿元
	服务业数字经济渗透率			计算机、通信和其他电子设备主营业务收入	亿元
	有电子商务交易活动企业比重	%		电子信息制造业主营业务收入	亿元
	互联网百强企业数	个		信息服务业产值	亿元
	企业拥有网站数	万个	数字经济普及度	数字金融覆盖广度	
	规模以上工业企业专利申请数	件		数字金融使用深度	
	规模以上企业技术改造经费支出	亿元		数字金融数字化程度	
	新产品开发项目数	项		数字普惠金融指数	
	电子商务交易额	万元		网上移动支付水平	

5.3.1　数据来源

中国数字惠普金融指数来源于2021年4月17日"北京大学数字普惠金融指数"课题组发布更新的《北京大学数字普惠金融指数（2011—2020）》第三期。其余指标来源于各省域统计年鉴、《中国统计年鉴》以及中经网数据库。部分数据缺失值以插值法进行补充，最终选取2012—2022年我国大陆地区31个省域的面板数据对数字经济发展水平进行测度。

5.3.2　测度方法

完成数字经济发展水平评价指标体系的构建，不仅需要筛选合适的指标，还需对各指标进行合理赋权。本研究依然采用与第4章相同的综合评价方法对数字经济发展水平进行科学测度，即采用逐层纵横向拉开档次法对指标体系进行综合评价。逐层纵横向拉开档次法不仅能够体现时序立体数据特征，还能够通过对底层数据进行自下而上的逐层加工，使得测度结果更加全面科学。这种方法是基于时序立体数据表的评价方法，克服了传统截面数据评价方法在多期动态上的缺陷，并且完全基于数据本身不含主观色彩地来进行评价和排序。

5.3.3　测度结果与分析

根据以上指标体系，结合逐层纵横向拉开档次法对2012—2022年我国数字经济发展水平进行测度，测度结果如表5-2所示。

表5-2　数字经济发展测度水平

省 域	年 份										
	2012	2013	2014	2015	2016	2017	2018	2019	2020	2021	2022
北 京	0.253	0.295	0.327	0.381	0.403	0.451	0.501	0.560	0.635	0.670	0.705
天 津	0.084	0.096	0.110	0.126	0.132	0.137	0.154	0.175	0.193	0.228	0.263
河 北	0.081	0.097	0.110	0.127	0.144	0.163	0.192	0.228	0.263	0.298	0.333
山 西	0.060	0.072	0.081	0.095	0.103	0.111	0.131	0.145	0.170	0.205	0.240
内蒙古	0.056	0.069	0.079	0.090	0.103	0.117	0.128	0.154	0.184	0.219	0.254
辽 宁	0.102	0.118	0.134	0.149	0.144	0.155	0.170	0.189	0.205	0.240	0.275
吉 林	0.052	0.063	0.077	0.091	0.099	0.113	0.134	0.164	0.207	0.242	0.277
黑龙江	0.055	0.070	0.085	0.096	0.105	0.116	0.126	0.142	0.169	0.204	0.239
上 海	0.163	0.187	0.223	0.247	0.263	0.285	0.323	0.360	0.395	0.430	0.465

省 域	年 份										
	2012	2013	2014	2015	2016	2017	2018	2019	2020	2021	2022
江 苏	0.274	0.301	0.324	0.356	0.373	0.396	0.450	0.508	0.546	0.581	0.616
浙 江	0.199	0.221	0.246	0.286	0.314	0.348	0.410	0.476	0.524	0.559	0.594
安 徽	0.076	0.095	0.117	0.145	0.160	0.173	0.204	0.237	0.282	0.317	0.352
福 建	0.104	0.123	0.139	0.169	0.197	0.237	0.252	0.274	0.296	0.331	0.366
江 西	0.051	0.065	0.080	0.103	0.110	0.129	0.153	0.180	0.221	0.256	0.291
山 东	0.145	0.184	0.203	0.228	0.255	0.282	0.336	0.365	0.406	0.441	0.476
河 南	0.079	0.101	0.118	0.143	0.161	0.182	0.223	0.262	0.309	0.344	0.379
湖 北	0.090	0.108	0.125	0.154	0.168	0.182	0.210	0.244	0.285	0.320	0.355
湖 南	0.090	0.106	0.115	0.137	0.149	0.164	0.190	0.228	0.268	0.303	0.338
广 东	0.282	0.325	0.366	0.413	0.468	0.541	0.648	0.733	0.823	0.858	0.893
广 西	0.059	0.071	0.082	0.095	0.110	0.119	0.138	0.165	0.205	0.240	0.275
海 南	0.050	0.064	0.090	0.110	0.118	0.115	0.116	0.123	0.151	0.186	0.221
重 庆	0.060	0.077	0.091	0.112	0.129	0.138	0.164	0.185	0.220	0.255	0.290
四 川	0.097	0.121	0.141	0.172	0.190	0.210	0.251	0.295	0.345	0.380	0.415
贵 州	0.051	0.061	0.072	0.093	0.105	0.117	0.142	0.174	0.221	0.256	0.291
云 南	0.056	0.067	0.078	0.097	0.112	0.118	0.137	0.168	0.211	0.246	0.281
西 藏	0.064	0.068	0.074	0.088	0.099	0.101	0.116	0.144	0.173	0.208	0.243
陕 西	0.072	0.095	0.111	0.130	0.147	0.159	0.185	0.214	0.254	0.289	0.324
甘 肃	0.041	0.052	0.065	0.083	0.094	0.097	0.113	0.127	0.162	0.197	0.232
青 海	0.035	0.050	0.054	0.082	0.089	0.092	0.103	0.112	0.141	0.176	0.211
宁 夏	0.049	0.058	0.071	0.087	0.093	0.096	0.103	0.110	0.140	0.175	0.210
新 疆	0.041	0.056	0.070	0.089	0.091	0.100	0.121	0.135	0.167	0.202	0.237
均 值	0.096	0.114	0.131	0.154	0.169	0.185	0.214	0.244	0.283	0.318	0.353
标准差	0.067	0.075	0.081	0.090	0.097	0.111	0.129	0.145	0.156	0.156	0.156

由表5-2可知，从整体上看，中国各省域的数字经济发展水平呈现出不断上升的趋势。这一趋势表明，随着信息技术的快速发展和普及，数字经济已成为推动中国经济发展的重要引擎。各省域在数字基础设施建设、数字技术应用和数字产业发展等方面都取得了显著成效。不同省域之间的数字经济发展水平存在明显差异。东部地区如北京、上海、广东等地的数字经济测度值普遍较高，而西部地区如甘肃、青海、新疆等地的数字经济测度值相对较低。这种差异反映了各省域在经济发展水平、产业结构、创新能力等方面的不同特点。同时，也表明了中国在推动数字经济发展过程中，需要更加注重区域协调，促进各地区之间的均衡发展。此外，从时间

维度上看，各省域的数字经济发展水平呈现出持续增长的态势。这表明，各省域在数字经济发展中，都在不断加大投入力度，推动数字经济与实体经济深度融合，以实现经济的高质量发展。

从区域视角上看，东部地区包括北京、天津、河北、上海、江苏、浙江、福建、山东、广东和海南等省域。从测度值来看，东部地区的数字经济发展水平普遍较高，且呈现出明显的领跑态势。其中，北京、上海和广东等地的数字经济测度值一直位居前列，这得益于这些地区强大的经济实力、科技创新能力和较高的对外开放程度。这些地区在数字经济领域拥有众多领军企业和创新平台，推动了数字技术的研发和应用，形成了较为完善的数字经济产业链和生态圈。西部地区包括内蒙古、广西、重庆、四川、贵州、云南、西藏、陕西、甘肃、青海、宁夏、新疆等省域。虽然西部地区的数字经济发展起步较晚，但近年来追赶势头强劲。特别是四川、重庆和贵州等地，在数字经济测度值上实现了快速增长，逐渐缩小了与东部地区的差距。这得益于西部地区政府对数字经济的重视和支持，以及企业在数字化转型方面的积极投入。西部地区在数字经济领域拥有独特的资源和优势，如大数据、云计算等，这为西部地区数字经济的发展提供了广阔的空间和潜力。中部地区包括山西、安徽、江西、河南、湖北和湖南等省域。中部地区的数字经济发展相对稳健，测度值呈现出稳步上升的趋势。这些地区在数字经济领域形成了各具特色的发展模式。例如，山西在煤炭等传统产业数字化转型方面取得了显著成效；安徽在智能制造、电子商务等领域具有较强的竞争力；河南则在农业数字化方面取得了突出成绩。中部地区通过发挥自身产业优势和创新潜力，推动了数字经济的特色发展。东北地区包括辽宁、吉林和黑龙江。从测度值来看，东北地区的数字经济发展相对滞后，面临一定的挑战。这主要是东北地区传统产业结构偏重、创新能力相对不足等原因所致。然而，近年来东北地区政府和企业也在积极寻求转型突破，通过加强技术创新、培育新兴产业等措施推动数字经济的发展。虽然目前东北地区数字经济测度值相对较低，但其发展潜力不容忽视。

为进一步观察各省域的数字经济水平的变化特征，对我国各省域的数字经济指标数据绘制箱线图。观察图5-3可以得知全国各年数字经济指标数据的箱线图中均存在明显的离群点，表明某些省域的数字经济水平明显高于其他省的数字经济水平。观察图5-3可知数字经济水平的中位数在逐年上升，说明数字经济水平整体呈现向上的趋势。图5-3中另一个明显的特征就是历年来数字经济水平的离群点较多，表明某些省域的数字经济水平明显高于其他省域数字经济水平。但箱线图中各箱体与上下边缘距离较短，表明数据分布相对集中，地区间的差距较小。

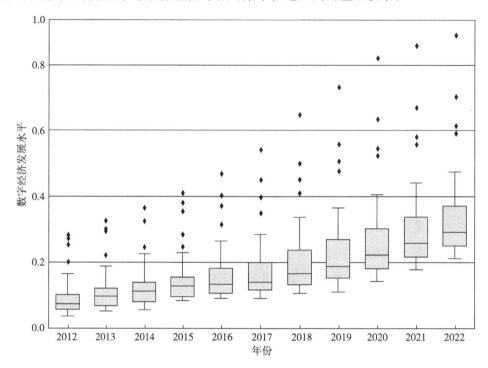

图 5-3　数字经济箱线图

这跟北部地区整体经济不发达存在密不可分的关系。我国幅员辽阔，各个省域之间的数字经济水平呈现出显著的差异，这种不平衡现象在各省域之间尤为引人注目。具体而言，数字经济的发达程度在不同地域之间存在着明显的差距，这既反映了各地区经济基础和发展条件的差异，也揭示了数字经济在全国范围内发展的不均衡性。然而，如果我们从宏观的角度去审视这一现状，就会发现尽管存在差距，但各省域的数字经济水平其实是在逐年稳步上升的。这种上升的趋势不仅仅是一种表面的现象，更是各地区积极适应数字时代潮流，努力推动数字经济发展的结果。这种差距的形成，首先与地理位置有着密不可分的关系。在我国，东南沿海地区由于较早地实行改革开放政策，吸引了大量的资本和人才聚集，经济发展起步较早，资本积累也相对雄厚。这为数字经济的发展提供了得天独厚的条件，使得这些地区在数字经济的道路上走在了前列。相比之下，其他省域在数字经济的发展上则面临着更多的挑战和困难。一方面，这些地区的发展机会相对较少，资本活跃程度也不及东南沿海地区；另一方面，由于历史发展重点多放在农业和工业上，这些省域在数字经济方面的基础相对薄弱，因此需要付出更多的努力来弥补这一差距。尽管如此，我们依然可以看到这些省域在数字经济发展上的潜力和空间。随着国家对数字经济的高度重视和大力扶持，这些地区正积极调整产业结构，加大对数字经济的投入力度，努力缩小与发达地区的差距。同时，它们也在充分利用自身的资源和优势，探索适合自身发展的数字经济模式，为未来的经济发展注入新的动力。尽管各省域间数字经济水平存在较大的差异，但只要我们正视这一现状，积极采取措施加以改进和提升，相信在不久的将来，我国数字经济的发展将会迎来更加繁荣和均衡的局面。

5.3.4　核密度估计分析

下面对我国数字经济发展水平的演变做核密度分析，同样使用核密度估计法得出数字经济发展水平核密度值，进而分析我国 2012—2022 年各省域数字经济发展水平均值的变化趋势和分布情况。

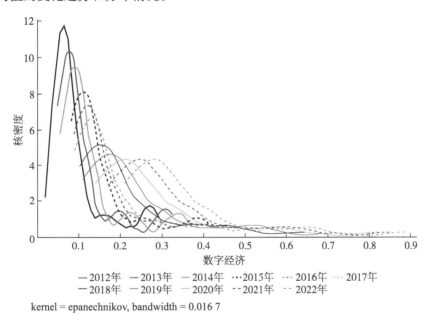

图 5-4　2012—2022 年数字经济核密度曲线图

由核密度图（图 5-4）可知，首先，核密度曲线由"高瘦"型向"矮胖"型的转变，表明数字经济的分布变得更加广泛。这一变化说明，随着时间的推移，越来越多的省域开始涉足数字经济领域，并取得了一定的发展成果。这种分布的扩展不仅意味着数字经济的普及度提高，也暗示着我国整体数字经济发展的活力与潜力在持续释放。其次，峰值向右移动的趋势反映了数字经济发展水平的整体提升。这意味着随着时间的推移，各省域的数字经济发展都在不同程度上有所增强。这一趋势的出现，与我国整体促进发展数字经济的战略决策密不可分。近年来，从中央到地方，各级政府都出台了一系列政策措施，大力推动数字经济的发展。这些政策不仅为数字经济的发展提供了良好的外部环境，也激发了企业和创新主体的积极性，从而推动了数字经济的整体提升。然而，核密度图也揭示了一个不容忽视的问题，即省域间数字经济发展水平的差异正在逐渐增大。这种差异不仅体现在数字经济发展水平的高低上，也体现在各省域发展战略实施的不均衡性上。一些省域凭借其独特的地理位置、资源优势或政策扶持，在数字经济发展上取得了显著成效，成为数字经济发展的"领头羊"。而一些相对落后的省域，则面临着资金、技术、人才等多方面的制约，数字经济发展相对滞后。这种不均衡的发展态势，不仅可能加剧地区间的发展差距，也可能影响我国整体数字经济的可持续发展。此外，从核密度曲线尾部的波动情况来看，一些省域的数字经济发展水平数值较高，为我国整体数字经济发展做出了巨大贡献。这些省域往往是数字经济发展的先行者和示范区，其成功的经验和实践为其他省域提供了有益的借鉴和参考。同时，这也意味着其他省域在数字经济发展上仍有较大的提升空间和追赶任务。

综上所述，核密度图为我们揭示了我国数字经济发展的总体趋势、省域间的发展差异以及战略实施的不均衡性。为了推动我国数字经济的全面、均衡和可持续发展，需要进一步加强政策引导、优化资源配置、强化创新驱动、完善人才培养体系等多方面的工作。同时，各省域也应根据自身实际情况和发展需求，制定科学合理的数字经济发展战略和规划，积极探索适合自身的发展路径和模式。只有这样，才能确保我国数字经济在未来的发展中保持强劲的增长势头和良好的发展态势。

5.4　本章小结

本章首先从数字产业化与产业数字化角度对数字经济深刻内涵进行深入分析。其次构建出数字经济发展水平评价指标体系，采用逐层纵横向拉开档次法对数字经济发展水平进行测度，并对测度结果进行多角度的可视化分析。研究发现：中国各省域的数字经济发展水平近年来呈现出不断上升的趋势，数字经济已成为推动国家经济发展的重要引擎。东部地区的北京、上海、广东等地，由于经济实力、科技创新能力和对外开放程度较高，数字经济测度值一直位居前列。而西部地区的数字经济发展虽然起步较晚，但追赶势头强劲，四川、重庆和贵州等地实现了快速增长。中部地区的数字经济发展相对稳健，形成了各具特色的发展模式。东北地区的数字经济发展相对滞后，但正积极寻求转型突破。从整体来看，中国数字经济的地区差异仍然明显，但随着时间的推移，地区间的差距正在逐渐缩小。这得益于政府政策的引导和各地区在数字经济领域的积极投入。此外，从历年数字经济指标的箱线图中可以看出，虽然存在某些省域的数字经济水平明显高于其他省域，但整体上数字经济水平呈现出向上的趋势，且数据分布逐渐集中。核密度估计结果显示，2012—2022年我国数字经济分布趋势变化显著。核密度曲线由"高瘦"型转变为"矮胖"型，峰值右移，显示数字经济发展差异增大，但总体水平增强。这反映了我国数字经济战略初见成效，但各省域实施水平不均。尾部波动显示，部分省域数字经济发展突出，为整体做出了巨大贡献。然而，省域间的不均衡性需引起关注，以缩小差距，实现更均衡的发展。

6 数字经济赋能双循环联动机制与路径分析

　　基于数字经济和国内国际双循环的现实背景，试图找出以数字经济壮大国内循环、协调推进国内国际双循环的理论逻辑、机制与实现路径；通过构建多种计量模型对研究设想进行验证，实证分析数字经济赋能"双循环"新发展格局的影响，并对作用途径进行详细刻画（见图6-1）。

　　大国经济的重要特征，就是必须实现内部可循环，并且提供巨大国内市场和供给能力，支撑并带动外循环。经济发展是螺旋式上升的过程，也是分阶段的。不同阶段对应不同的需求结构、产业结构、技术体系和关联方式，要求发展方式与时俱进。加快构建以国内大循环为主体、国内国际双循环相互促进的新发展格局正是适应我国经济发展阶段变化的主动选择。随着宏观经济进入新常态，"建设数字中国""发展数字经济"已成为重要国家战略，这一战略的提出不仅是对当前经济形势的深刻洞察，更是对未来经济发展的前瞻性布局。发展数字经济不仅有助于提升国家综合实力和整体竞争优势，还能进一步促进"双循环"新发展格局的形成和优化，是实现经济高质量发展、更深层次改革开放的必然选择。

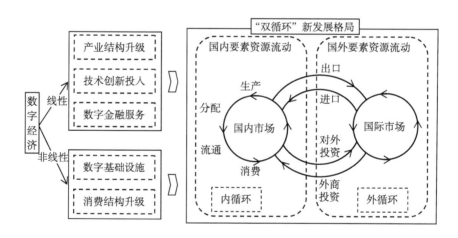

图6-1　数字经济赋能国内国际双循环联动发展驱动机制

6.1 数字经济赋能双循环联动的机理分析与研究假说

6.1.1 直接传导机制与研究假说

双循环联动发展的提出，要求我们在扩大内需、推动国内经济高质量发展的同时，加强对外开放，促进国际贸易和投资，推动全球化和开放型经济发展。而数字经济作为现代经济体系的重要组成部分，正以前所未有的速度和规模改变着全球经济的运行方式和格局。它不仅深刻地影响着国内经济的运行和发展，也对国际经济循环产生了深远的影响。

在内循环层面，数字经济通过助力生产效率提升，满足消费者需求，进而促进国内循环。数字经济是以信息技术为基础，通过互联网、大数据、人工智能等技术手段，实现生产、流通、消费等经济活动的数字化、网络化和智能化，这使得国内企业能够更加高效地进行生产和管理，提高生产率和竞争力。同时，数字经济还可以为国内市场提供多元化、个性化的产品和服务，满足人民日益增长的美好生活需要，打通制约国内经济内循环堵点，使得资源、资金、技术等要素在国内市场更快流动和高效利用。

在外循环层面，数字经济可以促进国际贸易投资便利高效，也会加剧国际市场竞争复杂多元。数字经济使得国际贸易和投资更加依赖于信息技术和数字化平台，促进了跨境电子商务、数字货币、数字支付等新型跨境交易方式的发展，国际分工和资源配置得到优化。同时，数字经济也加剧了国际市场的竞争，使得国际循环更加复杂和多元化。全球的企业都可以通过数字化平台和技术参与到国际竞争中，这使得国际市场的竞争更加激烈，国内企业需要不断提高自身的竞争力，以在竞争中脱颖而出，同时也需要应对各种市场风险和不确定性。

在双循环联动层面，数字经济能够深度挖掘国内市场潜力，拓展国际市场空间，从而促进国内国际双循环的联动发展。从双循环的本质出发，数字经济通过数字化技术和平台，实现了供需的精准匹配和资源的优化配置。这不仅提高了国内市场的消费能力和生产效率，还推动了国际贸易的发展，促进了全球经济的互联互通和互利共赢。同时，数字经济的开放性和包容性，能够让更多的人享受数字经济发展的红利，缩小数字鸿沟，推动全球经济的平衡发展。这为构建人类命运共同体提供了新的思路和路径，也为国内国际双循环联动提供了新的动力和机遇。

基于此，本研究提出第一个假设：

H1：数字经济的发展能够促进国内经济的增长和国际贸易的扩大，实现国内国际双循环的良性互动。

6.1.2 间接传导机制与研究假说

除了直接赋能效应外，数字经济还通过间接传导路径对国内国际双循环联动发展产生深远影响。如数字经济通过深度融合产业、技术和金融等重点领域，为国内国际双循环联动发展提供新的动力和机遇。

6.1.2.1 产业升级路径

在内循环层面，数字经济通过促进产业结构的转型和升级，推动国内经济的可持续发展。在数字经济的支持下，传统产业得以实现数字化、智能化升级，提高生产效率和产品质量。同时，数字经济还可以催生新兴产业，如人工智能、虚拟现实、大数据、云计算、生物科技等，为国内经济注入新的增长动力，这些产业的发展不仅可以带动相关产业链的重构，还可以带动相关服务业的发展，形成产业生态链，从而推动国内经济的循环发展。

在外循环层面，数字经济通过促进产业结构的转型和升级，推动产业国际竞争力的重塑与全球价值链的优化。随着数字技术的不断创新和应用，传统的产业和商业模式正在被颠覆和重塑，这为各国提供了重新审视和调整自身在全球价值链中的地位和角色的机会，通过加强产业结构高级化和合理化，推动全球价值链朝着更加绿色、智能、高效的方向发展。此外，数字经济还为发展中国家提供了跨越式发展的机会。与传统经济相比，数字经济具有更强的包容性和普惠性，发展中国家可以通过引进先进技术、加强人才培养等方式，加速自身的产业结构升级和转型，缩小与发达国家的差距。

在双循环联动层面，数字经济通过促进产业结构的转型和升级，推动国内外发展合作开创新局面。在数字经济时代，不同产业之间的界限逐渐模糊，产业融合成为趋势。数字技术的跨界融合与应用使得各产业之间可以实现优势互补和资源共享，推动产业的协同发展。这种协同发展有助于提升整体产业链的竞争力，进一步促进国内国际双循环的良性互动和发展。

基于此，本研究提出第二个假设：

H2：数字经济通过促进产业结构升级，推动国内国际双循环联动发展，实现内需驱动与外需拉动的有机统一。

6.1.2.2 技术创新路径

在内循环层面，数字经济通过加强技术创新能力，推动内需扩大和市场红利增加。随着数字经济的快速发展，技术创新成为企业竞争的关键因素。企业通过加大研发投入、引进先进技术、加强自主研发等方式，不断提升自身的技术创新能力，从而在市场竞争中占据优势地位，这不仅有助于推动企业更好地满足消费者需求，提升产品和服务的质量和效率，还能进一步促进消费结构的升级和内需的扩大。此外，数字经济的发展可以推动企业组织结构的优化和创新。企业通过数字化转型，实现内部管理的智能化和高效化，提高生产效率和降低沟通成本，同时，数字技术也为企业提供了更加灵活的组织形式，如虚拟团队、众包等，这些新型组织形式有助于企业更好地应对市场变化和抓住商机。

在外循环层面，数字经济通过深化技术创新能力，推动国家综合实力和整体竞争优势提升。首先，数字经济推动了国际分工的深化和全球化进程。数字技术的广泛应用使得生产过程更加智能化和高效化，从而降低了生产成本和提高了生产效率，使得企业可以将生产环节分散到全球各地，实现全球范围内的最优资源配置。同时，数字经济的发展也促进了国际贸易的发展，使得各国之间的经济联系更加紧密。其次，数字经济的发展也加剧了国际竞争。随着数字技术的不断创新和应用，各国之间的竞争逐渐转向技术领域的竞争。为了在国际竞争中占据优势地位，各国纷纷加大技术创新的投入，推动自身科技实力的提升。

在双循环联动层面，数字经济通过强化技术创新能力，推动国内外企业双向开放和资源流动。一方面，中国企业可以借助数字技术和互联网平台拓展国际市场；另一方面，国外企业同样也可以通过数字技术和互联网平台进入中国市场。这种双向开放和资源流动有助于推动国内外经济的共同发展和繁荣。此外，数字经济的发展促进了全球创新网络的形成。各国在数字经济领域的技术创新和产业布局相互交织、相互依赖，形成了一个全球性的创新网络，这种网络化的发展模式有助于推动国内外创新资源的共享和优化配置，促进全球经济的可持续发展。

基于此，本研究提出第三个假设：

H3：数字经济通过强化技术创新能力，推动国内外循环的协同发展，促进双循环联动经济的高效运转。

6.1.2.3 数字金融路径

在内循环层面，数字经济通过促进数字化金融的发展，提升国内循环效率。具体而言，数字经济可以促进国内金融资金的流动和配置，使得资源的配置更加高效，从而有效提升国内生产率和经济增长速度。同时，数字经济可以提高金融服务的普惠性和包容性，让更多的中小微企业和个体经济获得融资支持，促进国民经济的长远发展。此外，数字经济可以提升金融风险管理能力，降低金融风险，增强国内循环的稳定性和可持续性。

在外循环层面，数字经济通过促进数字化金融的发展，提升国际循环活跃度。数字经济可以提高跨境支付、结算和清算的效率，降低国际交易的成本，促进国际贸易和投资的便利化和便捷化。同时，数字化金融可以增强跨境金融风险管理的能力，提高国际金融市场的稳定性和可预测性。此外，数字化金融还可以促进国际间的金融合作和交流，增强国际金融体系的韧性和适应性。

在双循环联动层面，数字经济通过促进数字化金融的发展，可以促进国内国际双循环的有机衔接和互动发展。数字经济可以提高国内外金融市场的对接效率，促进产业链的全球化布局和国内外创新资源的共享，增强国内外经济的互补性和协同性。数字化金融还可以促进国内外金融市场的互联互通，增强国内外金融体系的融合性和一体化发展。此外，数字化金融可以提高国内外金融监管的协同性和有效性，增强国内外金融体系的稳定性和可控性。

基于此，本研究提出第四个假设：

H4：数字经济通过加快数字化金融建设，促进国内国际双循环联动发展，实现金融资源的高效配置与内外市场的深度融合。

6.1.3 空间传导机制与研究假说

数字经济是以数据为基础要素的经济形态，具有横向打通、纵向贯通的特征。数字经济的发展对国内国际双循环联动发展的影响不仅仅局限于单一地区，而是通过空间溢出效应，向周边地区辐射，促进邻近地区的国内国际双循环联动发展。

在内循环层面，其空间溢出效应主要体现在知识溢出、技术扩散和市场扩张。首先，知识溢出效应，数字经济的快速发展催生了大量新知识、新技术和新业态，这些创新成果可以通过知识溢出的形式向周边地区传播和扩散，邻近地区通过吸收先进的数字知识和技术，有效提升自身的创新能力和技术水平，加快自身经济发展。其次，技术扩散效应，数字技术的传播和应用不仅有助于邻近地区企业提升生产效率和产品质量，还能够催生新的商业模式和经济增长点，推动产业集群的形成和发展。同时，数字技术的扩散使得周边地区能够更好地融入国内大循环，成为产业链的有力环节，为国内经济的稳定增长提供支撑。最后，市场扩张效应，数字经济的网络化特征使得市场空间得以无限拓展，为企业提供了更广阔的市场机会，邻近地区企业可以通过数字平台拓宽销售渠道、提升品牌影响力，进一步扩大市场份额和增强市场竞争力。同时，数字经济也促进了市场信息的传播和共享，降低了市场交易成本，优化了资源配置，推动了国内市场的统一和繁荣。

在外循环层面，其空间溢出效应主要体现在贸易便利化、投资促进和国际合作增强。首先，贸易便利化，数字经济的快速发展为跨境贸易提供了高效、便捷的数字化平台和解决方案，大大降低了跨境交易的复杂性和成本，这使得邻近地区可以更加便捷地参与到国际市场中，扩大出口、增加外汇收入。数字贸易便利化还促进了与国外企业的商业对接和市场开拓，加强了与全球价值链的紧密联系。其次，投资促进，数字经济的发展吸引了国际资本的关注，为邻近地区提供了吸引外资的机会。数字技术的投资不仅带来了资金支持，还带来了先进的技术和管理经验，促进了本土企业的转型升级。同时，数字经济的发展也催生出更多的国际化企业，推动本土企业走向世界舞台，积极参与国际竞争与合作。最后，国际合作增强，数字经济的快速发展促进了国与国之间的合作与交流，拓展了合作的领域和形式。邻近地区可以借助数字平台加强与国际组织和企业的合作与交流，共同推动技术创新和市场拓展，有效提升地区的国际影响力和竞争力。

在双循环联动层面，其空间溢出效应主要体现在内外需对接、双向开放通道建立、全球资源优化配置。首先，内外需对接，数字经济的辐射效应有助于实现国内市场需求与国际市场需求的对接。周边地区在承接数字经济核心区的产业转移和技术扩散的同时，也能够更好地对接国际市场需求，促进内外需的良性互动。其次，双向开放通道建立，数字经济的开放性和全球性特征为周边地区建立双向开放通道提供了有力支持。周边地区既可以利用数字经济平台拓展国际市场，也可以吸引外资和国际先进技术流入，实现双向开放。最后，全球资源优化配置，受益于数字经济的辐射效应，周边地区能够更加便捷地获取全球优质资源，实现资源的优化配置。这些资源可以用于提升自身产业层次和产品质量，增强国际竞争力，同时也有助于更好地融入全球经济体系。

基于此，本研究提出第五个假设：

H5：数字经济在赋能国内国际双循环联动发展的过程中，通过优化资源配置、促进技术扩散和加强产业协同，产生显著的空间溢出效应，推动区域经济的协同发展和一体化进程。

6.1.4 非线性传导机制与研究假说

除了传统的线性影响外，非线性影响也在数字经济赋能国内国际双循环联动发展中产生独具特色效果。如数字经济设施覆盖深度和广度以及居民消费结构升级和变革程度的不同，对数字经济赋能国内国际双循环联动发展亦有殊效。

6.1.4.1 基础设施效应

在内循环层面，数字基础设施的完善为数字经济促进国内循环提供了效率和质量。数字基础设施的建设包括互联网、云计算、物联网、大数据等，这些技术手段为国内循环提供了强大的支撑。首先，数字基础设施的完善使得信息传递和交流更加便捷。通过互联网和物联网的连接，企业、政府和个人能够实现信息的实时共享和互动，促进了国内循环中的创新和协作。其次，数字经济的发展推动了传统产业向数字化转型。通过数字基础设施的建设和完善，传统产业能够实现智能化、自动化和定制化生产，提高了生产效率和产品丰富度，推动了国内循环的升级和优化。最后，数字经济的发展还促进了新兴产业的崛起，如共享经济、电子商务等，为国内循环带来了新的增长动能。

在外循环层面，数字基础设施的完善为数字经济促进国际循环提供了便捷和高效。首先，数字经济的发展推动跨境电子商务的繁荣。通过互联网和物流配送网络的建设，商品和服务能够便捷地跨国流通，促进国际贸易的发展。其次，数字基础设施的完善推动跨国数据流动的便利化。通过云计算和大数据技术，数据能够跨国传输和分析，促进国际间的数据共享和应用，推动知识和技术的跨国流动。最后，数字基础设施的完善促进国际间的合作创新。通过数字技术的应用，跨国企业能够共同研发和创新，实现资源的共享和优化配置，推动国际循环的深度融合。

在双循环联动层面，数字基础设施的完善为数字经济深度融合国内国际双循环联动发展提供了可能。首先，数字基础设施的完善使得国内循环能够更好地服务于国际循环。通过数字化转型，国内企业提高自身竞争力和创新能力，能够更好地参与国际市场竞争。其次，数字基础设施的完善使得国际循环能够更好地服务于国内循环。通过数字技术的应用，国际企业能够更好地满足国内市场的需求，推动国内产业的升级和发展。最后,数字基础设施的完善促进国内国际循环的深度融合。通过数字技术的应用,国内企业能够与国际企业进行合作创新,实现资源的共享和优化配置,推动国内国际循环的有机衔接。

基于此,本研究提出第六个假设:

H6:当数字基础设施完善并达到一定水平时,数字经济能够有效促进国内国际双循环联动发展,实现内外市场的有机统一和深度融合。

6.1.4.2 消费结构效应

在内循环层面,居民消费的丰富化和多样化对数字经济的产业链升级起到了推动作用。传统的产业链往往是线性的,而数字经济的发展则更加倾向于构建一个循环的产业链。居民的多样化需求促使数字经济企业通过数字技术与传统产业进行融合,形成一个更加复杂、多元化的产业链。例如,数字经济企业可以与传统零售业合作,提供在线购物服务,同时也可以与物流行业合作,提供快速高效的配送服务,这种产业链的升级改造促使数字经济在国内循环中发挥更大的作用。

在外循环层面,居民消费的丰富化和多样化对数字经济的发展起到了国际化引领的促进作用。居民对于国际化产品和服务的需求增加,推动了数字经济与国际市场的互动。在这一过程中,数字经济企业不是被动地满足居民需求,而是主动地开拓国际市场,提供符合国际标准和需求的产品和服务。例如,中国的互联网企业通过跨境电商平台,将中国的产品和服务推向国际市场,满足全球消费者的需求,这种国际化引领的效应促使数字经济在国际循环中扩大自身的影响力。

在双循环联动层面,居民消费的丰富化和多样化对数字经济的发展起到了创新驱动和国际化引领的综合作用。居民的多样化需求促使数字经济企业不断进行创新,推动数字经济在国内循环中的发展。同时,居民对于国际化产品和服务的需求增加,推动数字经济与国际市场的互动,促进数字经济在国际循环中的发展,这种创新驱动和国际化引领的综合作用使得数字经济在国内国际双循环联动中发挥更大的作用,促进经济的持续健康发展。

基于此,本研究提出第七个假设:

H7:当居民消费结构升级到一定程度时,数字经济能够有效促进国内国际双循环联动发展,形成相互依赖、相互促进的循环体系。

6.2 数字经济驱动双循环联动的模型设计与变量选取

6.2.1 模型设计

6.2.1.1 基准回归模型

参考相关领域的研究文献，本研究采用双向固定效应模型来探究数字经济对国内国际双循环联动的影响。由于所选取的数据样本为面板数据，符合该模型的适用标准；同时考虑到不同省域在不同年份的发展各有侧重，因此采用了双向固定效应模型，即控制个体固定效应和时间固定效应，构建的模型如式（6-1）所示：

$$Y_{it} = \beta_0 + \beta_1 X_{it} + \beta_2 Z_{it} + \mu_i + \nu_t + \varepsilon_{it} \tag{6-1}$$

式中，Y_{it}表示被解释变量，即内循环发展水平、外循环发展水平或双循环联动发展水平，下标i和t分别表示省域和年份；β_0为常数项，X_{it}为核心解释变量，即数字经济发展水平；β_1为数字经济发展水平的估计系数；Z_{it}表示影响被解释变量的控制变量集合，具体包括：金融发展水平、经济发展水平、产业结构水平、交通基础设施水平、社会消费水平、财政分权度；μ_i为个体固定效应，ν_t为时间固定效应，ε_{it}为随机扰动项。

6.2.1.2 传导机制模型

为验证数字经济赋能国内国际双循环联动发展的中介效应，即数字经济能否通过产业升级路径、技术创新路径和数字金融路径来间接影响国内国际双循环联动发展，拟借鉴温忠麟等（2004）[104]提出的检验中介效应的程序，在式（6-1）基础上构建如下中介效应模型：

$$M_{it} = \beta_0 + \beta_1 X_{it} + \beta_2 Z_{it} + \mu_i + \nu_t + \varepsilon_{it} \tag{6-2}$$

$$Y_{it} = \gamma_0 + \gamma_1 X_{it} + \gamma_2 M_{it} + \gamma_3 Z_{it} + \mu_i + \nu_t + \varepsilon_{it} \tag{6-3}$$

式中，M_{it}为机制变量，即产业结构整体升级、技术创新投入水平或金融数字化程度，其他变量和参数的含义与上述式（6-1）一致。

6.2.1.3 空间杜宾模型

为探究数字经济赋能国内国际双循环联动发展的空间溢出效应，即本地区的数字经济发展到一定程度后能否向外扩散，进而对邻近地区的国内国际双循环联动发展产生外部收益，为此，引入空间动宾模型（SDM）检验数字经济对国内国际双循环联动发展是否具有空间溢出效应，模型如式（6-4）所示：

$$Y_{i,t} = \beta_0 + \rho W_{i,j} X_{i,t} + \sum_{n=1}^{k} \beta_n Z_{n,i,t} + \sum_{n=1}^{k} \delta_n W_{i,j} Z_{n,i,t} + \mu_i + \nu_t + \varepsilon_{i,t} \tag{6-4}$$

式中，ρ 为被解释变量的空间自相关系数，$W_{i,j}$ 为空间权重矩阵，其余如同式（6-1）所示。当 $\delta = 0$ 时，SDM 可以退化为空间滞后模型（SLM），若 $\delta + \rho * \beta = 0$，则模型可以转化为空间误差模型（SEM）。

6.2.1.4 面板门限模型

为考察数字经济赋能国内国际双循环联动发展的非线性门槛效应，即数字经济作用于国内国际双循环联动发展时是否会受到基础设施门槛、消费内需门槛的显著跃迁现象，选用面板门限模型检验基础设施门槛、消费内需门槛是否成立，以单一面板门槛模型为例，其表达式如式（6-5）所示：

$$Y_{i,t} = \beta_0 + \beta_1' X_{i,t} \cdot I(D_{i,t} \leq \theta) + \beta_2' X_{i,t} \cdot I(D_{i,t} > \theta) + \gamma Z_{i,t} + \mu_i + \nu_t + \varepsilon_{i,t} \tag{6-5}$$

式中，$I(\cdot)$ 为示性函数，$D_{i,t}$ 为门槛变量，即数字基础设施水平和居民消费结构水平，θ 为门限值，其余如同式（6-1）所示。

6.2.2 变量选取

6.2.2.1 被解释变量：双循环联动发展水平

国内国际双循环联动发展对我国具有重要意义，它有助于提升我国科技水平，增强国际竞争力，同时发挥我国超大市场的规模优势，打通国内生产、流通、分配、消费各个环节，促进国内外市场的相互依存和相互促进。这种发展模式不仅有助于推动我国经济的高质量发展，也有助于提升我国在国际经济体系中的地位。然而，双循环联动发展水平又是内循环发展水平和外循环发展水平的综合体现。因此，本研究的被解释变量由第4章测算所得的内循环发展水平（DFM_{it}^{N}）、外循环发展水平（DFM_{it}^{G}）和双循环联动发展水平（DFM_{it}）进行展开探讨。

6.2.2.2 核心解释变量：数字经济发展水平

现有研究结果表明，数字经济不仅能显著提高生产效率、降低交易成本、优化资源配置，还能将上述因素转移到双循环联动当中，促进国内和国际市场的深度融合与发展；此外，数字经济可以打破时间和空间的限制，在一定程度上能够有效规避贸易壁垒，促进与国际市场的联系。因此由第5章测算所得的数字经济发展规模来代表数字经济发展水平（DEI_{it}）。

6.2.2.3　中介变量

（1）产业结构整体升级（TS_{it}），依据配第－克拉克定律关于产业结构演变的规律，产业结构整体升级具有阶段性，其特征是第一产业向第二产业并最终向第三产业转型升级，第三产业比重持续增加，第二产业占比先上升后下降，第一产业比重逐渐降低[105]。为了整体考量产业结构的层次和形态，从三大产业层次出发，以三次产业产值占比的相对变化刻画产业结构升级过程。据此按照第一、第二、第三产业所处层次由低到高依次赋权，并乘以各产业产值占总产值的比重，共同纳入测算体系加权求得产业结构整体升级指数 TS，$TS=\sum$ 第 i 产业产值占比 $\times i$。TS取值越接近1，表明产业结构整体发展水平越低，越接近3，表明产业结构整体发展水平越高。

（2）技术创新投入水平（RD_{it}），数字经济对技术创新的促进作用可以通过多种方式直观地体现，其中之一就是增加R&D经费支出。R&D经费支出是企业进行技术创新的重要投入，反映了企业对技术研发的重视程度和投入力度。为此，本研究使用规模以上工业企业R&D经费支出与总产值的比值来表示技术创新投入水平。

（3）金融数字化水平（DF_{it}），金融数字化是中国金融业发展的重要趋势，也是推动经济高质量发展的重要力量。通过北京大学数字普惠金融指数等指标的监测和分析，可以更好地了解中国金融数字化发展的现状和趋势。为此，本研究以北京大学数字普惠金融指数的金融数字化水平来表征。

6.2.2.4　门槛变量

（1）数字基础设施（DFB_{it}），互联网是数字新基建的基础，是实现数字化、网络化、智能化的重要支撑，互联网的普及程度直接关系到数字经济的发展速度和质量。为此，本研究以互联网普及率表示。

（2）居民消费结构升级（COS_{it}），借鉴雷淑琴等（2022）[106]的研究方法，将消费支出类型划分为生存型、发展型和享受型消费，其中生存型消费包含食品烟酒类支出、衣着支出以及居住支出，发展型消费包含教育文化娱乐支出，享受型消费包含生活用品服务支出、交通通信支出、医疗保健支出，再按照不同类型消费支出与城镇人口比总人口系数相乘加权取得消费结构指数。

6.2.2.5 控制变量

结合已有研究，本研究选取以下变量作为控制变量：（1）金融发展水平（FD_{it}）。金融发展水平体现了金融资源总量的增长，更代表了金融结构的优化，金融发展水平较高的地区能够提高资源配置效率。金融发展水平用金融机构年末贷款余额占GDP比重表示。（2）经济发展水平（ED_{it}）。经济发展水平反映社会经济现象在不同时期的规模或水平。经济学中常用人均国内生产总值（人均GDP）作为衡量经济发展水平的指标。（3）产业结构水平（IS_{it}）。产业结构是指国民经济中各类产业的构成状况、比例关系及其内在联系的总和。用各产业增加值与对应产业数乘积之和除以国内生产总值测度。（4）交通基础设施水平（TIL_{it}）。交通基础设施是我国国民经济发展的重要基础和先导，用货运总量取对数衡量。（5）社会消费水平（SCL_{it}）。社会消费水平可以反映经济体内居民的消费需求、购买力和生活水平，地区社会消费水平可以反映地区消费市场的规模、活力和发展趋势。因此，社会消费水平用社会消费品零售总额与国内生产总值比值来测度。（6）财政分权度（FDD_{it}）。财政分权是指中央政府赋予地方政府在债务安排、税收管理和预算执行方面一定的自主权，故用财政预算内收入与财政预算内支出之比来表示。

6.2.3 数据说明及初步观察

考虑到数据的可得性，本研究选取2012—2022年中国31个省、自治区和直辖市（不包含港澳台地区）的平衡面板数据进行实证研究，数据主要来源于《中国统计年鉴》、EPS数据库以及北京大学数字金融研究中心和蚂蚁金服集团共同编制的中国数字普惠金融指数等，对缺失值通过该点的线性趋势进行了补充。研究变量的描述性统计结果见表6-1。

表6-1 描述性统计结果

指标	变量	样本量	均值	标准差	最小值	最大值
被解释变量	DFM N	341	0.258	0.122	0.054	0.668
	DFM G	341	0.076	0.141	0.000	0.880
	DFM	341	0.341	0.153	0.084	0.810
核心解释变量	DEI	341	0.206	0.145	0.035	0.893
中介变量	TS	341	2.407	0.119	2.132	2.836
	RD	341	0.180	0.161	0.002	0.650
	DF	341	2.961	1.228	0.140	5.160

续　表

指标	变量	样本量	均值	标准差	最小值	最大值
门槛变量	DFB	341	0.549	0.160	0.219	0.991
	COS	341	0.712	0.055	0.551	0.905
控制变量	FD	341	3.342	1.202	1.518	8.131
	ED	341	6.004	3.062	1.895	19.03
	IS	341	1.251	0.694	0.518	5.297
	SCL	341	0.394	0.065	0.183	0.610
	TIL	341	11.53	1.065	7.027	12.98
	FDD	341	0.476	0.196	0.0693	0.931

　　由表6-1可知，被解释变量双循环联动发展水平的均值为0.341，标准差为0.153，最大值与最小值之间的差值为0.726，表明我国各省域的双循环联动发展水平整体上处于一个相对较高的水平。其中，内循环发展水平和外循环发展水平的均值分别为0.258和0.076，标准差分别为0.122和0.141，说明各省域之间由于资源禀赋、市场繁荣和开放程度的不同，在经济双循环联动新发展格局的建设进度上存在明显差异。核心解释变量数字经济发展水平的均值为0.206，其标准差为0.145，介于0.035与0.893之间，表明我国数字经济发展水平整体上处于一个较高的水平，且各省域之间数字经济发展规模分布不均。中介变量中的产业结构整体升级的均值为2.407，可见我国产业结构正在持续优化，趋于高级化和合理化；技术创新投入水平的均值为0.180，与最大值相差甚远，可见不同地区在技术创新投入方面亦有差距；金融数字化水平介于0.140与5.160之间，标准差为1.228，表明不同地区和行业的金融数字化水平存在较大的差异和波动；门槛变量中的互联网普及率的均值为0.549，可见我国数字经济发展仍有待充分释放；而居民消费结构升级的标准差为0.055，表明各省域之间的居民消费结构相差不大，大部分集中在基本生活必需品消费。控制变量当中除了金融发展水平、经济发展水平和交通基础设施水平的标准差超过1之外，其余控制变量相对收敛。

6.3 数字经济驱动双循环联动的实证分析

6.3.1 基准回归结果分析

在进行基准回归分析前，本研究进行了F检验、LM检验以及Hausman检验三种模型检验来判断最优回归模型，检验结果表明，被解释变量无论是内、外循环发展水平，还是双循环联动发展水平，均支持双向固定效应模型，基准回归结果见表6–2。

表6–2列（1）—（3）的实证分析未加入控制变量，具体来看，数字经济对内循环发展水平的估计系数为0.899，在1%的水平上显著，表明数字经济可以通过规模效应和网络效应促进内循环经济的发展。究其原因在于数字经济可以通过提高生产效率、优化资源配置、促进创新等方式，推动国内经济的增长和内需的扩大。同时，数字经济也可以促进国内市场的数字化转型和升级，为内循环发展提供更多的动力和机遇。数字经济对外循环发展水平的估计系数为–0.608，但不显著，这可能是因为数字经济与国际贸易和投资之间的关系比较复杂。虽然数字经济在一定程度上可能降低了传统贸易和投资的成本和门槛，但也可能引发贸易保护主义和投资保护主义的抬头，从而对外循环发展产生一定的抑制作用。数字经济对双循环联动发展水平的估计系数为0.148，在1%的水平上显著，表明数字经济可以促进国内市场和国际市场的联动发展，推动国内经济的开放和全球化进程。表6–2列（4）—（6）是加入控制变量后的回归结果，发现数字经济对内循环发展和双循环联动发展依旧有显著的促进作用，表明数字经济对加快构建以国内大循环为主体、国内国际双循环相互促进的新发展格局具有重要的推动力量，而在外循环发展方面我国仍受到一定的制约，在国际贸易和投资中面临着"出不去"与"进不来"的挑战，导致国内国际双循环联动发展效果甚小。

表6–2 基准回归结果

变量	（1）	（2）	（3）	（4）	（5）	（6）
	DFM N	*DFM G*	*DFM*	*DFM N*	*DFM G*	*DFM*
DEI	0.899***	–0.608	0.148***	0.681***	–0.892**	0.086***
	(13.35)	(–1.42)	(8.26)	(9.49)	(–2.45)	(4.64)
FD				–0.032***	–0.008	–0.009***
				(–4.22)	(–1.03)	(–4.64)

变量	（1）	（2）	（3）	（4）	（5）	（6）
	DFM N	*DFM G*	*DFM*	*DFM N*	*DFM G*	*DFM*
ED				0.015***	0.026**	0.004***
				(3.48)	(2.66)	(3.41)
IS				0.014	0.043	0.007*
				(0.95)	(1.58)	(1.91)
TIL				0.117**	0.207**	0.058***
				(2.06)	(2.40)	(3.95)
SCL				0.038*	−0.011	0.008
				(1.84)	(−0.56)	(1.41)
FDD				−0.204**	−0.059	−0.044**
				(−2.47)	(−0.46)	(−2.05)
常数项	1.459***	1.229***	1.172***	1.118***	1.208***	1.094***
	(65.30)	(25.76)	(164.07)	(4.68)	(5.60)	(17.69)
个体固定效应	控制	控制	控制	控制	控制	控制
时间固定效应	控制	控制	控制	控制	控制	控制
N	341	341	341	341	341	341
R^2	0.916	0.284	0.894	0.931	0.465	0.917
F	296.28	10.81	230.19	230.48	14.95	190.98

注：括号中内容为 *t* 统计量；其中***、**、*分别表示在1%、5%与10%的统计水平上显著。

　　从控制变量的角度来看，金融发展水平对内循环、外循环、双循环联动发展水平有抑制作用，表明金融发展可能对国内市场和国际市场的循环发展产生一定的阻碍作用，可能是金融市场的不完善、金融服务的不足或者金融监管的限制等因素所导致；经济发展水平对内循环、外循环、双循环联动发展水平均有显著的促进作用，表明经济发展是推动国内市场和国际市场循环发展的重要因素，随着经济发展水平的提高，国内市场需求和供给能力增强，国际竞争力提升，从而促进国内市场和国际市场的循环发展；产业结构水平对内循环、外循环、双循环联动发展水平有促进作用，表明产业结构优化和升级对国内市场和国际市场的循环发展具有积极作用，产业结构升级可以促进产业集聚、技术创新和品牌建设，提高产品质量和附加值，从而增强国内市场的吸引力和国际市场的竞争力；交通基础设施水平对内循环、外循环、双循环联动发展水平均有显著的促进作用，表明交通基础设施的完善是推动国内市场和国际市场循环发展的重要保障，交通基础设施的改善可以降低物流成本、提高运输效率，促进商品和要素的流动，从而推动国内市场和国际市场的循环发展；社会消费水平对内循环、双循环联动发展水平有促进作用，对外循环发展水平有抑制作用，表明社会消费对国内市场和国内与国际市场的互动发展具有积极作用，社会消费水平的提高可以促进内需增长、推动产业升级和创新发展，从而促进国内市场的循环发展，然而，社会消费水平对外循环发展的抑制作用可能表明国际贸易存在一定的壁垒或限制，需要进一步开放和合作；财政分权度对内循环、外循环、双循环联动发展水平有抑制作用，表明财政分权可能对国内市场和国际市场的循环发展产生一定的阻碍作用，财政分权度的提高可能导致地方政府之间的竞争和资源争夺，不利于统一市场的发展和资源的有效配置，此外，财政分权度过高也可能导致财政支出效率低下、公共服务不足等问题，从而对国内市场和国际市场的循环发展产生负面影响。

综上所述，数字经济能够提高内循环和双循环联动发展，但由于信息壁垒等因素的存在，数字经济赋能外循环发展受到掣肘，故 H1 部分成立。

6.3.2 传导路径结果分析

根据之前的理论分析，数字经济赋能国内国际双循环联动发展可以通过产业升级路径、技术创新路径和数字金融路径来实现，故而本研究使用逐步检验法对上述路径的存在性进行验证。

6.3.2.1 产业升级路径

表 6-3 汇报了数字经济通过产业升级路径赋能国内国际双循环联动的机制检验结果。表 6-3 列（1）—（3）的回归结果显示，数字经济对内循环、外循环和双循环联动发展水平的估计系数符号与表 6-2 列（4）—（6）基准回归估计系数符号相一致，此外，与基准回归中的估计系数相比，加入中介变量后的数字经济的估计系数值明显变小，意味着数字经济可以通过促进产业结构整体升级来赋能国内国际双循环联动发展；其中，产业结构整体升级对内循环发展水平的估计系数为 0.719，对外循环发展水平的估计系数为 0.387，对双循环联动发展水平的估计系数为 0.198，且均在 1% 的水平上显著，Sobel 检验结果也验证了产业结构整体升级可以作为中介变量的可靠性。正如理论中所述，首先，数字经济通过推动产业结构整体升级，实现了对内循环发展的赋能。数字经济的不断渗透和融合，使传统产业得以转型升级，新兴产业得以快速发展，该转型升级不仅提高了国内经济的整体竞争力，还为消费者提供了更多元化、更高质量的产品和服务，进一步拉动了内需的增长。同时，数字

经济通过推动企业数字化转型、提升核心竞争力等手段，也促进了国内市场的实力和活力的提升。其次，数字经济通过促进产业结构整体升级，对外循环发展也产生了积极影响。在全球化的背景下，数字经济为我国企业提供了更广阔的市场和更多的合作机会，通过与国际市场的交流和合作，我国企业得以拓展海外市场，提升品牌影响力，推动外需的增加和出口结构的优化。同时，数字经济也促进了国际贸易的便利化和自由化，降低了交易成本和时间成本，为全球贸易的发展注入了新的动力。最后，数字经济通过产业结构整体升级赋能双循环联动发展，实现了国内国际市场的互通互联和资源要素的自由流动，不仅促进了国内市场的繁荣，还为国际市场提供更多的机遇和资源，推动了全球经济的稳定和发展。

综上所述，数字经济可以通过促进产业结构升级，优化资源配置、提高生产效率、促进技术创新，增强内需和外需的互补性，推动国内国际双循环联动的良性发展，故H2成立。

表6-3　传导机制检验：产业升级路径

变量	（1）	（2）	（3）
	DFM N	*DFM G*	*DFM*
DEI	0.602***	−0.934***	0.064***
	(8.84)	(−14.59)	(3.70)
TS	0.719***	0.387***	0.198***
	(6.59)	(3.77)	(7.10)
控制变量	控制	控制	控制
个体固定效应	控制	控制	控制
时间固定效应	控制	控制	控制
N	341	341	341
R^2	0.977	0.985	0.988
F	312.51	475.38	587.42
Sobel	0.078***	0.042**	0.022***
	(2.76)	(2.37)	(2.79)

注：括号中内容为 *t* 统计量；其中 ***、**、* 分别表示在1%、5%与10%的统计水平上显著。

6.3.2.2　技术创新路径

表6-4汇报了数字经济通过技术创新路径赋能国内国际双循环联动的机制检验结果。表6-4列（1）—（3）的回归结果显示，数字经济对内循环、外循环和双循环联动发展水平的估计系数符号同样与基准回归估计系数符号相一致，并且与基准

回归中的估计系数相比，加入中介变量后的数字经济的估计系数值明显变小，意味着数字经济可以通过提升技术投入效能来赋能国内国际双循环联动发展；其中，技术创新投入水平对内循环发展水平的估计系数为4.322，对外循环发展水平的估计系数为4.926，对双循环联动发展水平的估计系数为1.698，且均在1%的水平上显著，Sobel检验结果也验证了技术创新投入水平作为中介变量的可靠性。正如理论中所述，首先，数字经济可以通过技术创新进一步释放国民生产力和提高居民生活品质。数字经济可以通过技术创新的优势，不断解放和发展社会生产力，不断提高劳动生产率，最终实现经济社会持续健康发展。此外，数字经济通过技术创新可以推动智慧城市的建设和数字治理的发展，提高城市管理和服务水平，提升居民生活品质。其次，数字经济可以通过技术创新在开放发展进程中加快建设贸易强国。数字经济通过提高技术创新投入和利用数字化手段，能够推动全球价值链的重塑和升级，提高我国在全球价值链中的综合实力和竞争优势。最后，数字经济可以通过技术创新促进国内国际双向投资。数字经济通过数字技术的创新和应用，能够促进双向投资的发展，即推动中国企业"走出去"和外资企业"引进来"，实现经济的双向开放和发展。

综上所述，数字经济可以通过加大技术创新投入，促进国民生产力的释放和居民生活品质的提高，推动智慧城市建设和数字治理发展，加快建设贸易强国，促进国内国际双向投资，推动经济的双向开放和发展，故H3成立。

表6-4　传导机制检验：技术创新路径

变量	（1） *DFM N*	（2） *DFM G*	（3） *DFM*
DEI	0.621*** （8.37）	−0.959*** （−14.48）	0.063*** （3.33）
RD	4.322*** （2.70）	4.926*** （3.46）	1.698*** （4.17）
控制变量	控制	控制	控制
个体固定效应	控制	控制	控制
时间固定效应	控制	控制	控制
N	341	341	341
R^2	0.975	0.985	0.987
F	278.16	471.77	530.15
Sobel	0.059** （2.41）	0.067*** （2.89）	0.023*** （3.27）

注：括号中内容为 *t* 统计量；其中***、**、*分别表示在1%、5%与10%的统计水平上显著。

6.3.2.3 数字金融路径

表6-5显示了数字经济通过数字金融路径赋能国内国际双循环联动的机制检验结果。表6-5列（1）—（3）的回归结果显示，数字经济对内循环、外循环和双循环联动发展水平的估计系数符号同样与基准回归估计系数符号相一致，并且与基准回归中的估计系数相比，加入中介变量后的数字经济的估计系数值明显变小，意味着数字经济可以通过加速金融数字化来赋能国内国际双循环联动发展；其中，金融数字化水平对内循环发展水平的估计系数为0.484，对外循环发展水平的估计系数为0.507，对双循环联动发展水平的估计系数为0.149，且均在1%的水平上显著，Sobel检验结果也验证了金融数字化水平作为中介变量的可靠性。正如理论中所述，首先，数字经济的发展可以通过加速数字化金融进程来促进内需的增长和消费升级。数字经济可以将金融服务变得更加普及和便捷，为消费者提供更多的金融产品和服务选择，进而刺激消费者的消费需求和投资意愿，这将有助于推动内需的增长和消费升级，促进国内经济的稳定和发展。其次，数字经济的发展可以通过加速数字化金融进程来促进我国企业在全球市场的竞争力提升和海外市场的拓展。数字经济的外溢性使得跨境金融服务更加主动和高效，为我国企业提供了更多的融资渠道和金融服务支持，帮助我国企业在全球市场上获得更多的商业机会和竞争优势，推动出口结构的优化和外需的增长。最后，数字经济的发展可以通过加速数字化金融进程来促进国内国际资源的优化配置和互利共赢。传统的资源配置往往受到地域、政策等多种因素的影响，导致资源配置的不合理和低效。而现在，通过数字化技术，资源配置更加灵活和高效，国内外的金融机构也可以通过数字化技术进行深度合作和资源共享，实现互利共赢的目标。

综上所述，数字经济可以通过加速数字化金融进程，促进内需的增长和消费升级，提高我国企业在全球市场的竞争力和推动向海外市场的拓展，促进国内国际资源的优化配置和互利共赢，故H4成立。

表6-5　传导机制检验：数字金融路径

变量	（1）DFM N	（2）DFM G	（3）DFM
DEI	0.606*** (8.42)	−0.970*** (−15.19)	0.063*** (3.43)
DF	0.484*** (4.25)	0.507*** (5.01)	0.149*** (5.14)

变量	（1）	（2）	（3）
	DFM N	*DFM G*	*DFM*
控制变量	控制	控制	控制
个体固定效应	控制	控制	控制
时间固定效应	控制	控制	控制
N	341	341	341
R^2	0.975	0.988	0.989
F	283.30	492.52	545.69
Sobel	0.075*** (3.04)	0.079*** (3.28)	0.023*** (3.31)

注：括号中内容为 t 统计量；其中 ***、**、* 分别表示在1%、5%与10%的统计水平上显著。

6.3.3　异质性分析

基于我国各区域发展不平衡、不充分的实际，数字经济对不同省域国内国际双循环联动发展的影响是否存在差异，直接影响到在新一轮发展机遇下，地区发展差距是否会进一步扩大。因此，检验数字经济对国内国际双循环联动发展的影响时，必须对该作用的异质性进行考察。本研究从区域差异、互联网覆盖差异和人口老龄化差异三个视角对这一影响进行异质性分析。

6.3.3.1　区域异质性分析

由于各区域的发展阶段、经济发展水平和资源禀赋条件存在差异，数字经济对国内国际双循环联动发展的作用可能在区域之间形成差异。前文的测度也证实了东、中、西三大区域的数字经济发展水平与双循环联动发展水平存在较大的现实差距。为此，将样本划分为东、中、西部地区，引入虚拟变量交乘项来检验数字经济对国内国际双循环联动发展的影响是否具有区域异质性，回归结果见表6-6。

回归结果显示，相较于中西部地区，东部地区数字经济在赋能国内国际双循环联动发展上更具优势。具体而言，东部地区数字经济对内循环发展水平的估计系数为0.865，表明东部地区的数字经济对内循环发展的推动作用较为明显。然而，东部地区与数字经济的交乘项系数为负，意味着在东部地区数字经济与内循环发展之间存在某种竞争或替代关系，如数字经济催生新兴产业的同时，也在加速传统产业被淘汰和重构。中部地区数字经济对内循环发展水平的估计系数为0.671，但与数字经济的交乘项系数为正，表明中部地区的数字经济与内循环发展之间存在积极的互动关系。中部地区正处于经济转型升级的关键时期，数字经济为传统产业提供了新的发展机遇和动力，有助于推动内循环体系的完善。西部地区数字经济对内循环发展水平的估计系数为0.638，但与数字经济的交乘项系数为负，这可能与西部地区经济起步较晚，数字经济与传统产业融合度不够有关。此外，西部地区经济发展相对滞后，内循环体系尚不完善，数字经济对传统产业的冲击可能更为明显。

对于外循环发展水平的影响，东部、中部和西部地区的数字经济估计系数均为负，表明数字经济推动外循环发展时面临一定的挑战。然而，东部地区与数字经济的交乘项系数为负，而中部和西部地区与数字经济的交乘项系数为正，这可能与东部地区和中西部地区的开放程度和产业结构差异有关。东部地区作为我国对外开放的前沿地带，外向型经济较为发达，数字经济对外循环发展的抑制作用可能更为明显，而中西部地区的外向型经济相对较弱，数字经济对外循环发展的影响可能更为有限。

对于双循环联动发展水平的影响，东部、中部和西部地区的数字经济估计系数均为正，表明数字经济对双循环联动发展的促进作用较为明显。然而，东部和西部地区与数字经济的交乘项系数为负，而中部地区与数字经济的交乘项系数为正，原因可能是三大区域的经济结构和产业布局存在差异，与东部地区经济结构较为多元化、产业结构梯次向中高端迈进，而中西部地区的经济基础薄弱、产业结构相对单一状况不谋而合。

表6-6　异质性检验：地理区域

变量	内循环发展水平			外循环发展水平			双循环联动发展水平		
	（1）	（2）	（3）	（4）	（5）	（6）	（7）	（8）	（9）
	东部	中部	西部	东部	中部	西部	东部	中部	西部
DEI	0.865***	0.671***	0.638***	−0.565***	−0.894***	−0.871***	0.179***	0.084***	0.082***
	(7.67)	(9.88)	(9.00)	(−5.70)	(−13.93)	(−13.43)	(6.26)	(4.73)	(4.37)
东部 × *c.DEI*	−0.164**			−0.291***			−0.083***		
	(−2.11)			(−4.25)			(−4.19)		
中部 × *c.DEI*		0.402***			0.118*			0.097***	
		(5.88)			(1.82)			(5.41)	
西部 × *c.DEI*			−0.288			0.143**			−0.029
			(−3.90)			(2.11)			(−1.48)
控制变量	控制	控制	控制	控制	控制	控制	控制	控制	控制
个体固定效应	控制	控制	控制	控制	控制	控制	控制	控制	控制
时间固定效应	控制	控制	控制	控制	控制	控制	控制	控制	控制

变量	内循环发展水平			外循环发展水平			双循环联动发展水平		
	(1)	(2)	(3)	(4)	(5)	(6)	(7)	(8)	(9)
	东部	中部	西部	东部	中部	西部	东部	中部	西部
样本数	341	341	341	341	341	341	341	341	341
R^2	0.932	0.938	0.934	0.496	0.471	0.473	0.922	0.925	0.918

注：括号中内容为 t 统计量；其中 ***、**、* 分别表示在1%、5%与10%的统计水平上显著。

6.3.3.2 互联网覆盖异质性分析

互联网天然跨越地理障碍，使得原本基于地理空间集聚的经济活动更容易进行跨地区合作和经济循环。同时，互联网的发展为数字经济的高创新性、强渗透性和广覆盖性提供了重要支撑，为国内国际双循环联动发展提供了更广阔的空间和更多的机遇。本研究进一步利用互联网覆盖程度高低，将31个省域划分为完善区、一般区与薄弱区，同样引入虚拟变量交乘项来检验其是否存在差异，回归结果见表6-7。

回归结果显示，互联网的覆盖程度直接决定着数字经济推动国内国际双循环联动发展的广度和深度。具体而言，互联网覆盖完善区的数字经济对于推动内循环经济发展具有积极作用，即互联网的普及和完善为数字经济的发展提供了坚实的基础，使得地区内的企业和消费者能够更加便捷地进行经济交流和合作，促进商品和服务的流通，而完善区与数字经济的交乘项系数虽然为负，但可以看出数字经济在完善区的发展过程中，正在逐步调整和优化，以适应新的市场环境和经济需求，为内循环经济的发展注入新的动力。互联网覆盖一般区的数字经济对内循环发展水平的估计系数为正，但与完善区不同的是，此类地区的互联网与数字经济的交乘项系数为正，意味着在互联网覆盖一般地区，互联网与数字经济的融合对内循环发展具有更为显著的推动作用。这与该地区正在加速互联网基础设施建设、推动数字化转型战略密切相关。互联网覆盖薄弱区的数字经济对内循环发展水平的估计系数为正，然而，互联网与数字经济的交乘项系数为负，说明在互联网覆盖薄弱的地区，互联网与数字经济的融合对促进内循环发展受到制约，可能与这些地区经济发展相对滞后、互联网基础设施不完善、数据资源匮乏等因素有关。

从外循环发展视角，结果显示在互联网覆盖程度不同的地区，数字经济对其均具有显著的负面影响。这可能归因于数字经济的加速推进对传统的进出口模式带来了冲击。以数字化手段驱动的生产方式变革使得部分传统的加工贸易和低附加值产业面临压力，导致部分地区在国际贸易中的地位受到挑战。同时，由于数字技术的快速扩散和数据流动的增加，各国对于数据安全、隐私保护和知识产权的关注度不断提升，这可能引发更多的贸易争端和壁垒。此外，数字经济对国际循环和进出口贸易的负面影响还与数字鸿沟有关。互联网覆盖程度不同的地区在享受数字经济红利方面存在差异，进一步导致数字经济发展不平衡的现象加剧。

从双循环联动发展视角，结果显示不同程度的互联网覆盖对数字经济赋能双循环联动发展的影响大相径庭。在互联网覆盖完善地区，数字经济对双循环联动发展水平的估计系数较大且显著，而在互联网覆盖一般和薄弱的地区，数字经济对双循环联动发展水平的估计系数较小。表明数字经济在互联网覆盖完善地区能够更充分地利用网络基础设施和人力资源，推动市场要素的高效配置，进而促进双循环联动的发展，而在互联网覆盖一般和薄弱的地区，由于内外循环发展都相对滞后，数字经济对其双循环联动发展的推动作用有限。

表6-7 异质性检验：互联网覆盖

变量	内循环发展水平			外循环发展水平			双循环联动发展水平		
	（1）	（2）	（3）	（4）	（5）	（6）	（7）	（8）	（9）
	完善区	一般区	薄弱区	完善区	一般区	薄弱区	完善区	一般区	薄弱区
DEI	0.748***	0.668***	0.599***	−0.599***	−0.906**	−0.943***	0.124***	0.082***	0.064***
	（5.91）	（9.42）	（8.26）	（−5.35）	（−14.35）	（−14.26）	（3.78）	（4.51）	（3.43）
完善区 × c.*DEI*	−0.059			−0.256***			−0.033		
	（−0.65）			（−3.18）			（−1.39）		
一般区 × c.*DEI*		0.165***			0.188***			0.051***	
		（2.97）			（3.80）			（3.55）	
薄弱区 × c.*DEI*			−0.367***			−0.232***			−0.099***
			（−4.16）			（−2.88）			（−4.34）
控制变量	控制	控制	控制	控制	控制	控制	控制	控制	控制
个体固定效应	控制	控制	控制	控制	控制	控制	控制	控制	控制
时间固定效应	控制	控制	控制	控制	控制	控制	控制	控制	控制
样本数	341	341	341	341	341	341	341	341	341
R^2	0.931	0.933	0.934	0.483	0.49	0.479	0.918	0.921	0.922

注：括号中内容为*t*统计量；其中***、**、*分别表示在1%、5%与10%的统计水平上显著。

6.3.3.3 人口老龄化异质性分析

人口提前老龄化对经济高质量发展是巨大的考验，经济将面临劳动力人口减少、消费动力不足、社会负担加重等诸多问题，限制数字经济的发展空间和其对国内国际双循环联动发展的贡献。为此，对本研究模型进行了不同人口老龄化程度的异质性检验，按照联合国对人口年龄类型的划分标准，将31个省域划分为浅度老龄、中度老龄与深度老龄，同样引入虚拟变量交乘项来检验其是否存在差异，回归结果见表6-8。

回归结果显示，随着人口老龄化程度的加深，数字经济赋能国内国际双循环联动的影响效果呈现递减趋势。具体而言，浅度老龄地区的数字经济使内循环发展更富有活力。该类地区人口结构相对年轻，劳动力资源丰富，同时数字经济的发展也促进了当地经济的转型升级和创新能力提升，从而推动了内循环发展的活力；然而，浅度老龄与数字经济的交乘项系数为负，意味着随着老龄化程度的加深，数字经济发展对内循环的贡献会逐渐减弱。在中度老龄和深度老龄地区，数字经济对内循环发展的影响相对较弱，这可能与当地经济发展水平较低、产业结构单一、劳动力市场不灵活等因素有关，限制了数字经济的发展空间和其对内循环的贡献，此外，深度老龄与数字经济的交乘项系数为正，意味着随着老龄化社会的到来，老年人在数字经济中的参与和贡献也在逐渐增加，这进一步推动了数字经济促进内循环的发展。

从外循环发展视角，浅度老龄地区的数字经济对外循环发展具有一定的抑制效果，可能与当代年轻人在面对经济不确定性和生活成本上升时的选择有关，他们更倾向于保持储蓄和谨慎投资，而不是盲目扩张或过度消费。在中度老龄和深度老龄地区，数字经济对外循环发展的抑制效果远大于浅度老龄地区。其背后的原因可能是由于人口老龄化程度加深，政府的社会福利支出和养老保障体系压力较大，导致可用于数字经济发展的资金相对较少；此外，由于老年人口骤增，消费市场逐渐萎缩，使得数字经济在这些地区的消费市场潜力不足，难以形成大规模的对外循环发展态势。

从双循环联动发展视角，数字经济在不同老龄化程度的地区均具有显著的积极作用，但浅度老龄和中度老龄地区的交乘项系数为负。这可能由于在年轻化的地区，经济发展更多地依赖于内部市场和内部资源，而对外部经济循环的依赖程度相对较低，致使数字经济对双循环联动的作用未能达到预期，此外，人口结构和质量的变化也会造成供需两侧的改变，进而影响经济的动态循环。

表6-8 异质性检验：人口老龄化

变量	内循环发展水平			外循环发展水平			双循环联动发展水平		
	(1)	(2)	(3)	(4)	(5)	(6)	(7)	(8)	(9)
	浅度老龄	中度老龄	深度老龄	浅度老龄	中度老龄	深度老龄	浅度老龄	中度老龄	深度老龄
DEI	0.785***	0.687***	0.685***	−0.372***	−0.920***	−0.882***	0.138***	0.089***	0.088***
	(8.55)	(9.45)	(9.60)	(−5.53)	(−14.26)	(−14.36)	(5.91)	(4.73)	(4.87)
浅度老龄 × c.DEI	−0.127*			−0.636***			−0.064***		
	(−1.81)			(−12.31)			(−3.54)		
中度老龄 × c.DEI		−0.03			0.131***			−0.013	
		(−0.56)			(2.78)			(−0.92)	
深度老龄 × c.DEI			0.125**			0.278***			0.059***
			(2.14)			(5.53)			(4.01)
控制变量	控制	控制	控制	控制	控制	控制	控制	控制	控制
个体固定效应	控制	控制	控制	控制	控制	控制	控制	控制	控制
时间固定效应	控制	控制	控制	控制	控制	控制	控制	控制	控制
样本数	341	341	341	341	341	341	341	341	341
R^2	0.931	0.931	0.932	0.648	0.478	0.515	0.921	0.918	0.922

6.3.4 空间效应分析

数字经济的规模效应与网络效应不仅能够深化区域国内国际双循环联动的高质量发展，也可以突破时空限制，推动各区域国内国际双循环联动发展协同提升。因此，有必要从空间溢出效应的角度，深入探讨数字经济如何赋能邻近地区的国内国际双循环联动发展以及对其影响仍有待进一步验证。

6.3.4.1 空间自相关性检验

（1）全局自相关

为检验数字经济和国内国际双循环联动发展的空间相关性，本研究利用相邻距离和经济距离不同空间权重矩阵下的全局莫兰指数，探究二者空间集聚特征。由表6-9可知，在不同空间权重矩阵下，国内国际双循环联动发展水平和数字经济发展水平的全局莫兰指数结果支持进行空间视角的研究。

首先，在相邻距离矩阵下，内循环发展水平的全局莫兰指数在0.3~0.5范围内，2019年之前内循环发展水平保持上升趋势，进入2019年后开始逐渐下滑，表明空间上相似的发展水平地区之间的聚集度降低，意味着过去相似发展水平的地区倾向于相互靠近。外循环发展水平的全局莫兰指数在0.0~0.2范围内且逐渐上升，但并不显著，表明外循环发展水平在地理空间上的分布相对分散，没有明显的空间聚集现象，该现象持续到2021年，2022年聚集程度才开始显著。双循环联动发展水平的全局莫兰指数在0.2~0.4范围内且逐渐上升，在1%的水平上显著，表明双循环联动发展水平在地理上存在显著的空间依赖性，且该依赖性随着年份的增加而增强。数字经济发展水平的全局莫兰指数在0.0~0.2范围内，并且除2012年、2014年和2015年之外，其余年份的全局莫兰指数均不显著，表明数字经济发展的空间聚集性不明显，这由我国数字经济发展分布存在两极分化的事实可以侧证。

其次，在经济距离矩阵下，内循环发展水平的全局莫兰指数在0.2~0.5范围内且逐渐下降，表明随着时间的推移，地区之间的经济差距正在缩小，或者经济活动正在从依赖本地资源转向更广泛的市场和全球供应链。外循环发展水平的全局莫兰指数在0.1~0.2范围内，在2016年开始呈现显著上升趋势，并且在5%水平上显著，表明随着全球化的深入和国际贸易的增加，地区之间的经济联系正在加强，外循环发展水平相似的地区正在逐渐聚集在一起。双循环联动发展水平的全局莫兰指数在0.2~0.4范围内，在经济维度上的空间依赖性经历了一个先减弱后增强的过程，在2021年后呈现缓慢上升趋势。数字经济发展水平的全局莫兰指数在0.1~0.3范围内且逐渐下降，表明各地区之间在数字经济上的联系和互动较多，但随着数据主权确立、数据资本垄断等现象的出现，数字经济发展受到挑战。

表6-9 空间相关性检验结果

年份	相邻距离矩阵				经济距离矩阵			
	（1）	（2）	（3）	（4）	（5）	（6）	（7）	（8）
	DFM N	*DFM G*	*DFM*	*DEI*	*DFM N*	*DFM G*	*DFM*	*DEI*
2012	0.362***	0.049	0.254**	0.161*	0.405***	0.117**	0.348***	0.277***
	(3.44)	(0.95)	(2.48)	(1.69)	(4.96)	(2.25)	(4.27)	(3.51)
2013	0.379***	0.027	0.247**	0.146	0.420***	0.104**	0.350***	0.256***
	(3.56)	(0.72)	(2.41)	(1.55)	(5.11)	(2.16)	(4.30)	(3.27)
2014	0.388***	0.038	0.259**	0.171*	0.416***	0.106**	0.346***	0.247***
	(3.58)	(0.83)	(2.51)	(1.77)	(4.98)	(2.11)	(4.24)	(3.16)
2015	0.399***	0.045	0.275***	0.160*	0.395***	0.103**	0.330***	0.228***
	(3.67)	(0.89)	(2.64)	(1.67)	(4.74)	(2.03)	(4.05)	(2.95)
2016	0.419***	0.066	0.299***	0.148	0.372***	0.111**	0.319***	0.209***
	(3.83)	(1.08)	(2.74)	(1.58)	(4.46)	(2.04)	(3.91)	(2.75)
2017	0.426***	0.089	0.310***	0.123	0.331***	0.116**	0.294***	0.204***
	(3.87)	(1.25)	(2.93)	(1.37)	(3.99)	(1.99)	(3.63)	(2.71)

续　表

年份	相邻距离矩阵				经济距离矩阵			
	（1）	（2）	（3）	（4）	（5）	（6）	（7）	（8）
	DFM N	*DFM G*	*DFM*	*DEI*	*DFM N*	*DFM G*	*DFM*	*DEI*
2018	0.431*** (3.90)	0.099 (1.33)	0.319*** (3.01)	0.089 (1.08)	0.314*** (3.80)	0.120** (1.99)	0.284*** (3.53)	0.186*** (2.52)
2019	0.381*** (3.48)	0.104 (1.36)	0.317*** (2.98)	0.069 (0.90)	0.293*** (3.57)	0.121** (1.98)	0.276*** (3.43)	0.184** (2.50)
2020	0.426*** (3.83)	0.111 (1.40)	0.334*** (3.12)	0.03 (0.56)	0.276*** (3.36)	0.118* (1.91)	0.255*** (3.19)	0.154** (2.18)
2021	0.415*** (3.75)	0.122 (1.50)	0.337*** (3.15)	0.03 (0.56)	0.300*** (3.63)	0.128** (2.02)	0.272*** (3.38)	0.154** (2.18)
2022	0.413*** (3.77)	0.148* (1.73)	0.344*** (3.24)	0.03 (0.56)	0.298*** (3.65)	0.132** (2.05)	0.275*** (3.45)	0.154** (2.18)

注：括号中内容为z统计量；其中***、**、*分别表示在1%、5%与10%的统计水平上显著。

（2）局部莫兰散点图

在全局空间自相关检验的基础上，进一步分析我国各省域国内国际双循环联动发展水平和数字经济发展水平的局部自相关状况，由于外循环发展水平和数字经济发展水平在相邻距离权重矩阵上不显著，故而下文的局部莫兰指数散点图使用经济距离权重矩阵测算所得，以2022年为例，如图6-2所示。我国各省域的内循环［见图6-2（a）］、外循环［见图6-2（b）］和双循环联动［见图6-2（c）］发展水平主要集中在第一象限和第三象限，如北京、天津、上海、浙江等经济发达地区本身是高值，周边地区也是高值，呈现出"高-高"聚集，说明该类地区在经济发展上具有相对优势，对周边地区产生了吸引力和辐射效应；如内蒙古本身是低值，而周边地区是高值，呈现出"低-高"聚集现象，说明该类地区在经济发展上存在一定的短板或瓶颈，但仍然能够从周边高值地区的经济活动中获得一定的互补和拉动效应；如山东、福建等地区本身是高值，但周边地区是低值，呈现出"高-低"聚集现象，说明该类地区在经济发展上虽然具有一定的优势，但周边地区的经济发展相对滞后，未能形成协同发展的良好格局；如陕西、甘肃、青海等欠发达地区由于本身是低值，且周边地区也是低值，呈现出"低-低"聚集现象，说明该类地区在经济发展上面临着双重困境，既需要解决自身发展不足的问题，同时也需要克服周边地区的经济发展滞后对其产生的不利影响。如图6-2（d）所示，我国各省域的数字经济发展水平相对分散，但仍有类似的聚集现象，如"高-高"聚集现象的地区同样也是北京、上海、浙江、江苏等发达地区，"低–高"聚集现象的地区包括天津、辽宁、内蒙古等围绕发达地区的邻近省域，而"低–低"聚集现象的地区同样也是陕西、甘肃、青海等欠发达地区，"高–低"聚集现象的地区包括山东、河南、四川等，自身数字经济发展具有更高的起点和更大的潜力。

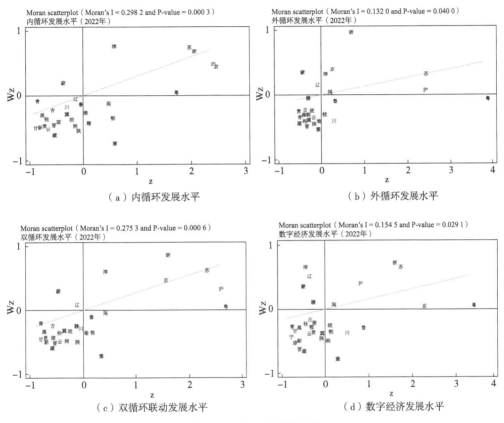

图 6-2　局部莫兰散点图

6.3.4.2　空间杜宾模型基准回归分析

进一步在经济距离矩阵下，运用空间杜宾模型对数字经济赋能国内国际双循环联动发展进行空间基准回归分析，发现数字经济对内循环、外循环和双循环联动发展水平具有本地化效应，具体见表6-10。其中*Main*项表示本地区解释变量对本地区被解释变量的影响，*Wx*项表示邻近地区解释变量对本地区被解释变量的影响，*Wx*项结果比*Main*项的系数更具有空间传导性。

首先，数字经济对内循环发展水平的估计系数为0.707，在1%的水平上显著，空间相关性系数为–0.231，在5%的水平上显著，表明数字经济对内循环发展水平的提升具有积极作用，同时该作用受到地区间经济距离的影响，空间相关性系数的符号为负，说明随着经济距离的增加，数字经济对内循环发展水平的提升作用呈现出减弱的趋势。这可能是因为随着地区间经济差距的扩大，数字经济在不同地区间的扩散和溢出效应受到限制，导致"马太效应"的形成。其次，数字经济对外循环发展水平的估计系数为 –0.924，在1%的水平上显著，空间相关性系数为 –0.065，在10%的水平上不显著，整体模型的拟合度并不高，这或许是因为国际贸易和投资中存在的壁垒和障碍限制了数字经济的扩散和溢出效应。最后，数字经济对双循环联动发展水平的估计系数为0.099，在1%的水平上显著，空间相关性系数为 –0.022，在10%的水平上不显著，虽然数字经济对本地的国内国际双循环联动发展有一定的推动作用，但在不同地区间的协调发展和互动合作方面仍受到限制，导致其对国内外市场的联动效应不明显。而邻近地区的数字经济发展水平对本地的内循环、外循环和双循环联动发展水平的影响效果均不显著，说明邻近地区的数字经济与本地的内循环、外循环和双循环联动发展之间缺乏有效互动，导致邻近地区的数字经济发展没能对本地的内循环、外循环和双循环联动发展产生明显的推动或制约作用。

表6-10　空间基准回归结果

变量	Main			Wx		
	（1）	（2）	（3）	（4）	（5）	（6）
	DFM N	DFM G	DFM	DFM N	DFM G	DFM
DEI	0.707*** (9.85)	–0.924*** (–14.91)	0.099*** (5.31)	0.166 (0.61)	–0.31 (–1.34)	0.022 (0.32)
FD	–0.037*** (–4.97)	–0.006 (–0.92)	–0.009*** (–4.58)	–0.026 (–1.14)	0.034* (1.80)	–0.002 (–0.29)
ED	0.010* (1.87)	0.031*** (6.59)	0.004*** (3.18)	0.027 (1.54)	–0.003 (–0.21)	–0.001 (–0.27)
IS	0.008 (0.60)	0.048*** (3.96)	0.006* (1.79)	0.048 (1.21)	0.023 (0.69)	0.009 (0.95)
SCL	0.131** (2.22)	0.190*** (3.70)	0.047*** (3.10)	–0.065 (–0.44)	0.800*** (6.08)	0.078** (1.97)
TIL	0.029 (1.51)	0.003 (0.17)	0.007 (1.58)	–0.047 (–0.83)	0.048 (0.98)	–0.009 (–0.63)
FDD	–0.167** (–1.97)	–0.190** (–2.59)	–0.056** (–2.51)	0.335* (1.73)	–0.559*** (–3.35)	0.054 (1.07)
ρ	–0.231** (–2.37)	–0.065 (–0.58)	–0.022 (–0.23)	–0.231** (–2.37)	–0.065 (–0.58)	–0.022 (–0.23)
R^2	0.833	0.644	0.825	0.833	0.644	0.825

变量	Main			Wx		
	(1)	(2)	(3)	(4)	(5)	(6)
	DFM N	DFM G	DFM	DFM N	DFM G	DFM
N	341	341	341	341	341	341

注：括号中内容为z统计量；其中***、**、*分别表示在1%、5%与10%的统计水平上显著。

6.3.4.3　空间效应分解

空间杜宾模型解释了各省域之间的空间经济相关性，但其参数估计结果并不能直接反映直接效应和空间溢出效应真实作用效果，因此需要利用偏微分法进行空间效应分解。其中，直接效应为本地区解释变量对本地区被解释变量的影响程度，间接效应即空间溢出效应，指邻近地区解释变量每变化一个单位对本地区被解释变量的影响程度，总效应即直接效应与间接效应之和。

由表6-11可知，本地的数字经济发展水平对本地内循环和双循环联动发展水平的直接效应系数在1%的水平上显著为正，而对本地外循环发展水平的直接效应系数显著为负，这可能与我国数字经济的发展主要依赖于本地市场需求和资源，而对外循环市场的依赖度相对较低有关，同时也反映了本地数字经济的发展尚未完全融入全球价值链体系，仍存在一定的对外循环发展的制约因素；邻近地区的数字经济发展水平对本地的内循环和外循环发展水平的空间溢出效应系数为负，对双循环联动发展水平的空间溢出效应系数为正，但均不显著，说明邻近地区的数字经济发展对本地的资源和市场产生了"虹吸"效应，导致本地内循环和外循环发展受到一定程度的制约，而双循环联动发展则更多地依赖于全球资源和市场，与邻近地区的数字经济发展具有一定的互补性和合作空间。从总效应来看，数字经济对内循环发展有推动作用，对外循环发展有一定的制约，对双循环联动发展有促进作用但不显著，原因可能在于总效应为直接效应及间接效应的综合结果，其本身受到多方面的影响，直接效应及间接效应更能表现出变量间的影响关系。

综上所述，目前数字经济发展对国内国际双循环联动发展仅出现本地化效应，对周边地区的辐射作用并不明显，故H5未成立。

表6-11 空间效应分解

变量	内循环发展水平			外循环发展水平			双循环联动发展水平		
	（1）	（2）	（3）	（4）	（5）	（6）	（7）	（8）	（9）
	直接效应	间接效应	总效应	直接效应	间接效应	总效应	直接效应	间接效应	总效应
DEI	0.710***	−0.007	0.703***	−0.920***	−0.246	−1.166***	0.100***	0.017	0.117
	（9.79）	（−0.03）	（3.01）	（−14.42）	（−1.05）	（−4.54）	（5.23）	（0.25）	（1.59）
FD	−0.037***	−0.013	−0.050***	−0.006	0.034*	0.027	−0.009***	−0.001	−0.010*
	（−5.01）	（−0.71）	（−2.74）	（−1.06）	（1.89）	（1.50）	（−4.79）	（−0.21）	（−1.76）
ED	0.010*	0.021	0.031**	0.032***	−0.005	0.027**	0.004***	−0.001	0.003
	（1.74）	（1.40）	（2.43）	（6.82）	（−0.34）	（2.10）	（3.37）	（−0.29）	（0.85）
IS	0.006	0.036	0.043	0.048***	0.017	0.065**	0.006*	0.008	0.015
	（0.49）	（1.17）	（1.33）	（4.08）	（0.56）	（1.99）	（1.82）	（0.93）	（1.50）
SCL	0.131**	−0.066	0.064	0.178***	0.762***	0.941***	0.046***	0.080**	0.127***
	（2.31）	（−0.49）	（0.49）	（3.70）	（5.47）	（6.64）	（3.22）	（1.99）	（3.12）
TIL	0.032*	−0.049	−0.018	0.003	0.043	0.045	0.008*	−0.010	−0.002
	（1.68）	（−1.04）	（−0.36）	（0.18）	（0.92）	（0.92）	（1.66）	（−0.72）	（−0.15）
FDD	−0.184**	0.326**	0.143	−0.186**	−0.511***	−0.698***	−0.057**	0.057	0.000
	（−2.10）	（1.99）	（0.77）	（−2.48）	（−2.95）	（−3.54）	（−2.49）	（1.14）	（0.00）

注：括号中内容为 z 统计量；其中 ***、**、* 分别表示在1%、5%与10%的统计水平上显著。

6.3.5 非线性特征分析

数字经济发展，其本身就是一个不断创新和变革的过程。通过运用非线性理论，可以更好地理解数字经济的创新机制和变革动力，推动数字经济的持续发展，进而增强国内国际双循环联动的效率和效益。为此，本研究试图从数字基础设施覆盖和居民消费结构升级两个角度，探讨数字经济赋能国内国际双循环联动的非线性特征。

6.3.5.1 基础设施效应

本研究首先识别数字基础设施对数字经济赋能内循环、外循环和双循环联动发展是否存在非线性影响。在设定好面板门限模型后，使用Bootstrap自抽样方法抽取300次，以此检验门槛效应是否存在并确定门槛的个数和相应的门槛值。通过抽样结果发现，对内循环发展水平存在单门槛效应，门槛值为0.379，对外循环发展水平存在双门槛值，门槛值分别为0.647和0.739，对双循环联动发展水平存在双门槛值，门槛值分别为0.432和0.602，具体结果见表6-12。

表6-12 门槛效应检验：数字基础设施

变量	假设检验	门槛值	*F*值	*P*值
内循环发展水平	单一门槛	0.379	43.58	0.03
外循环发展水平	单一门槛	0.647	61.89	0.00
	双重门槛	0.739	33.83	0.01
双循环联动发展水平	单一门槛	0.432	79.32	0.00
	双重门槛	0.602	27.41	0.03

表6-13汇报了运用固定效应面板门限模型进行依次回归结果，发现数字基础设施"大动脉"对数字经济加快构建以国内大循环为主体、国内国际双循环相互促进的新发展格局起到了重要基石作用。具体而言，对于内循环发展，当数字基础设施水平小于等于0.379时，数字经济的估计系数为0.677，而当数字基础设施水平大于0.379时，估计系数增加到0.855，表明随着数字基础设施水平的提高，数字经济对内循环发展水平的积极作用逐渐提升。这可能是因为数字基础设施的完善和提升，有助于数字经济有效促进国内市场的数字化转型和升级，提高经济运行的效率和效益，推动内需市场的扩大和消费升级，有助于内循环发展"量质齐升"。

对于外循环发展，当数字基础设施水平小于等于0.647时，数字经济的估计系数为-0.706，而在（0.647，0.739]之间时估计系数为-0.571，大于0.739时估计系数为-0.424，表明随着数字基础设施水平的提高，数字经济对外循环发展水平的抑制作用递减。究其原因在于数字基础设施的完善为数字经济提供了良好的国际贸易环境，促进了数字经济的进出口服务和国际化发展，对提高我国国际竞争力、稳定外贸经济的繁荣发展具有重要推动作用。

对于双循环联动发展，当数字基础设施水平小丁等丁0.432时，数字经济的估计系数为0.116，而在（0.432，0.602]之间时估计系数为0.134，大于0.602时估计系数为0.181，表明随着数字基础设施水平的提高，数字经济对双循环联动发展水平的促进作用逐渐增强。其背后原因可能是数字基础设施的完善为数字经济提供了更好的国内外市场融合环境，推动我国经济的全面发展和提升，有助于我国经济的可持续发展。

综上所述，当数字基础设施的建设逐渐完善时，数字经济能够有效促进国内国际双循环联动发展，提升经济质效，故H6成立。

表6-13　门槛效应回归结果：数字基础设施

变量	内循环发展水平		外循环发展水平			双循环联动发展水平		
	（1）	（2）	（3）	（4）	（5）	（6）	（7）	（8）
门槛	$DFB \leq$ 0.379	$DFB>0.379$	$DFB \leq$ 0.647	$0.647<DFB \leq$ 0.739	$DFB>0.739$	$DFB \leq$ 0.432	$0.432<DFB \leq$ 0.602	$DFB>0.602$
DEI	0.677*** (4.95)	0.855*** (6.14)	−0.706*** (−3.67)	−0.571*** (−2.80)	−0.424*** (−3.00)	0.116*** (4.62)	0.134*** (4.73)	0.181*** (6.71)
控制变量	控制	控制	控制	控制	控制	控制	控制	控制
固定效应	控制	控制	控制	控制	控制	控制	控制	控制
R^2	0.903		0.468			0.907		
N	341		341			341		

注：括号中内容为z统计量；其中***、**、*分别表示在1%、5%与10%的统计水平上显著。

6.3.5.2　消费结构效应

本研究进一步识别居民消费结构对数字经济赋能内循环、外循环和双循环联动发展是否存在非线性影响。依照上述方法，抽取300次发现，对内循环发展水平存在单门槛效应，门槛值为0.655，对外循环发展水平存在单门槛值，门槛值为0.679，对双循环联动发展水平存在双门槛值，门槛值分别为0.636和0.711，具体结果见表6-14。

表6-14　门槛效应检验：居民消费结构

变量	假设检验	门槛值	F值	P值
内循环发展水平	单一门槛	0.655	50.62	0.00
外循环发展水平	单一门槛	0.679	65.73	0.00
双循环联动发展水平	单一门槛	0.636	53.56	0.00
	双重门槛	0.711	16.56	0.04

表6-15汇报了运用固定效应面板门限模型进行依次回归结果，发现内需扩大是数字经济推动国内市场开放与全球化进程的必然选择，也是促进国内国际双循环联动发展的关键举措。具体而言，对于内循环发展，当居民消费结构水平小于等于0.655时，数字经济的估计系数仅为0.042，这可能是因为此时居民的消费需求主要集中在基本生活用品和基础服务上，数字经济的创新和发展对这些领域的拉动作用相对有限。当居民消费结构水平大于0.655时，数字经济对内循环发展水平的促进

作用得到大步提升，估计系数为0.599且在1%的水平上显著，反映了随着居民消费需求的层次化和多样化，数字经济正以其独特的优势，快速地响应国内市场需求，为消费者提供定制化的产品和服务，推动国内经济高质量发展。

对于外循环发展，当居民消费结构水平小于等于0.679时，数字经济的估计系数为−0.719，这可能是因为此时国内数字经济的发展主要依靠国内市场需求，与国际市场的联系尚不紧密，导致数字经济在国际市场上的竞争力较弱。当居民消费结构水平大于0.679时，数字经济的估计系数为−0.463，表明随着居民消费结构的进一步升级，数字经济对国际市场的依赖度逐渐增加，但仍然存在一定的竞争压力。这也是我国国内数字经济发展尚未完全成熟的表现，与国际先进水平仍存在一定差距。

对于双循环联动发展，当居民消费结构水平小于等于0.636时，数字经济的估计系数为−0.258，究其原因在于这个阶段，数字经济更多地在本土市场上寻求发展机会，与国际市场的互动有限。当居民消费结构水平位于（0.636，0.711]时，数字经济开始在国际舞台上尝试拓展，但由于经验不足和竞争力尚未形成，导致其影响力比较微弱。当居民消费结构水平大于0.711时，数字经济的估计系数为0.077，且在1%的水平上显著，表明数字经济在国际市场上已经积累了一定的经验和实力，开始发挥出其独特的竞争优势，为"双循环"新发展格局注入了新动能。

综上所述，当居民消费结构快速升级和变革时，数字经济能够有力地促进国内国际双循环联动发展，进一步释放内需潜力，助推经济的高质量发展，故H7成立。

表6-15 门槛效应回归结果：居民消费结构

变量	内循环发展水平		外循环发展水平		双循环联动发展水平		
	（1）	（2）	（3）	（4）	（5）	（6）	（7）
门槛	$COS \leq$ 0.655	$COS > 0.655$	$COS \leq$ 0.679	$COS > 0.679$	$COS \leq$ 0.636	$0.636 <$ $COS \leq 0.711$	$COS > 0.711$
DEI	0.042 (0.35)	0.599*** (8.36)	−0.719*** (−13.07)	−0.463*** (−7.92)	−0.258*** (−6.33)	−0.053** (−2.13)	0.077*** (4.60)
控制变量	控制	控制	控制	控制	控制	控制	控制
固定效应	控制	控制	控制	控制	控制	控制	控制
R^2	0.906		0.463		0.911		
N	341		341		341		

注：括号中内容为z统计量；其中***、**、*分别表示在1%、5%与10%的统计水平上显著。

6.3.6 稳健性检验

6.3.6.1 内生性问题

尽管在基准回归中控制了与主要变量相关的因素，但仍有可能存在内生性问题。这主要是因为遗漏了一些重要的变量或者存在反向因果关系，导致模型不能准确地捕捉到变量之间的真实关系。为了减轻内生性问题的影响，本研究尝试使用工具变量法和系统GMM方法，提高模型的准确性和可靠性。

对于内循环和双循环联动发展水平，借鉴黄群慧等（2019）[107]的以1984年省域层面每百万人邮局数量与滞后一期全国层面互联网普及率的交乘项，作为数字经济的工具变量。一方面，互联网作为传统通信技术的延续发展，当地历史上的电信基础设施会从技术水平和使用习惯等因素影响到后续阶段互联网技术的应用；另一方面，固定电话等传统电信工具对经济发展的影响随着使用频率下降而逐渐式微，满足排他性。表6-16列（2）—（3）汇报了内循环和双循环联动发展水平的两阶段最小二乘法的回归结果（未列出第一阶段回归结果），发现数字经济对内循环和双循环联动发展水平的估计系数均显著为正，并且不存在弱工具变量问题，验证了数字经济可以显著促进国内大循环和国内国际双循环联动发展。由于数字经济工具变量对外循环发展水平未通过弱工具变量检验，对此本研究使用系统GMM方法来验证研究结果的可信性。表6-16列（1）汇报了利用系统GMM回归的结果，发现数字经济赋能外循环发展水平面临着一定的挑战，Sargan检验和Hansen检验也表明该模型具有合理性和有效性。

表6-16 稳健性检验：内生性问题

变量	系统GMM	工具变量法	
	（1）	（2）	（3）
	DFM G	*DFM N*	*DFM*
L.DFM G	0.993*** （73.23）		
DEI	−0.073*** （−3.16）	2.804*** （2.67）	0.734** （2.37）
控制变量	控制	控制	控制
个体固定效应	控制	控制	控制
时间固定效应	控制	控制	控制
Kleibergen-Paap rk LM statistic		5.237 [0.019]	5.443 [0.019]

变量	系统GMM	工具变量法	
	（1）	（2）	（3）
	DFM G	*DFM N*	*DFM*
Kleibergen-Paap Wald rk LM statistic		16.578 {16.38}	23.002 {16.38}
控制变量	控制	控制	控制
个体固定效应	控制	控制	控制
时间固定效应	控制	控制	控制
样本量	310	341	341
R^2		0.722	0.574
Sargan	57.46 [0.00]		
Hansen	12.26 [0.14]		

注：①*Kleibergen-Paap rk LM statistic* 为可识别检验。

②*Kleibergen-Paap Wald rk LM statistic* 为弱工具变量检验。

6.3.6.2　剔除部分样本

在估计数字经济对国内国际双循环联动发展水平的影响时，将我国31个省域全部纳入样本当中，可能导致一定的样本选择问题，导致回归系数有偏。为此，本研究将北京、上海、广东等保持发展领先性的三个地区进行剔除，这些地区的数字经济发展水平高，对于国内国际双循环联动发展水平的贡献也较大，可能会对周边省域的资源要素产生"虹吸"效应。表6-17汇报了剔除部分样本后的回归结果，发现数字经济对内循环、外循环和双循环联动发展水平均起到了推动作用，但外循环发展水平的估计系数不显著，这一结论虽与前文所得结论相悖，但与核心理论相符，进一步证明了在剔除了北京、上海和广东三个地区的样本之后，数字经济在推动国内国际双循环联动发展中仍具有重要推动作用，与前述结论相一致。

表6-17　稳健性检验：剔除部分样本

变量	（1）	（2）	（3）
	DFM N	*DFM G*	*DFM*
DEI	1.092*** （10.05）	0.070 （1.21）	0.236*** （8.91）
控制变量	控制	控制	控制

变量	（1）	（2）	（3）
	DFM N	*DFM G*	*DFM*
个体固定效应	控制	控制	控制
时间固定效应	控制	控制	控制
N	308	308	308
R^2	0.937	0.218	0.936
F	231.72	4.30	226.70

6.3.6.3　替换解释变量

为避免因解释变量选择不当而导致误导性结论，进一步将核心解释变量数字经济发展水平（*DEI*）替换为经济发展水平（*ED*），评估回归结果的可靠性和可信度。表6-18列（1）—（3）汇报了经济发展水平对内循环、外循环和双循环联动发展水平的回归结果，发现经济发展水平的估计系数均为正，但对外循环发展水平的估计系数不显著，表明在当前的经济发展水平下，外循环的发展并未受到显著的推动。从模型的稳健性角度来看，在替换核心解释变量后，数字经济仍有效提升国内国际双循环联动发展，与前述结论相一致。

表6-18　稳健性检验：替换解释变量

变量	（1）	（2）	（3）
	DFM N	*DFM G*	*DFM*
ED	0.032*** （7.51）	0.003 （0.75）	0.006*** （5.90）
控制变量	控制	控制	控制
个体固定效应	控制	控制	控制
时间固定效应	控制	控制	控制
N	341	341	341
R^2	0.909	0.115	0.911
F	183.62	2.38	188.39

6.4 本章小结

数字经济在促进国内国际双循环联动发展中扮演着越来越重要的角色。在基准回归结果中，发现数字经济对国内大循环和国内国际双循环联动发展具有显著的推动作用，不仅表现在经济增长、就业创造等方面，还体现在产业结构优化、创新能力提升等多个维度，然而单论对国际循环发展时，数字经济仍面临一定的挑战。在机制传导路径方面，深入探讨了产业升级路径、技术创新路径和数字金融路径对国内国际双循环联动发展的影响。发现产业升级路径主要体现在数字经济对传统产业的改造和升级，通过数字化手段提高生产效率和产品质量，进而增强国际竞争力。技术创新路径则强调数字技术对研发、设计等环节的赋能，推动企业不断推出创新产品和服务，满足国内市场需求并开拓国际市场。数字金融路径则通过提供高效、便捷的金融服务，支持实体经济尤其是中小微企业和创新创业者的发展，从而更好地服务于国内国际双循环联动发展。在异质性分析中，注意到地理区域、互联网覆盖和人口老龄化等因素对数字经济赋能国内国际双循环联动发展的影响存在差异。地理区域因素主要表现在东部地区受益于区位优势和先发优势，数字经济发展较为成熟，对内循环和双循环联动的赋能作用更加明显。互联网覆盖程度高的地区，数字经济与双循环联动发展的协同效应更加突出。人口老龄化程度高的地区，数字经济发展面临的挑战相对较大，需要采取针对性措施来释放发展潜力。从空间溢出效应角度分析表明，目前数字经济发展对国内国际双循环联动发展仅出现本地化效应，对周边地区的辐射作用并不明显。这要求我们在推进数字经济发展的过程中，注重区域间的协同与合作，实现资源共享、优势互补。门槛效应分析进一步揭示了数字基础设施和居民消费结构升级在数字经济赋能双循环联动发展中的关键作用。加强数字基础设施建设，提高居民收入水平，扩大内需市场，将为数字经济发展创造更加有利的环境，进而促进国内国际双循环联动的健康持续发展。

7　结论与政策建议

7.1　主要研究结论

第一，通过考虑进出口总额、国内生产总值等单一因素与双循环发展水平的计算和分析，深入了解不同因素对双循环发展的影响程度，从而为相关政策制定提供依据。从总体角度分析发现：国内大循环总量大于国际大循环总量，发达地区双循环整体发展水平高于欠发达地区。中西部地区国内大循环发展水平较高，东部地区国际大循环发展水平高于中西部地区。从四大地区角度分析研究发现：不同地区内外循环规模的差异主要受资源禀赋、产业结构、地理位置和政策支持等多种因素的影响。对于中部和东北地区而言，需要加强资源整合和产业升级，促进内外循环规模的提升；对于西部地区而言，需要继续推进资源开发和基础设施建设，以更好地发挥地区的内外循环潜力。从时空动态演变角度研究发现：大部分省域进出口额的正增长反映了中国经济对外开放的成果和贸易活动的增加，而少数省域进出口额下降的情况则需要引起重视，需要进一步深入分析原因并采取相应措施。

第二，依据贸易依存度指数的测算思路对省域内循环经济依存度与外循环经济依存度进行测度与分析，研究发现：最初，中国经济高度依赖对外贸易和外资吸引，外循环的依存度较高；随着国内市场的扩大和消费需求的增加，内循环的经济依存度逐渐提高；而近年来，随着外部环境不确定性的增加，内外循环的经济依存度出现一定波动。这种变化反映了中国经济发展模式的转变，以及内外市场需求的动态调整。另外，国际市场的变化也对内外循环的经济依存度产生了影响。国际市场的需求变化、贸易摩擦、全球经济形势等因素都对中国内外循环的依存度产生了影响。从区域对比角度分析内、外循环经济依存度，研究发现：根据地区划分，各地区的经济内循环依存度和经济外循环依存度的变化趋势与全国整体情况基本一致。对比发现，沿海省域的经济内循环依存度指数均值和经济外循环依存度指数均值一直高于内陆省域；南方省域的经济内循环依存度指数均值和经济外循环依存度指数均值一直高于北方省域。这表明，中国各地区的经济增长对国内外市场和资源的依赖程度存在显著差异，其中内陆省域和北方省域对国内市场和资源的依赖程度更高，而沿海省域和南方省域对国外市场和资源的依赖程度更高。

第三，本研究依据贸易集中度指数的构建思路对我国经济双循环集中度指数进行测度与分析，研究发现：我国经济内循环规模和经济外循环规模的集中化趋势一直非常明显，江苏、浙江、山东和广东等省域拥有较强的经济活力和竞争力。然而，一些地区的经济内循环规模发展相对滞后，缺乏足够的产业支撑和创新动力，导致了区域经济发展的不均衡。此外，中国的经济外循环规模虽然也存在着一定的集中化趋势，但相对于经济内循环规模来说，集中化程度相对较低。反映出中国经济双循环的区域发展出现失衡问题。

第四，对我国内、外循环占比进行测度分析，研究发现：中国近二十年来的经济发展以国内大循环为主，国际循环为辅。这种发展模式的确在一定程度上反映了中国经济的实际情况，也是中国经济发展的一个重要特点。然而，需要指出的是，国际市场的重要性依然不可忽视。中国是一个开放的经济体，国际市场对中国经济的发展依然具有重要意义。此外，不同地区的内循环发展水平与该地区的产业结构和经济发展水平密切相关。地处沿海的东部地区，由于其发达的制造业和服务业，以及相对较高的人口密集度，内循环发展水平可能更高；而西部地区由于资源丰富，更多倾向于依赖外部市场，其内循环发展水平可能相对较低。随着中国经济的不断发展和政策的不断完善，相信各地区的内循环发展水平将逐渐趋于均衡，为中国经济的可持续发展提供更为坚实的基础。

第五，通过构建多层线性模型对双循环经济效应进行分析，研究发现：贸易对省域的GDP增长有着显著的正向影响。贸易活动能够促进资源的有效配置和利用、技术的传播和创新、劳动力和资本的流动，以及市场的竞争和市场规模的扩大，这些都有助于推动经济的增长。然而，也需要关注贸易活动可能受到的限制因素和负面影响，以便更好地实现贸易对经济增长的正向影响。通过分析不同地区的线性关系方程，了解到不同地区之间在贸易值对GDP的影响程度和起点水平上存在一定的差异。这些差异可能反映了不同地区之间的经济特征和发展差异。

第六，采用逐层纵横向拉开档次法对双循环指数测算进行测度，进而运用耦合协调度测度方法测度国内循环与国际循环联动水平，分析测度结果得出以下结论：从微观层面而言我国内循环指数呈显著递增趋势，外循环发展水平整体较平稳，仅有上海市与山东省外循环指数呈递增趋势。我国外循环发展水平较内循环发展水平相对较弱，应该加大对外循环发展的重视程度，使得外循环发展水平在未来能有显著提升，为加速构建新发展格局奠定坚实基础。我国省域双循环联动水平均呈现递增趋势，这种趋势在近五年内尤其明显。说明各省域均在紧随国家在经济发展方面的战略部署，积极为加速构建"双循环"新发展格局贡献自己的力量，同时也体现出国家政策对于省域经济发展会起到重要的指引作用。其中广东省、上海市、江苏省、浙江省以及北京市递增趋势较其他省域而言更为显著，因此这五个省域会在加速构建"双循环"新发展格局中起到关键的引领作用。

第七，依据前文测度所得的内循环指数与外循环指数，运用耦合协调度模型测度与分析我国省域双循环联动水平，研究发现：从时间维度分析可以发现我国省域双循环联动水平均呈现递增趋势，这种趋势在近五年内尤其明显。这说明各省域均紧随国家在经济发展方面的战略部署，积极为加速构建"双循环"新发展格局贡献自己的力量，同时也体现出国家政策对于省域经济发展会起到重要的指引作用。从空间维度分析可以发现广东省、上海市、江苏省、浙江省以及北京市近二十年来的双循环联动水平始终远高于其他省域，并且递增趋势也较其他省域而言更为显著。无疑，这五个省域会在加速构建"双循环"新发展格局中起到关键的引领作用。最后运用莫兰指数分析各省域双循环联动水平空间集聚特征，结果验证了前文的结论，我国各省域的双循环联动水平具有区域集聚特征。

第八，对数字经济发展现状进行分析，研究发现：数字产业化和产业数字化是一个相互促进、协同发展的过程。面向未来，协同推进数字产业化和产业数字化。侧重加强对数字产业化发展的关注，给予数字产业化发展更多的经济支撑。与此同时也不忽视产业数字化的发展，不断拓展实体经济内涵和外延，将为数字经济与先进制造业深度融合创造更加广阔的空间，也将为经济发展注入强劲动能。数字经济发展的可持续性需要综合考虑环境、社会和经济等多个方面，通过推广节能环保的数字技术、促进资源循环利用、促进数字包容性发展、推动数字治理体系建设以及推动产业升级和转型等措施，实现数字经济的可持续发展。

第九，从数字经济基础、数字产业化、产业数字化以及数字经济覆盖率四个方面对数字经济发展水平进行科学测度与分析。研究发现：中国各省域数字经济发展水平整体呈上升趋势，成为推动国家经济发展的重要力量。东部地区因经济、科技及开放优势，数字经济领先；西部地区虽起步较晚，但增长迅速，特别是四川、重庆和贵州等地。中部地区发展稳健，展现出特色模式。东北地区虽相对滞后，但正积极转型。地区差异仍然存在，但差距正逐渐缩小。政府政策引导和地区积极投入为关键因素。从历年指标箱线图看，虽部分省域领先，但整体呈上升趋势，数据分布渐趋集中。核密度估计显示，数字经济发展差异增大，但总体水平提升，战略初见成效，但省域间需更均衡发展。

第十，通过构建面板回归模型探究数字经济赋能双循环联动的影响机制与实现路径。研究发现：数字经济可以通过规模效应和网络效应促进内循环经济的发展。究其原因在于数字经济可以通过提高生产效率、优化资源配置、促进创新等方式，推动国内经济的增长和内需的扩大。同时，数字经济也可以促进国内市场的数字化转型和升级，为内循环发展提供更多的动力和机遇。数字经济还可以促进国内市场和国际市场的联动发展，推动国内经济的开放和全球化进程。数字经济对加快构建以国内大循环为主体、国内国际双循环相互促进的新发展格局具有重要的推动力量，而在外循环发展方面我国仍受到一定的制约，在国际贸易和投资中面临着"出不去"与"进不来"的挑战，导致国内国际双循环联动发展效果甚小。此外，对数字经济赋能双循环联动的实现路径展开研究，研究发现：首先，数字经济可以通过产业结构升级，优化资源配置、提高生产效率、促进技术创新，增强内需和外需的互补性，推动国内国际双循环联动的良性发展。其次，数字经济可以通过加大技术创新投入，促进国民生产力的释放和居民生活品质的提高，推动智慧城市建设和数字治理发展，加快建设贸易强国，促进国内国际双向投资，推动经济的双向开放和发展。最后，数字经济可以通过加速数字化金融进程，促进内需的增长和消费升级，提高我国企业在全球市场的竞争力和海外市场的拓展，促进国内国际资源的优化配置和互利共赢。分别从区域差异、互联网覆盖差异和人口老龄化差异三个视角对数字经济赋能双循环联动影响进行异质性分析。研究发现：相较于中西部地区，东部地区数字经济在赋能国内国际双循环联动发展上更具优势。互联网的覆盖程度直接决定着数字经济对国内国际双循环联动发展的广度和深度。随着人口老龄化程度的加深，数字经济赋能国内国际双循环联动的影响效果呈现递减趋势。

第十一，从空间溢出效应的角度，深入探讨数字经济如何赋能邻近地区的国内国际双循环联动发展。研究发现：目前数字经济发展对国内国际双循环联动发展仅出现本地化效应，对周边地区的辐射作用并不明显。此外，本研究从数字基础设施覆盖和居民消费结构升级两个角度，探讨数字经济赋能国内国际双循环联动的非线性特征。研究发现：当数字基础设施的建设逐渐完善时，数字经济能够有效促进国内国际双循环联动发展，提升经济质效，实现内外市场的有机统一和深度融合。并且当居民消费结构快速升级和变革时，数字经济能够有力地促进国内国际双循环联动发展，进一步释放内需潜力，助推经济的高质量发展。

7.2 政策建议

根据以上研究结论分别提出以下政策建议，为有效提升双循环联动发展提供理论支撑，进而为加速构建"双循环"新发展格局提供创新思路，为具体实践提供切实可行的理论支撑。

第一，随着数字经济的快速发展，有必要从数字经济的核心组成部分——数字产业化与产业数字化角度出发，结合数字经济发展现状，有针对性地给出具体建议。未来应当侧重加强对数字产业化发展的关注度，为其提供更多的经济支撑与政策支持。数字产业化是数字经济发展的基础，它涉及数字技术的研发、数字产品的制造以及数字服务的提供等方面。为了促进数字产业化的发展，政府和企业需要加强合作，加大对数字技术研发的投入，提高数字产品的质量和竞争力，同时制定更加优惠的税收政策、资金扶持政策等，为数字产业化发展提供更加广阔的空间。与此同时，也不能忽视产业数字化的发展。产业数字化是指将传统产业与数字技术相结合，实现产业的数字化转型。通过不断拓展实体经济的内涵和外延，将为数字经济与先进制造业深度融合创造更加广阔的空间。例如，智能制造、物联网、人工智能等技术的应用，将极大地提高制造业的生产效率和质量水平，同时也将为服务业提供更加智能化、高效化的服务。

第二，双循环发展是我国经济发展的重要战略之一，它强调在以国内大循环为主的基础上，加强对外循环的发展，实现国内国际双循环相互促进。加强对外循环的发展是双循环发展的关键。在全球化背景下，任何一个国家都不可能孤立存在，必须与世界其他国家进行交流和合作。因此，我国应该积极主动地加强对外开放，把"引进来"与"走出去"相结合，加强有关促进外循环发展的战略部署。具体而言，要积极推进"一带一路"建设，深化国际大合作、加强国家间经贸往来。通过"一带一路"建设，可以推动我国与沿线国家的互利合作，促进共同发展。同时，要进一步在多个地区推行自由贸易试验区，优化自贸试验区的法治环境和政策环境，努力建成推动国际经济交往的高水平对外开放平台。这可以有效降低国家间贸易合作成本，提高贸易便利化水平，吸引更多的外资和先进技术进入我国。此外，要营造多元优质的营商环境，尽可能与世界高标准经贸规则对接。这可以有效增强在华投资企业的经营信心，提高我国经济的国际竞争力。同时，要加强国家经济运行过程中的经济韧性，以应对外部环境对国际经济发展形势的冲击。通过加强经济结构调整和创新发展，不断塑造新的竞争优势，促进经济外循环发展壮大。

第三，关于双循环联动发展。基于数字经济赋能双循环联动的研究结论，从数字经济赋能双循环联动角度给出以下建议：在推动"双循环"新发展格局的过程中，需要关注不同区域的特点和需求，制定特色化的战略部署。对于数字经济的发展，需要充分考虑如何利用数字技术的优势，高效促进本区域的双循环联动发展。要结合本地区的资源禀赋、产业基础和市场优势，制定符合实际情况的数字经济发展规划。通过引导和支持企业加大数字化转型投入，提高数字化水平，推动产业升级和商业模式创新。同时，要注重发挥数字经济的集聚效应和辐射效应，促进区域内的产业协同和资源共享，提升区域整体竞争力。要充分考虑数字经济的空间溢出效应，加强区域间的合作与交流。通过建立跨区域的数字经济合作平台，推动信息共享、技术交流和产业协作，促进区域间的联动发展。同时，要积极融入全球数字经济体系，加强与国际先进技术、资本和人才的交流与合作，提升我国数字经济的国际影响力。要从宏观层面出发，注重数字经济对双循环联动的全面赋能。通过制定适应新发展格局的政策体系，优化营商环境，激发市场主体活力，促进数字经济与实体经济的深度融合。同时，要加强数字经济基础设施建设，提高数字技术的研发和应用水平，为双循环联动提供强有力的支撑。

总体而言，首先精准定位数字经济与内、外循环发展的薄弱之处，有针对性地加强该部分的发展与提升。其次，站在数字经济赋能双循环联动的角度，基于数字经济赋能双循环联动的具体影响机制与路径，合理进行战略部署，高效提升双循环联动水平。最后，达到加速构建"双循环"新发展格局的目标。

7.3　研究不足与展望

7.3.1　研究不足

本研究选取我国内地 31 个省域 2003—2022 年的相关数据，从多维度、多方面考察了内、外循环发展现状及双循环联动发展状况，并在此基础上进一步探究了各省域双循环联动的时空差异和数字经济赋能双循环联动的影响机制与路径，较好地实现了本研究的研究目的，但仍然存在的不足是关于数字经济赋能双循环联动水平测度的指标选取还不够全面。本研究根据内循环指数与外循环指数测度值结合耦合协调度方法来对双循环联动水平进行测度分析，虽然所选取指标具备一定的参考性和代表性，但是对双循环联动的测度还有待于进一步深入探究。未来需要建立一个更全面、更适用的双循环联动测度框架来对双循环联动水平进行分析。

7.3.2　研究展望

本研究尽管对我国省域双循环联动进行了时空差异研究，并在此基础上采用了面板回归分析法及空间计量模型分析法实证考察了数字经济赋能双循环联动的影响机制与路径，但是限于数据和方法的局限性，本研究的研究层次还有待于进一步加深。此外，从双循环联动的衡量指标来看，尽管双循环联动测度所涉及的指标体系框架已较全面，但是目前为止还没有建立统一的具有权威的衡量体系框架，因此对省域双循环联动发展进行系统性的衡量研究还有待于进一步深度挖掘。

参考文献

[1] 王思文，孙亚辉.国内国际"双循环"有效联动测度及其应用研究[J].统计与信息论坛，2023，38（1）：28-42.

[2] 刘洪钟.双循环视角下的东亚区域价值链发展与我国经济安全[J].华东师范大学学报（哲学社会科学版），2022，54（6）：112-123+178-179.

[3] 中共中央关于制定国民经济和社会发展第十四个五年规划和二〇三五年远景目标的建议[N].人民日报，2020-11-04（001）.

[4] 习近平.高举中国特色社会主义伟大旗帜　为全面建设社会主义现代化国家而团结奋斗：在中国共产党第二十次全国代表大会上的报告[N].人民日报，2022-10-26（001）.

[5] 夏诗园.数字经济赋能"双循环"新发展格局的机理与路径[J].福建金融，2021（7）：3-8.

[6] 李凌杰.数字经济发展对制造业绿色转型的影响研究[D].长春：吉林大学，2023.

[7] 孙维旭.基于复杂网络模型的中国数字经济产业特征与综合评价研究[D].长春：吉林财经大学，2021.

[8] 赵涛，张智，梁上坤.数字经济、创业活跃度与高质量发展：来自中国城市的经验证据[J].管理世界，2020，36（10）：65-76.

[9] 王亚菲，洪聪恺，刘昊，等.经济双循环质量评价及数字经济的赋能效应研究[J].统计与信息论坛，2023，38（7）：3-17.

[10] 杨远根.国内大循环、乡村振兴与财政政策优化[J].改革，2021（8）：52-63.

[11] 杜宇玮.新发展格局下中国区域现代化战略转型：逻辑机制与推进路径[J].现代经济探讨，2021（9）：90-99.

[12] 杜传忠，管海锋.国内大循环视域下的生产性服务业效率、投入结构与制造业附加值提升[J].当代经济科学，2022，44（1）：25-38.

[13] 邢小强，周平录，张竹，等.数字技术、BOP商业模式创新与包容性市场构建[J].管理世界，2019，35（12）：116-136.

[14] 王俊豪，周晟佳.中国数字产业发展的现状、特征及其溢出效应[J].数量经济技术经济研究，2021，38（3）：103-119.

[15] 罗珉，李亮宇.互联网时代的商业模式创新：价值创造视角[J].中国工业经济，

2015（1）：95-107.

[16] 谢伏瞻，刘伟，王国刚，等.奋进新时代开启新征程：学习贯彻党的十九届五中全会精神笔谈（上）[J].经济研究，2020，55（12）：4-45.

[17] 范鑫.数字经济发展、国际贸易效率与贸易不确定性[J].财贸经济，2020，41（8）：145-160.

[18] CHANEY T. The network structure of international trade [J]. American Economic Review, 2011, 104（11）: 3600-3634.

[19] 钱学锋，裴婷.国内国际双循环新发展格局：理论逻辑与内生动力[J].重庆大学学报（社会科学版），2020，27（1）：14-26.

[20] 董志勇，李成明.国内国际双循环新发展格局：历史溯源、逻辑阐释与政策导向[J].中共中央党校（国家行政学院）学报，2020，24（5）：47-55.

[21] 张永亮."双循环"新发展格局：事关全局的系统性深层次变革[J].价格理论与实践，2020（7）：4-7，12.

[22] 王静，齐军明."一带一路"倡议引领"双循环"有效联动的内在机理与经验证据[J].工业技术经济，2023，42（8）：12-21.

[23] 二十国集团创新增长蓝图[N].人民日报，2016-09-06（007）.

[24] 邓洲.基于产业分工角度的我国数字经济发展优劣势分析[J].经济纵横，2020（4）：67-76.

[25] 张鹏.数字经济的本质及其发展逻辑[J].经济学家，2019（2）：25-33.

[26] MESENBOURG T L. Measuring electronic business[R]. Washington, DC: US Bureau of the Census, 2001.

[27] 徐鑫，刘兰娟.新一代信息技术影响经济转型的作用机制研究[J].经济纵横，2014（5）：55-58.

[28] 易宪容，陈颖颖，位玉双.数字经济中的几个重大理论问题研究：基于现代经济学的一般性分析[J].经济学家，2019（7）：23-31.

[29] CARLOTA PEREZ. Technological Revolutions and Techno-Economic Paradigms [J]. Cambridge Journal of Economics, 2010, 34（1）: 185-202.

[30] 徐梦周，吕铁.赋能数字经济发展的数字政府建设：内在逻辑与创新路径[J].学习与探索，2020（3）：78-85，175.

[31] 沈坤荣，赵倩.以双循环新发展格局推动"十四五"时期经济高质量发展[J].经济纵横，2020（10）：18-25.

[32] 江小涓, 孟丽君. 内循环为主、外循环赋能与更高水平双循环: 国际经验与中国实践[J]. 管理世界, 2021, 37(1): 1-19.

[33] 凌永辉, 刘志彪. 内需主导型全球价值链的概念、特征与政策启示[J]. 经济学家, 2020(6): 26-34.

[34] 刘志彪, 凌永辉. 中国经济: 从客场到主场的全球化发展新格局[J]. 重庆大学学报(社会科学版), 2020, 26(6): 1-9.

[35] 赵蓉, 赵立祥, 苏映雪. 全球价值链嵌入、区域融合发展与制造业产业升级: 基于双循环新发展格局的思考[J]. 南方经济, 2020(10): 1-19.

[36] 丁晓强, 张少军, 李善同. 中国经济双循环的内外导向选择: 贸易比较偏好视角[J]. 经济管理, 2021, 43(2): 23-37.

[37] 甄小虎, 王彩霞, 王光琛. "双循环"新发展格局下潍坊市跨境电商高质量发展研究[J]. 全国流通经济, 2023(22): 60-63.

[38] 周玲玲, 潘晨, 何建武, 等. 透视中国双循环发展格局[J]. 上海经济研究, 2021(6): 49-61.

[39] PONCET S. Measuring Chinese domestic and international integration [J]. China Economic Review, 2003, 14(1): 1–21.

[40] 行伟波, 李善同. 本地偏好、边界效应与市场一体化: 基于中国地区间增值税流动数据的实证研究[J]. 经济学(季刊), 2009, 8(4): 1455-1474.

[41] HAYAKAWA K. Domestic and international border effects: the cases of China and Japan [J]. China Economic Review, 2017(43): 118–126.

[42] 金碚. 经济双循环视域下的需求侧改革[J]. 新疆师范大学学报(哲学社会科学版), 2021, 42(5): 7-16, 2.

[43] 黎峰. 国内国际双循环: 理论框架与中国实践[J]. 财经研究, 2021, 47(4): 4-18.

[44] 常冉, 杨来科, 张晔. 中国八大区域供需双循环与双重价值链分工: 利用IRIOT-WIOT 投入产出表的价值链分析[J]. 西部论坛, 2021, 31(1): 32-47.

[45] 汪建新, 杨晨. 促进国内国际双循环有效联动的模式、机制与路径[J]. 经济学家, 2021(8): 42-52.

[46] 李燕, 高擎. 产学研融合赋能"双循环"发展路径与对策: 创新生态系统视角[J]. 科技管理研究, 2023, 43(22): 31-37.

[47] 樊纲, 王小鲁, 张立文, 等. 中国各地区市场化相对进程报告[J]. 经济研究, 2003(3): 9-18.

[48] 高伟，陶柯，梁奕."双循环"新发展格局：深刻内涵、现实逻辑与实施路径[J].新疆师范大学学报（哲学社会科学版），2021，42（4）：7-18.

[49] 余淼杰."大变局"与中国经济"双循环"发展新格局[J].上海对外经贸大学学报，2020，27（6）：19-28.

[50] 张杰，金岳.我国扩大内需的政策演进、战略价值与改革突破口[J].改革，2020（9）：15-26.

[51] 姚树洁，房景."双循环"发展战略的内在逻辑和理论机制研究[J].重庆大学学报（社会科学版），2020，26（6）：10-23.

[52] 王一鸣.百年大变局、高质量发展与构建新发展格局[J].管理世界，2020，36（12）：1-13.

[53] 李帮喜，赵奕菡，冯志轩，等.价值循环、经济结构与新发展格局：一个政治经济学的理论框架与国际比较[J].经济研究，2021，56（5）：4-19.

[54] 陆江源，相伟，谷宇辰."双循环"理论综合及其在我国的应用实践[J].财贸经济，2022，43（2）：54-67.

[55] 黄群慧，倪红福.中国经济国内国际双循环的测度分析：兼论新发展格局的本质特征[J].管理世界，2021，37（12）：40-58.

[56] 李海舰，朱兰，孙博文.新发展格局：从经济领域到非经济领域——加速启动"五位一体"新发展格局的构建[J].数量经济技术经济研究，2022，39（10）：5-25.

[57] 钱秋兰，肖颖.数字经济赋能双循环新发展格局：机理、困境与实现路径[J].福建轻纺，2023（11）：43-48.

[58] 丁晓强，张少军.中国经济双循环的测度与分析[J].经济学家，2022（2）：74-85.

[59] 王亚男，唐晓彬.新发展格局下我国沿海城市群高质量发展测度及空间分异[J].中国流通经济，2022，36（2）：67-77.

[60] 杜鹏程，洪宇."双循环"新发展格局下中国制造业结构改善与高质量发展：测度及其政策含义[J].科学学与科学技术管理，2021，42（11）：3-19.

[61] 何枭吟.美国数字经济研究[D].长春：吉林大学，2005.

[62] 陈晓龙.数字经济对中国经济的影响浅析[J].现代商业，2011（11）：190.

[63] 董骏.基于ICT行业研究测算中国数字经济规模[D].成都：西南财经大学，2020.

[64] 孙占利，付蓓静."数字产业化"的界定与统一规范使用[J].征信，2022，40（12）：16-24.

[65] 邓小华, 袁晨露. 数字经济发展对安徽省制造业转型升级影响研究[J]. 青岛大学学报（自然科学版）, 2024, 37(3): 1-7.

[66] VEILE J W, SCHMIDT M C, VOIGT K I. Toward a new era of cooperation: how industrial digital platforms transform business models in Industry 4.0[J]. Journal of Business Research, 2022(143): 387–405.

[67] 王娟娟. 我国数字经济的"两化"发展与区域比较[J]. 中国流通经济, 2023, 37(1): 12-23.

[68] 杨梦洁. 中部地区数字产业化与产业数字化发展水平及耦合协调度评价分析[J]. 区域经济评论, 2023(2): 79-88.

[69] 田鸽, 张勋. 数字经济、非农就业与社会分工[J]. 管理世界, 2022, 38(5): 72-84.

[70] 项典典, 包莹, 焦冠哲. 数字经济视域下的产消者: 研究述评与展望[J]. 外国经济与管理, 2022, 44(3): 36-52.

[71] 魏丽莉, 侯宇琦. 数字经济对中国城市绿色发展的影响作用研究[J]. 数量经济技术经济研究, 2022, 39(8): 60-79.

[72] 荆文君, 刘倩, 孙宝文. 数字技术赋能经济高质量发展: 一种改进的"技术-经济"分析范式[J]. 电子政务, 2023(10): 2-13.

[73] 张勋, 万广华, 张佳佳, 等. 数字经济、普惠金融与包容性增长[J]. 经济研究, 2019, 54(8): 71-86.

[74] 岳斯玮. 中国各省数字经济与实体经济协同融合发展水平时空演变特征分析[J]. 决策咨询, 2023(6): 59-67.

[75] 罗千峰, 赵奇锋, 张利庠. 数字技术赋能农业高质量发展的理论框架、增效机制与实现路径[J]. 当代经济管理, 2022, 44(7): 49-56.

[76] 陈毅辉, 洪碧云. 数字经济对农业高质量发展的影响研究[J]. 技术经济与管理研究, 2022(2): 105-109.

[77] 李明贤, 贺佳斌. 数字经济赋能农业高质量发展研究: 基于湖南省2012—2020年面板数据的分析[J]. 湖南农业大学学报（社会科学版）, 2023, 24(1): 14-23.

[78] 鲁玉秀, 方行明, 张安全. 数字经济、空间溢出与城市经济高质量发展[J]. 经济经纬, 2021, 38(6): 21-31.

[79] 刘洋. 数字经济、消费结构优化与产业结构升级[J]. 经济与管理, 2023, 37(2): 68-75.

[80] ORDONEZ G. The asymmetric effects of financial friction[J]. Journal of Political Economy, 2013, 121(5): 844-895.

[81] JONES I, TONETTI C. Nonrivalry and the economics of date[R]. NBER Working Paper, 2020.

[82] ACQUISTI A, TAYLOR C, WAGMAN L. The economics of privacy[J]. Journal of Economic Literature, 2016, 54(2): 442-492.

[83] MILLER A, TUCKER C. Privacy protection, personalized medicine, and genetic testing[J]. Management Science, 2017, 64(10): 4648-4668.

[84] GROSSMAN J. The informational role of warranties and private disclosure about product quality[J]. Journal of Law and Economics, 1981, 24(3): 461-483.

[85] MILGROM R. Good news and bad news: representation theorems and applications[J]. Bell Journal of Economics, 1981, 12: 380-391.

[86] ABOWD J M, SCHMUTTE I M. An economic analysis of privacy protection and statistical accuracy as social choices[J]. American Economic Review, 2019, 109(1): 171-202.

[87] 曹正勇. 数字经济背景下促进我国工业高质量发展的新制造模式研究[J]. 理论探讨, 2018(2): 99-104.

[88] 李天宇, 王晓娟. 数字经济赋能中国"双循环"战略：内在逻辑与实现路径[J]. 经济学家, 2021(5): 102-109.

[89] 祝合良, 王春娟. "双循环"新发展格局战略背景下产业数字化转型：理论与对策[J]. 财贸经济, 2021, 42(3): 14-27.

[90] 裴长洪, 倪江飞, 李越. 数字经济的政治经济学分析[J]. 财贸经济, 2018, 39(9): 5-22.

[91] 刘平峰, 张旺. 数字技术如何赋能制造业全要素生产率?[J]. 科学学研究, 2021, 39(8): 1396-1406.

[92] 苏敏, 夏杰长. 数字经济赋能双循环的机理和路径[J]. 开放导报, 2020(6): 71-75.

[93] 杨波, 任飞. 数字经济"走出去"与企业国际竞争力[J]. 国际经贸探索, 2024, 40(1): 40-56.

[94] 杨沙, 阳丽芳. 数字经济赋能双循环新发展格局的路径研究[J]. 商讯, 2021(19): 81-83.

[95] 赵春明, 班元浩, 李宏兵. 数字经济助推双循环新发展格局的机制、路径与对策[J].

国际贸易, 2021（2）: 12-18, 54.

[96] 李天宇, 王晓娟. 数字经济赋能中国"双循环"战略: 内在逻辑与实现路径[J]. 经济学家, 2021（5）: 102-109.

[97] 李秀娥, 毕祖烨. 数字经济赋能山东双循环新发展格局: 实施路径及研究框架[J]. 中国商论, 2022（19）: 1-3.

[98] 张帅, 王志刚, 金徵辅. 双循环的经济增长效应: 基于国内贸易的视角[J]. 数量经济技术经济研究, 2022, 39（11）: 5-26.

[99] 詹花秀. 论国内经济大循环的动能提升: 基于资源配置视角的分析[J]. 财经理论与实践, 2021, 42（3）: 78-84.

[100] 光峰涛, 卢晓丹, 邓雅婷. 经济内循环发展水平的空间差异与动态演进[J]. 统计与决策, 2023, 39（12）: 102-107.

[101] 郭亚军. 一种新的动态综合评价方法[J]. 管理科学学报, 2002（2）: 49-54.

[102] 魏婕, 任保平. 新发展阶段国内外双循环互动模式的构建策略[J]. 改革, 2021（6）: 72-82.

[103] 赵文举, 张曾莲. 中国经济双循环耦合协调度分布动态、空间差异及收敛性研究[J]. 数量经济技术经济研究, 2022, 39（2）: 23-42.

[104] 温忠麟, 张雷, 侯杰泰, 等. 中介效应检验程序及其应用[J]. 心理学报, 2004（5）: 614-620.

[105] 刘翠花. 数字经济对产业结构升级和创业增长的影响[J]. 中国人口科学, 2022（2）: 112-125+128.

[106] 雷淑琴, 徐昊, 马丽君. 数字经济、房价波动与居民消费结构[J]. 华北水利水电大学学报（社会科学版）, 2022, 38（2）: 15-26.

[107] 黄群慧, 余泳泽, 张松林. 互联网发展与制造业生产率提升: 内在机制与中国经验[J]. 中国工业经济, 2019（8）: 5-23.